尸检报告

一个殡葬师的手记

（Carla Valentine）
[英]卡拉·瓦伦丁 著

马楠 译

PAST
MORTEMS

Life and Death
Behind
Mortuary Doors

中信出版集团 | 北京

图书在版编目（CIP）数据

尸检报告：一个殡葬师的手记 /（英）卡拉·瓦伦
丁著；马楠译 . -- 北京：中信出版社，2019.8（2024.5 重印）
书名原文：Past Mortems: Life and Death Behind
Mortuary Doors
ISBN 978-7-5217-0759-5

Ⅰ . ①尸… Ⅱ . ①卡… ②马… Ⅲ . ①尸体检验—普
及读物 Ⅳ . ① D919.4-49

中国版本图书馆 CIP 数据核字（2019）第 129847 号

尸检报告—— 一个殡葬师的手记

著　　者：［英］卡拉·瓦伦丁
译　　者：马楠
出版发行：中信出版集团股份有限公司
　　　　　（北京市朝阳区东三环北路 27 号嘉铭中心　邮编　100020）
承 印 者：北京盛通印刷股份有限公司

开　　本：880mm×1230mm　1/32　　印　　张：11.75　　字　　数：222 千字
版　　次：2019 年 8 月第 1 版　　　　印　　次：2024 年 5 月第 33 次印刷
京权图字：01-2019-4392
书　　号：ISBN 978-7-5217-0759-5
定　　价：58.00 元

目　录

自　序

　　我的童年时光是在一个小城市度过的，那时在路边看到一些被车压扁的动物是常有的事情。这些动物通常都是野生的鸟、松鼠、老鼠之类的，甚至还有刺猬。不过，偶尔也会出现一些比较大型的动物，以及明显曾得到过精心照料的宠物，比如猫、兔子之类。它们虽然成功地逃出了限制自由的笼子或是花园，却随即沦为了车轮下的牺牲品，这可真是在劫难逃。

　　后来，渐渐地，我就很少再看到这样的场景了。伴随着奶油冻和总有擦伤的膝盖一起，那些构成我童年回忆相当重要的一部分的轮下"冤魂"，好像都停留在了十岁之前的时光里。但即使这样，仍有一只动物深深地刻进了我的回忆里。

　　那是一只猫，它倒毙在柏油路和路边碎石交界的地方。不同于大多数路毙的动物那样扁平、破碎，它的模样看起来相当完整，以至我在某些瞬间深深相信，它应该还活着。近距离检查后，我发现它的伤大部分集中在头部。血液在一只已经闭上的眼睛外面结成了硬痂，另一只眼睛则像早期的动画片中的兔八哥那样大睁着，仿佛正眼睁睁地看着恐怖至极的事情从眼眶里崩出。不过，它确实看到了：一辆急速将它撞向死亡深渊的汽车。

想到如果它还活着，那么我若伸出援手或许还能救它一命。于是，我就从旁边捡起一根小棍，在它的胸部戳了一下。令我惊讶的是，它的一个鼻孔中立即鼓出了一个血泡，而且这个血泡不断地膨胀到足有弹珠那么大后才爆开。在那一瞬间，我心里涌起一阵满怀希望的狂喜。但是很快，我便清醒过来：这只猫已经死了。甚至在那个年纪，我就已经知道，它鼻孔中出现的血泡，只是肺部残余的最后一点空气离开它的方式。我已经不能再为它做任何事情了。

等等，也许还是有些可做之事的？

除了曾经在电视上或者书中看到过一些涉及死亡的情节外，对于如何处理此类情况，我没有任何概念。但是我想，如果无力让这只猫起死回生的话，那么至少可以为它的死亡做些什么吧。于是，短短20分钟之内，我直接敲响了一些朋友家的门，或是打通了另一些朋友家里的电话（那是距离孩子们拥有自己的手机很久远的年代），并迅速集合起了一支由8个人组成的送葬队伍。我们把这只猫的尸体运送到了我家的花园里，然后挖了个小小的墓穴，将它妥善安葬。我们每个人都说了一些悼词，甚至还都像我们在电视里看到的人们在葬礼上会做的那样，依次往它已经完全没有生气的身体上撒了一把泥土。想到这可怜的生命也算是得到过我们的照料了，并且他——也可能是她——现在至少有了个专属于自己的安全的角落，我略略感到安慰。最后，我用两根冰棍的木棒做了一个十字架，作为它那小小坟墓的墓碑。

从卧室的窗户向外望去，我一眼就能看到猫的安息之处。它就像一个默默无言的提示，不断向我传递着虽然生命难以驾驭，但是在面对死亡的时候，我们往往能够很清楚地知道应该做些什么，无论是从专业的角度还是单纯出于仪式感的需要。这应该算是我人生目标的萌芽。

为了保护在这些年里我共事过的工作人员以及病人的隐私，这本书中提到的名字以及身份都是经过处理的，而且对话也都是从发生过的各种事情中抽取和拼凑而来。但有一点很关键，无论经过了怎样的修饰，所有一切都曾真切地发生过。同时，我想这也是一个宝贵的机会，让我向曾经帮助我埋葬过"人生之猫"，以及在我此后人生道路上指引我与死亡为伴走过一程又一程的朋友们表示由衷的感谢。

前　言　第一刀

厌食症。牙医。

我还从没见过这两个词被写在一起，直到现在它们被洇得脏兮兮的黑色墨水写在97A上：

"患厌食症的牙医。"

我抿了一小口咖啡，读完剩下的文字材料。我很享受这段晨间时光：一派暴风雨来临前的平静、祥和的气氛。杰森，停尸房的高级技术员，此刻正开心地俯在最新一期的《世界新闻》上面，一边浏览一边享受喝茶的乐趣。作为一名经验丰富的技术员，他早就对形形色色的尸检习以为常，因此对我们每天接手的案件远比不上对电视剧《东伦敦人》的情节或者最新的球赛比分那么热衷。

所谓的"97A"是一张从本地的验尸官办公室传真过来的表格，要求在对死者进行尸检的同时给予执行许可。虽然这个表格在不同的地区叫法各不相同，但是在整个英国境内（除了苏格兰），有一点是完全一致的：尸检的进行需要首先得到验尸官的许可。（而在苏格兰，这项权力则是掌握在地方检察官手里。）

在英国，由于看过了大量美国电视节目和犯罪小说，验尸官的角色总是会被人误解。在美国，虽然各个州之间也存在着差异，但是"验尸官"代表的是另一类被我们称为"病理学家"的人：主持尸检的医生。他们通常经由选举产生，而在一些比较小的州里，甚至可能由当地的殡葬从业者或者普通医生来担任。但是在英国，验尸官是一个由当地政府委任的、类似该地区所有死亡的监督员的独立司法人员，并且必须同时具备出庭律师或事务律师的资格，有些验尸官甚至还取得了医学学位。

"验尸官"（Coroner）这个词来源于"加冕者"（Crowner），是一个从 1194 年起就正式存在的职位。"加冕者"需要扮演两种角色：监察管辖地区的死亡事件；知晓任何一笔有可能被幸运的"奴隶"发现的财富信息，并且做出是"谁捡到的就归谁所有"，还是应该另有所属的判断。这也就意味着，我们的验尸官有时候还需要履行特殊的职责，调查那些从花园等地挖掘出来的、早已无人认领的物件或者财产的所有权，并判定它们属于"无主宝藏"，将它们的所有权判定为归国家所有是非常重要的。[1996 年，以"无主宝藏"的判定为基础发展出了《宝藏法案》（Treasure Act）。]

我常常会将验尸官们想象成穿着制服的死神，他们手里拿着备忘录和手机，对管辖地区内的所有死亡事件了然于胸，气定神闲地像移动棋盘上的棋子一样，调遣着所有相关人员——警察、病理学家、验尸官一方和停尸房方面的相关人员——以展开一场关于死亡的调查。所以很显然，英国的验尸官其实并不进行尸检，他们只负责根据各种法律法规判断何时需要进行尸检，然后签署一份表格来陈述事实。完成这些程序之后，他们只需坐等观看棋局的展开即可。病理学家才是真正进行尸体解剖或尸检——这两个词是可以互换的——的人，而我们这些解剖病理学技术员（APT），则是他们的助手。

那么，在英国可以进行尸检的评估标准是什么？基本上，如果死者在死亡前两周内曾经去看过医生，并且医生知道其死亡的原因是正常的，那么就不需要进行尸检。

在医院过世的病人之所以不需要死后进行尸检，主要原因在于他们几乎每天都会看医生。在济贫院或者类似的机构里，情况也大致相同。但是，除此之外，几乎所有的死亡都要进行尸检。一个男人在健身房锻炼时死在了跑步机上，有个女人倒在了公交车站，公园里遛狗的老派绅士发现了难以辨认的残骸，这些都是会经由地方被送到停尸房的死亡事件。事实上，很有可能一个80岁的人在睡梦中离世，却因为在最近的两个星期里没有去看过医生，而不得不接受尸检。"年事已高"至今尚不可以作为一个专门的死因写进死亡鉴定，而这在某种程度上，都要归咎于哈罗德·希普曼——一个臭名昭著的、专挑领取退休金的老人下手的连环杀手，他是一个家庭医生。到 1999 年他接受审判时，受害人已多达 250 名，这直接引起了医生执业以及死亡鉴定的改革，并同时显著提升了尸检需求的数量。

我们的 97A 表格，一般在早上八点半左右伴随着一阵嘟嘟、嗡嗡的噪声，嗖地一下被老旧的传真机"喷射"到狭小的停尸房办公室的地面上。上面有一些关于尸体的具体信息以及比较突出的特点——任何负责这具尸体的验尸官在最初的几个小时里发现的与其死亡相关的信息。有时候，还会出现大量难以辨识的注释，尤其是当涉及医学信息的时候。其中的信息可能包括这个人的病史、曾用药、尸体是在何处如何被发现的、家庭成员、排行、身高体重，有时甚至包括死者生前喝茶是喜欢加一块还是两块糖这种细节。但在另外一些案件中，记录下来的信息可能只有寥寥几笔或短短数行，就像：

患厌食症的牙医

45 岁

卧床两周

狗娘养的 [1]

---

[1]　英语中写作 "Son of a Bitch"。——编者注

"搞什么鬼啊！这也太刻薄了！"我突然大声对杰森说，吓得他差点将正送到嘴边的茶弄洒了。

"什么事大惊小怪的，洪？①"他的目光从报纸转投向了我。他总是管我叫"洪"，不过我倒是一点也不介意。在他体格健硕、肌肉结实并且满是文身的外表下，有着非常温柔、对他人充满关切的天性。

"这个可怜的家伙死了，然而他们却管他叫'狗娘养的'！"

我几乎是重重地跺着脚走到办公室另一头的，不断把 97A 朝他不知所措的脸上挥动着。他制止住我几乎歇斯底里的动作，接过来开始认真看起上面的信息。在一刻的沉默以及一个困惑的表情之后，他忽然发出一阵狂笑，笑得他宽厚的肩膀不断地起伏着，脸也开始变红，甚至眼泪都笑了出来："狗娘养的……"虽然他的笑声几乎充满了全部空间，我还是从中依稀听出他将这几个音节重复了好几遍。

直到他重新镇静下来，我才发现逗得他笑成那样的原因。虽然我将表格读成了那样，但实际上它所记录的信息是：

患厌食症的牙医

45 岁

---

① 洪（Hun），一种蔑称，尤其在第一次世界大战和第二次世界大战间用来称"德国佬"。——编者注

卧床两周
S.O.B

　　S.O.B 是"呼吸浅短"的缩写。也难怪杰森会狂笑不止。想来如果我要在这个领域里站稳脚跟的话，那么我首先要学会的，就是缩略词的使用。

　　那天只来了一张 97A，所以只需要进行一场尸检，或者说一场 PM（另一个也不得不开始适应的缩写），杰森说我要在今天进行独自切开尸体的尝试。作为一个实习的 APT（又一个缩写！），这是掌握"去脏术"——一个听起来要比"开膛"略微好上那么一丁点的医学术语——艺术的第一步。

　　虽然我只是一个实习生，但是到目前为止，我也已经能够胜任一些基本工作，比如文书工作、签收新的尸体、进行简单查看、取下首饰或者假牙之类的简单操作等工作，但也确实是时候进行一些实质性的训练了。完成第一个切口并打开尸体的时刻终于到了。我当然想马上就动手去做，对于这次机会的到来，我简直兴奋得无与伦比。但同时，却也不得不承认，此刻我也紧张得要命。我已经期待很久了，但当我的愿望终于就要成真的时候，机会面前的我忽然又对自己失去了信心。如果我搞砸了怎么办？假如我根本没有做这一行的天赋，那是不是就意味着我到目前为止的人生就是个彻头彻尾的谎言？要是没有事先画好一条直线的话，我甚至连一张纸都无法笔直地裁开，又怎么可能把皮肤切割得整齐？而且有一点我非常确定，那就是我绝对做不到把任何种类的布料好好地缝合起来，那么我又怎么可能将人的皮肤缝到一起？想到我在上学的时候对做纸工或者编织从来就没产生过什么兴趣，尸检不过就是把曾经手工课上那些很少再用到的技巧用到人体上的念头忽然令我充满了挫败感。

为了让自己镇静下来，我决定专注于我知道的东西，比如每天早上七点半我来上班之后会做的事情。并且，我很快便意识到，仅在几周以前，我其实连那些都不会做。我学东西很快，完全不需要这么紧张。万事开头难罢了。

我要开始掌控局面了。于是，我径直走进小而明亮的验尸房，戴上乳胶手套，并做了个深呼吸。而在整个过程中，杰森一直都紧随其后，仔细观察着我的一举一动。在此之前，我已经把装有患厌食症的牙医的运尸袋安放在了门上写着他的名字的冷柜里（停尸房中的冷柜其实可以理解为一种温度可控的贮藏设施，但是为了避免出现更多的缩写，我们姑且就称它为"冷柜"）。于是，我小心地将他躺着的托盘拉出来，转移到液压手推车上。然而，对于接下来该如何做，我有些犹豫了。我感到好像犯了个错误：托盘的手感太轻了，根本不像有尸体装在袋子里面。不过，当我靠近仔细看时，还是能够在最上方的位置辨认出头部紧紧抵住白色的塑料而形成的轮廓，而在更靠下的地方出现了非常尖锐的突起，应该就是弯曲着的膝盖了。确定他仍在原位后，悬着的心稍稍放下的我又做了个深呼吸，将手推车调转 180 度，把托盘放到从验尸房墙壁上伸出的不锈钢支架上。有了支架上坚实钢爪的固定和支撑，在冷柜里用以安放尸体的托盘在这时又可继续被用作解剖台。

有些时候，转运尸体的工作可以很容易就完成，只要轻巧地转动手推车，就能听到降低其高度令托盘进入正确位置时顺滑的吱吱声了。

但是很不幸，我的情况并没有那么顺利。

我本来就很焦虑，再加上还有杰森一直在旁边看着我，简直不能更紧张了。在转弯的时候我偏了那么几英寸，于是连手推车一起直接撞到了支架的钢爪上，制造出一阵巨大的金属撞击声。虽然很庆幸并没有对尸体或者设备造成什么损害，但我的自尊心却受到重创，我越发强烈地预感到，如果在这一天结束的时候也给它做一个尸检的话，那么死因一定是：大面积挫伤。

"放松，洪，我们也经常这样。"杰森安抚着我的情绪，"这个验尸房确实太小了。"我真不知道他怎么会对我有这么无限的耐心，尤其是有时候我觉得作为一个新人，我简直是将《活宝三人组》① 中的三傻全部集中于一体了。

---

① 《活宝三人组》(*Three Stooges*)，美国广播公司发行的一部喜剧片，讲述了三个活宝的故事，十分搞笑、有趣。——编者注

　　最后，我总算有惊无险地将放有运尸袋的托盘在正确的位置上放好，并缓缓打开拉链。杰森让我独立完成整个过程，就当他不存在一样——假如真的不存在就太好了。一般情况下，需要两个 APT 将尸体从袋子中取出来，整个过程中的动作看上去就像经过了反复练习和精心设计一样，不过实际上并没有。全套操作包括：将尸体向一侧倾斜，分别将其胳膊和腿用作杠杆和支点，这样就能撤掉一侧尸体下方的塑料袋；然后再对另一边重复同样的操作，整个袋子就能够被轻松地取下来了。但是这个男人实在是太瘦了，所以我一只手移动他，另一只手取袋子，一个人就能顺利完成，就像抱住宝宝的腿取尿布一样容易。我在移动这个男人的时候精神高度集中，并不断做着深呼吸来稳定情绪。

　　然后，我总算可以仔细观察一下他了。

　　他的情况是我之前从没遇到过的：身体像一根多节的白色树枝，有着毛茸茸的树皮并且伸出几根无关紧要的枝杈。他实在太瘦了，我的目光能够直接穿过他的皮肤，看到他盆骨的清晰形状。当我小心翼翼地给他翻身，开始查看后背的情况时，他脊椎骨每一节间的凹槽、骶骨、尾椎等都格外突出。显然，在他最后卧床的几周里，每一根骨头都抵在他已经薄得像纸一样的皮肤上，试图冲破束缚获得自由，于是形成了很严重的褥疮。深红色的褥疮有些已经感染了，从发炎的地方渗出黏糊糊的黄绿色脓液。只消一眼，我就不由自主地被一阵并不存在的疼痛席卷了。

由于感同身受的痛苦实在出现得太过突然，有那么一刻，我感到呼吸困难，禁不住浑身打战。

他长长的头发发色很深，几乎可以算是黑色的，一部分像个小垫子似的铺在头和上半身下，另外一些则混乱地四散开来。他的指甲又黄又长，结合头发以及身体瘦弱的状态来看，他在人生的最后一段时间里，承受的可能不仅仅是厌食症那么简单。我立即想起了霍华德·休斯以及其他那些有心理问题的隐士，怀疑是不是同样的命运也降临在了我们的牙医身上。正当我陷入沉思之中的时候，杰森打断了我，递过来一个已经夹好一张表格的夹板，这让我意识到我必须马上叫停不断冒出的各种想法。我在表格上记录他的外部特征：颧骨凹陷、头发缠结、褥疮，等等。每一颗痣、每一道皱纹，甚至每一处胎记或是小小的污迹都没有放过。而我之所以这么做，是怀有两方面的小心思：一来，这是我第一次独自做尸体外表检查，我不希望出现任何遗漏，让之后接手的病理学家觉得我不够资格；另外，我也是在拖延时间，检查得越久，就可以越晚落下我的第一刀。

杰森一眼就看穿了我的小算盘，但直到我像一只饥饿的秃鹰绕着尸体转完第三圈之前，他都没说什么。"你没必要连他阴囊上的皱纹都清点一遍，洪。"他在说话的同时递给我一把PM40——我们最常用的一种解剖刀。

该来的终于还是来了。

　　我向我的病人弯下腰，试图将精神集中于他的脖子和锁骨形成的那条曲线上，那是我应该切下第一刀的位置。但是，此刻我眼里唯一能看到的，却只有顶灯经由解剖刀反射出来的灯光，简直就像是闪光灯一样刺目。我的手不自禁地颤抖起来。

　　但也是在那一刻，头顶的灯光让我想到了一些事情，于是我又走神了。（你大概能想到当时的情况了吧？可怜又耐心的杰森啊！）那还是我很小的时候，我最好的朋友杰恩和我跟其他很多女孩一样，喜欢玩给对方化妆的游戏。一时间，我好像再次回到了很多年前玩这个游戏的时候：我躺在阳光下紧紧闭上双眼，感受着阳光照耀的温暖以及杰恩在我脸上涂抹化妆品时刷子带来的轻柔触感。那时的我心里冒出一个念头：尸体的感觉应该和我一样吧？我敢肯定，这不是大多数女孩会有的想法。而我之所以会这么想，可能主要还是因为想起了经常在电影或电视剧中看到的葬礼前对遗体进行"美容"的场景。另外，我当时也刚好才看过麦考利·卡尔金在 1991 年演的那部精彩又颇深刻的电影《小鬼初恋》。丹·艾克罗伊德在里面饰演的葬礼承办人，雇用了生机勃勃的杰米·李·柯蒂斯来给死者化妆。她令这项工作看上去非常有意思，甚至显得颇有魅力，给我留下了非常积极的印象——虽然电影的结局并不是这样。直到现在，每当我看到心情戒指①或者柳

———————————

① 心情戒指是一种可以变色的戒指，不同的颜色代表佩戴者的不同心情，可以变为黑、黄、红、绿、青、蓝粉、紫等多种颜色。——编者注

树的时候，仍然会觉得很心痛。[①] 回忆起想象自己是一具尸体时的感受以及化妆刷在脸上拂过的轻柔触感，让我不由猜测或许眼前这个厌食的牙医也能够感受到我。不仅仅是我和他之间的肢体接触，还有我的那些深呼吸以及紧张踌躇，可能都落在了他的眼里。我很确定他一定不希望由一个金发碧眼、战战兢兢的新手像个做寿司的厨师那样在他的身体上比画着刀子。于是，我坚定地跟自己说："卡拉，开始吧！"

我重新握紧了解剖刀。

由于之前已经看过很多次技术员做这个切口，因此我可以完成得相当完美。从右耳的后侧开始，刀片沿着脖子旁边划下，在经过锁骨的时候稍微改变角度，一路切到胸骨，形成"V"字形的一半。在锋利的不锈钢刀片下，切开皮肤简直就像切黄油那么轻而易举。然后，我在左侧重复这个过程，但是用右手转换角度的时候稍微没那么精细。与另一半"V"汇合之后，我持刀继续笔直地朝着他的肚子往下切，让切口刚好绕过肚脐眼，并在快要抵达耻骨的地方干净利落地停下来。这样，在他的身体正面便做出了一个相当清晰的"Y"字形切口，也就是所谓的"Y字切开法"。切口并不是完全分毫不差，在一些地方难免会出现小小的

---

①　如果你没有看过《小鬼初恋》(*My Girl*) 这部电影，那么我强烈向你推荐，不仅仅是因为它确实精彩，也为了不让你刚刚读过的这句话彻底沦为一句废话。

偏差，但我很怀疑有谁在第一次使用锋利得能把自己的手指切下来的解剖刀时，就能动作干脆利落得没有一丝卡顿。而且，切割的轻微偏移在修复缝合完毕之后根本看不出来。

我很是为自己感到骄傲，站直身体后不由深深出了一口气，并陷入对自己的"杰作"无休止的自我欣赏之中，直到杰森打断这一充满荣光的时刻：

"来吧，剪刀手爱德华，我们还要进行下面的尸检。"

就我目前的训练程度而言，下一阶段的任务就是放下解剖刀，旁观杰森完成整个尸检过程。和学开车类似，APT 学习取出内脏的技术也是要分阶段进行的。在学车的第一阶段，你还不能上车、发动油门、停车以及转弯，解剖也是一样，所有操作都需要一步步慢慢学习。

一旦胸部的切口完成，胸骨也被取下来之后，如何系统地取出内脏进行检验有不同的方法，其中最常用的就是"罗基坦斯基法"。实际上，这套方法是莫里斯·莱特勒发明的"整体法"，从其命名便能窥知一二，就是将所有器官作为一个整体完整地取出来。并且，这也将是我的整个职业生涯中都会主要采用的方法。所以，我仔细地观察着杰森的操作。

首先，他要进行一些检查，用不持刀的手去仔细感受死者的肺部是否出现了胸膜粘连——部分肺可能会粘在胸壁上。受过外伤、得过肺结核或胸膜炎之类的疾病，都有可能导致胸膜粘连。能够预期的最理想的情况就是，肺部呈粉红色，湿润而健康，没有粘连在胸腔腔体内部的问题。在这种情况下，只需简单的惯例操作——类似于"舀"的动作——就能轻巧地将它重新放回到原来的位置上。在用手初步确认过肺部的情况之后，他接下来会把卷曲的肠子顺直成平滑的一条。由于在确认死因方面，肠子在器官的优先级里面算不上特别重要的，所以就先搁置一边等待后续检查。取出了肠子之后的体腔里一下就有了充足的空间，于是杰森重新回到肺部的检查上。先用 PM40 解剖刀将它们分离，再在脊柱两侧分别切两个长长的切口，最后以"舀"的方式将它们取出来。使用类似的技术，他继续将位于胃和肝下方的两个肾以及包裹着它们的脂肪分离，再把将器官和胸腹分隔的膈划开。随后，他灵巧地做了上肺部的组织切片，那里同时也充当着气管和食管——从嗓子，包括咽喉和舌头延伸下来的结构——的末端。接着，他用一只手将心脏和肺向下拉，将其与脊柱分离，另一只手里的解剖刀随时小心地处理着附着太牢固的地方。这个操作一直从胸腔延续进行到腹腔。很快，他便捧出了一团湿淋淋的内脏，里面包括胸腔里的心脏、肺，还有胃、脾脏、胰脏、肾脏以及肝脏等位于腹部的器官。他将这一捧器官装在一只巨大的不锈钢碗里，放到配套的钢制工作台上，等待医生过来检查。

杰森继续处理还在盆骨深处的膀胱，由于死者很显然死前有相当一段时间没有进食或喝些什么东西，所以它又小又空，看起来像极了一个漏气的黄气球。杰森把它取出来，让我放到解剖台上。我不是很清楚"手持膀胱"的正确姿势应该是什么样的，所以就用食指和拇指把它捏起来，伸直手臂与身体保持足够的距离，就像一个心灰意冷的妈妈拎着她小儿子的臭袜子那样。

下一步，杰森要开始进行头部的解剖了。这时，病理学家科林·詹姆森开着他那辆褐红色的沃尔沃到了。我们透过解剖室霜冻的玻璃看着他把车开进狭小的停车场，就像看着一滴在流动的血滴。我们常常会聊起他选择轿车的品位：沃尔沃，据说是世界上最安全的车。（事实上，沃尔沃 V40 确实仍然是你能买到的车里最安全的。）这是他精挑细选后的决定吗？我们怀疑是不是给太多死于交通事故的人（road traffic incidents，RTIs）做尸检，形成了他对沃尔沃的执念？我脱下我的 PPE（personal protective equipment，个人防护装备，我觉得我已经开始有点喜欢上用缩写名称了），留下杰森继续进行头部解剖，去招呼詹姆森博士——万一他要是想在开始之前先来一杯咖啡呢！这座建筑是真小，从我开始脱验尸房的工作服到走进办公室只花了不到 1 分钟的时间，门铃也恰好在这时响了起来。

停尸房的设施最近刚进行过一番改造，所以虽然空间还是很有限，但设施却相当的现代化。每间验尸房里都有两个尸检台，不过我后来发现很多地方有 3 个、4 个，甚至多达 6 个，但我们没有专门给婴儿的尸检台。和大多数现代验尸房一样，这里的冷柜也是双面的，也就是说，它们在整个空间里构成了一面独立的墙。在那一扇扇整洁的白门后面，死者的头齐齐地朝向验尸房内——就是所谓的"污染区"或者"红灯区"——也就是我早上取出尸体的地方，而另一边则被称为"过渡区"或者"黄灯区"，是遗体从社区送过来被签收的地方。[1] 虽然打开黄灯区一侧的冷柜门通常意味着你将得到来自一双双苍白脚底板的欢迎，但是脚趾上面却并没挂着经常在电视上看到的那种几乎可以说是尽人皆知的标签——我们才不会像挂行李牌那样去标记我们的死者。另外，黄灯区只对工作人员开放，死者的家属和朋友都禁止入内。除此之外，还有一间员工办公室、一间稍小点的医生办公室、一间等候室及与其相连的观察室，那里有可以拉上去的窗帘，可以让窗边的家属看到死者。

英国大多数停尸房的布局都是相似的，建立于同一时期的更是如此。在 20 世纪 50 年代到 60 年代这段时间里，地方当局建造了一系列停尸房，它们都是由砖、混凝土以及尖锐角度构成的建筑，外观看上去非常低调，但这却绝不是最早出现的停尸房。根据帕姆·费舍尔写的一篇名为《给死者的房子：伦敦验尸房

---

[1] 这种分类并不是指一边就是肮脏的而另一边不是，它们只是一种我们用来区分"进行尸检的地方"和"没有尸检的地方"的措辞。在"污染区"同样有从来都不与尸体产生任何交集的地方，比如说办公室或者休息室。这些地方，根据交通信号系统命名法，被称为"绿灯区"。

条款，1843—1889 年》的论文（我猜这个读起来应该相当有意思），对一个专门暂存新近死亡尸体的地方的需求早在 19 世纪中期就被提出了。那时正值伦敦人口暴涨，每家每户几乎只有一个房间，所以一旦有人去世，那么直到葬礼举行之前，他的家人都不得不与已经开始腐坏的尸体共存于同一个空间之中：实在是没有其他地方可以停放了。有时候，尸体可能还需要停放一周甚至更长的时间，尤其是对一些特别穷的家庭而言，凑足举行葬礼的钱要花上相当长的一段时间。据说，有相当一部分人口因此而染病。那时的新闻称，有识之士认为，伦敦的死人正在杀死活人，并且最终催生了相应的设施，有了对死者"即刻接收，提供恰当且有尊严的服务"的机构。这些地方被称为"尸检候诊室"或者"死者之家"。

当我听到门铃打开我们的"死者之家"大门时，惊讶地发现站在门外的并不是病理学家詹姆森博士——他还在沃尔沃轿车旁，正在后备箱里找着什么。按门铃的是一个年轻的警官，见我开门后表现得好像比我还要惊讶。他睁大眼睛盯着我看，脸色有些苍白。

"你好？"我故意重重地咬着每一个音节，同时挑起眉毛，希望他能开口说话。对他这种反应，我早就已经习以为常了：很早以前就有人告诉我，第一次到停尸房来的人都以为给他们开门的会是个弱视且驼背的老头，绝对想不到能有娇小的、金发的姑娘。虽然这确实能解释他为什么会出现一刻的不安,但是他看上去竟然那么苍白还是很令我费解。我忽然担心起来,是不是我的脸上蹭到了一些脂肪或者血迹?想到这里,我立马抬手在脸上擦拭起来。

好在他总算恢复了语言能力:"这里是陈尸所吗?"

我深深吸了一口气:"不,这里是停尸房。"我纠正了他的说法,完全掩饰不住厌恶的情绪。

我对他的说法颇难以忍受的主要原因在于:"停尸房"的字面意思是"停放尸体的房子"(hence Dead House,也就是所谓的"死者之家"),并且自从1865年左右就开始这么叫;而陈尸所则是一个从法语中舶来的说法,意思是"看上去很庄严的地方"。它在19世纪初期诞生于巴黎,从那时起,死者开始被陈列在巴黎圣母院陈尸所供当地人前来瞻仰,并且——我猜——可能看上去比较庄严。这样做的初衷是为了让那些从塞纳河捞上来的尸体或者倒毙在城市其他地方的人,能够被赶来的朋友或家人辨认出来,无论是通过他们的身体特征还是穿的衣服。但是这项展出逐渐变得非常流行,以至于在1907年巴黎陈尸所关闭之前,每天能吸引将近4万的参观者前来。或许换个说法会更有助于想象当时的盛况,要知道,即使在假日里,伦敦眼一天接待的游客也不过1.5万人。(可能在当时的巴黎能做的其他有意思的事也不多,不知道我这样理解对吗?)虽然从词义上讲,"停尸房"和"陈尸所"这两个词是可以互相替换的,但是大多数的英国工作人员从来不用"陈尸所",哪怕它可能在美国也同样占据主导。

等我把他领进来之后,这个年轻的警察告诉我,他是陪同葬礼承办人过来的,他们把一个男人的尸体从家里运来了。于是,我总算明白了他怎么苍白成这样,那个画面一定很糟糕。

"不过,那边有辆沃尔沃挡道了。"他继续解释道,"所以,我先过来说一下。"

5 分钟之后,詹姆森博士把车挪开重新停好,回来和我、杰森、脸色苍白的警察以及葬礼承办人一起检查冰箱里刚来的"入住者"。死者被发现的方式很常见:邻居们不断抱怨总是闻到一股臭味,还有大批苍蝇聚集在他家门口,于是警察就把门撞开了。这听起来绝不是什么好兆头,因为这就意味着他是一个死了很久都没人发现的独居者。更直白地说,他已经严重腐烂。葬礼承办人一直在不断地抱怨,其中一个人的情绪尤其强烈。

"真不能再恶心了,他居然膨胀成那副德行,而且还是绿的!"承办人喋喋不休着,"他就是那种——你们怎么叫来着?嗯?囤积者。"他的口音使他说的听起来像是"订单"①。"而且还搞得到处都是屎,根本就没法接近他。差点要了我的命!狗娘养的!"

———————————

① 囤积者的英文是 hoarder,订单的英文是 order,两者听起来有点像。——编者注

他这么一说，杰森忽然朝着我发出一阵狂笑。我是真的希望他能看在病理学家也在场的分上，忘了我早上犯的错误。但很显然，我没那个运气。

"啊，博士，你肯定想不到卡拉早上说了什么。"他一边说着一边还在咯咯笑。就在这个时候，装着男人尸体的运尸袋忽然崩裂开，一股惊人的深棕色液体随之像巨浪一般冲撞到干净的油毡地板上。

我不禁把脸深深埋到手中。这一天注定要比我预计的长很多啊！

第 一 章

信息：媒体最离谱

我们生活在一个媒体不断伪造事实的时代，我试图通过作品提出质疑："什么是真相？"

—— 菲利普·K.迪克

我从没这样近距离地接触过一具伪造的尸体。我看过成百上千真正的尸体，任何姿势或体态的都有，它们以长驱直入的气味和五花八门的颜色抢夺着我的注意力。但是，与大多数人的经历恰好相反，我对假尸体并不熟悉。

此刻，我看到的虽然无疑是一具尸体，但却令我莫名感到愉快：她是一个非常苗条的女人，象牙色泽的肌肤和纤细的腰肢激起我如同小姑娘对芭比娃娃那样的嫉妒。她蓬乱的栗色长发在解剖台上铺展开来，像是一个蒙尘的晕圈；她的胸腔以常规的 Y 字形切开、松弛的皮肤垂挂在胸前，像两片被血迹玷污的粉红和黄色的花瓣，珍珠白色的完整胸骨透过切口清晰可见。对她的解剖正处在尚未、但马上就要打开胸腔的阶段——在我的第一次解剖中，我正是在完成了这步后将 PM40 解剖刀交还给杰森的。我可以非常容易地判断出这是一个年轻的女人，她缠结在一起的头发令我瞬间想起我在使用吹风机时，为使头发变得顺滑而与它们展开的殊死搏斗。她的手指触碰到解剖台的金属表面，轻微蜷曲起的弧度看上去非常真实，并且我很高兴它们没有被画蛇添足地涂上指甲油。她实在太像一具尸体了，以至于我总隐约觉得闻到了一股混合着血腥气、陈腐香水和汗味的臭味——当然不会有这种气味，这只是我的错觉。

"你觉得怎么样？"副导演约翰问我。

"简直棒极了！"我感叹着，"要是我的每一次解剖都能这么让人愉快就好了！"

我现在身处伦敦东部一个又小又冷，像冰窖一样的摄影棚中。我之所以会受邀来到这里，是因为现在正在拍摄的这部电影聚焦于一场尸检，并且导演希望影片中出现的一切——每一个道具、每一项技术，甚至每一句台词都是准确无误的。

我不得不对他们表示佩服：就我目前在这间假停尸房中所看到的情况而言，他们做得难以置信的好，尽管还有些地方不那么对劲。比如，在本该放肋骨剪——专用来打开那个目前还很完整的胸腔——的地方，却出现了一把明显是从五金商店搞来的笨重螺栓剪。我猜这两样东西看起来确实相似，所以他们很可能将错就错了。另外，尸检用的缝合线和捆扎包裹时用的粗白线看上去差不多，而他们却准备了绿色的棉线。棉线会轻易割开尸体上脆弱的皮肤，在缝合切口的时候没有半点用处。如果我没看错的话，摆在水槽上那个磁力工具架上的，明显是一把蛋糕刀。我实在想不出有什么理由能让它的存在变得合理……

或许只有在停尸房工作过的人，比如病理学家或者病理技术员，才会在看电影的时候去注意缝合线之类的细节，但是男孩子们一定会问："怎么会有把该死的蛋糕刀混在那堆刀剪里？"此刻，我的耳边已经很清晰地响起了观众席中质疑的吵闹声。

当然了，不少病理情况都有从糖果店里获取灵感而来的别名，比如"枫糖尿病""肉豆蔻肝""糖衣脾"之类的。虽然我曾经去过一家叫作"吃光你的心脏"的蛋糕店，解剖就是它的销售噱头，但是就算可能听上去比较美味，我也不信会有"维多利亚海绵胰腺"这种东西。而且我特别想说的是，有时候死者的皮肤确实会像羊角面包的酥皮那样成片地脱落，我们还常常将从尸体口鼻中喷出来的深棕色沙砾清除液称为"咖啡渣"。或许这些，加上"泡沫流出物"以及刚刚提到过的"肉豆蔻肝"，意味着一具尸体能够凑齐一张星巴克而不是蛋糕店的菜单？

我费尽口舌向约翰解释这些错误对于相当一部分观众而言会有多显而易见，但他却告诉我现在想对道具或布景做任何改动都是不可能的，因为摄制组已经拍摄完了一部分场景，用我刚学到的娱乐圈里的说法就是"已经开机"。不过就算这样，还是有些我能提供建议的地方，比如说铰断肋骨的正确方法（你必须以全部体重抵在剪刀上面，以使它具有足够大的威力），或者应该选择哪种类型的容器盛放检材等。

在短暂的分心之后，让我们重新回到验尸间。当时，我正在帮杰森收集厌食症牙医的解剖检材。

"卡拉，能帮我采点那些褥疮性溃疡吗？"杰森问我。

我看着他，满脸茫然。

"就是褥疮。"他解释道。

我觉得自己就是个十足的白痴。

在杰森小心地倾斜他那边的尸体时，我从不锈钢橱柜里取出一根拭子——对这种类型的组织取材的正确容器——把尴尬得通红的脸藏在柜门后面，填写着上面的标签。拭子的外壳是一个细长的塑料管，末端呈圆形，里面放着供待检微生物生长的胶状营养物，外面是一个蓝色的密封盖子。在我打开盖子的时候，拭子一起弹了出来，末端已经湿乎乎的，还沾着一些营养胶，看上去就像是根细长的湿棉花芽。我用它轻轻采了一些已经化脓的褥疮上黄绿色的脓液，然后谨慎地收回到塑料管里。

詹姆森博士一边在写字板上做记录，一边说道："我之前认为死因可能是心力衰竭，但现在我更怀疑是因为败血症。"败血症也经常被称为"血中毒"或"脓毒症"，是由于致病菌侵入血液循环而引起的。极有可能是他的褥疮已经感染多时，却没有得到妥善的处理，致病菌侵入血液并产生毒素。杰森这时也已经取好了一些血液样本，连同我手里的拭子一起送往实验室进行下一步检测，以验证解剖时的判断。到目前为止，我们都将自己负责的部分完美地搞定了。

　　时间再向前快进几年，我正在摄影棚中向约翰建议。这间假停尸房中有些检材容器并不准确，但也还算能用。然而，有个情况是我完全不能睁一只眼闭一只眼的：道具组按照饰演死者的女演员奥利维亚制作的漂亮道具尸体的前额看上去非常不对劲。为了证实我的第一感觉，我又弯下腰近距离仔细观察，意识到道具制作组显然以为在尸检中会一举切开尸体头颅的皮肤、头盖骨以及其他所有组织，将大脑取出来。你可以试着回想一下电影《汉尼拔》里安东尼·霍普金斯将雷·利奥塔麻醉后吃其大脑的场景，人脑看上去就像是花盆里扁平的粉色仙人掌。在他们心中，解剖就是那个样子的。

　　我带着强烈的怀疑站直身体，向约翰解释道，他们的想象和尸检的实际操作之间存在着一道巨大的鸿沟。出现在他们想象中的分明是一个粗制滥造的怪物，像科学怪人似的脑门上有一条被水平削开后又缝上的夸张疤痕。难道在大众的观念里，我们做解剖就是将大脑取出来，然后再粗鲁地用粗硬的黑线重新把脑袋缝上？难道他们真的相信如果哪天我们的情绪不受控制了，也会在脖子上拧进几个螺丝？

如果大众始终无法放下偏见，始终相信我们这些人无论从外表上，还是行为处事上，都像《新科学怪人》中的助手伊戈尔那样，拼命地破坏尸体，将它们一块块地储存在广口瓶里，只因为想要收集满一橱柜病理主题的熔岩灯的话，那么我不由要为殡葬师和解剖学家的名声深感担忧。像《活跳尸》或者《新科学怪人》这样的电影很不负责任地给观众造成了一个印象：解剖和器官的保存都是出于邪恶和自私的目的，比如发现永生的秘密、制造一个完美的女人等，而绝不是为了造福人类。

这有什么关系吗？是的，我们都希望大众在读犯罪和法医题材的小说，或者在看电视剧的时候，能够将现实和虚构的情节区分开，并且明白有很多戏剧桥段实际上是由作家或者制片人创造出来的，因为如果不添加一些戏剧性的、性感的元素，那么大多场景都只会平淡无奇。一个最明显的例子就是 CSI（crime scene investigators，犯罪现场调查员）中那些富有魅力的女人，顶着她们精心设计过的完美发型出入犯罪现场，发丝在镜头外风扇制造出的气流中飘逸飞扬，更别提她们的低胸上衣和高跟鞋了。难道不是所有人都应该知道，现实生活中的 CSI 和 SOCO（scene of crime officers，犯罪现场人员）都必须戴口罩、穿白色的防化服，以防止将自己的 DNA（脱氧核糖核酸）转移到犯罪现场吗？然而令人遗憾的是，并不是所有人都知道，并且当制片公司不断拍摄这样的场景后，那些看上去似乎无害的、充满艺术创作意味的特殊元素和画面，都在不经意间给停尸房以及相关工作人员造成了一个可怕的，又或者说是不够严谨的名声。

　　大概 10 年前，我还在市政停尸房实习，有家影视公司来找我们的团队接洽，想要拍摄一部名为《死亡侦探》的电视纪录片，主角是当时和我一起工作的、非常了不起的病理学家迪克·谢泼德①。由于尸体解剖这个题材将会被处理得非常科学严谨，我们当然都很开心，同时也感到很荣幸能够被拍摄，但问题的关键还是要看死者的家属以及地方验尸官是不是同意。出乎意料的是，被我们问到的每一个人对此都持支持态度，纪录片的拍摄进行得很顺利。主管安德鲁提出的唯一一个要求就是在开播之前，要先看一遍样片。后来的事实证明，他的这个要求提得恰当且必要。在影片中，有一幕是我们为了检查大脑而将死者头颅的顶盖取下来。然而，镜头里并没有出现验尸间原本干净的地面，取而代之被剪接进来的，是一个地砖上飞溅得到处都是血迹

---

① 　迪克·谢泼德有一档叫《尸体解剖》的电视节目，专门探究近期发生的名人死亡事件，收视率非常好。他为布莱特妮·安妮·墨菲（美国演员）和惠特妮·休斯顿（美国歌手，于 2012 年 11 月因服用药物过量导致心脏病发作，滑落至浴缸中意外溺亡）等都做过特别节目。

的血腥背景。看到这一幕时,我们面面相觑。很显然,我用百卫清洁剂进行的细致入微的清洁工作对于摄制组而言纯属画蛇添足,他们想拍到的是大屠杀似的视觉效果。不过,除了这一点瑕疵——后来他们也改正了——之外,这部纪录片拍摄得非常好。

我一直很惊讶竟然有那么多的家庭给予了拍摄许可,我们都以为其间颇要花费一番唇舌,并做好了可能会出现争吵的心理准备。但实际上,亲属们都对紧闭的停尸房大门背后究竟发生了什么感到非常好奇。甚至有人深明大义地表示,在把他们挚亲的尸检展示给观众的时候,也许其中的一些发现还能引起出现相同症状的观众的警觉,从而尽早就医:在电视上播出尸检过程,从某种程度上讲也能救人一命。

几乎所有人都会为上电视而感到兴奋,但对于我——一个实习 APT——而言,把我在做的工作展示给家人和朋友看,却是比下地狱还糟糕的体验。我还记得在第一集将要播出的时候,我把每个人都邀请到我家里来,还准备了好多爆米花。我们在电视前挤作一团,大多数人直接坐到了地板上,而我则在沙发上挤在两个人之间。片头播完后大家安静得似乎连咀嚼都忘记了。在一段旁白和最开始的几个镜头之后,我忽然出现在屏幕正中,瘦小、金发碧眼、手持一把巨大的银色肋骨剪,正在奋力打开一个男人的胸腔。坚硬的骨骼与金属间的角力制造出一阵阵可怕的声响,这倒很符合验尸间这个场景设置。

那一刻，起居室里几张脸齐齐转向我，带着满满的震惊，空气凝固了起来，正往嘴里送爆米花的手也都僵硬地停顿在半空。

"有什么问题吗？"我从一双睁大的眼睛看向另一双，不由诧异地问道。

看上去似乎我的朋友们并不真正了解我的工作性质，并且我猜大多数人其实是刻意拒绝去细想的，直到他们从电视上亲眼看到我在工作中如何需要用到近乎残忍的力量，意识到我确实参与其中并且让双手（甚至胳膊和手肘）沾满血污。有人打破了沉默："我以为你只做文书部分或者类似的工作！"接着有人说："我以为你是给死者化妆的！"——这真的是非常常见的误解了。正在播出的纪录片替我回答了他们所有的问题：现实没给想象留下任何可能的余地。

纠正那些错误对于我而言非常重要，因为每一个病理工作人员都想尽最大努力去维护行业的尊严，尤其是当它很容易被误认为具有攻击性并且不体面时。我们希望通过电视能让所有的家庭认识到，验尸间和所有其他手术室一样整洁而充满尊严感，并不是一个将他们对尸检恐惧最大化、将最令人毛骨悚然的想象变成现实的地方。

所以，我在片场表现得非常挑剔，拒绝让剧组把 APT 的形象塑造成专门劈开头骨的恶棍。这也就意味着，如果剧组想要将大脑取出术的步骤正确呈现的话，那么他们至少需要花费好几百英镑将道具尸体的整个头颅更换掉。但无论如何，我是一定不会让步的！我和做特效的姑娘之间私交甚密，在开始给像《霍尔比市》①之类的医疗剧做特效化妆之前，她也曾经是名 SOCO。因此，她非常理解一旦在媒体上出现歪曲的风险是什么，并且我们花了大量的时间讨论《沉默的证人》②《唤醒死者》③等电视剧。在电影片场能有个人一起讨论这么熟悉的话题，让我感到非常开心。她认为既然制片方想把事情做正确的念头非常强烈，他们就应该在开始做道具、布置尸检拍摄现场前就找到像我这样的专业人士进行指导。我的想法和她不谋而合。在开始任何行动前，先获取正确的信息是最好的策略，这也是我们会在开始一场尸检前先仔细阅读 97A 表格，确保准备充分的原因。

就像那个从 SOCO 转行到特效化妆的姑娘一样，我在进片场做顾问前夕也刚刚经历了一次职业上的转型。虽然已经做了很多年尸检，并且在这个领域里也逐渐具有了作为资深专家的资格，但我还是越来越感到和亲自动手解剖比起来，我更喜欢做文

---

① 《霍尔比市》是英国的一部医疗题材电视剧，于 1999 年 1 月 12 日在 BBC One（英国广播公司第一台）频道播出第一季，目前已播出到第 18 季。——译者注
② 《沉默的证人》是 1996 年 BBC 首播的电视剧，由威廉·盖米纳拉主演。——译者注
③ 英剧《唤醒死者》是一部讲述探长彼得·博伊德指挥一支由警探和科学家组成的小队，以现代的技术方法侦破过去的悬案的系列剧。——译者注

书工作。所以我现在的身份是一家病理学博物馆的技术馆长，告别了解剖刚过世的死者、采集他们的病理样本的工作内容。目前，我经手着过去 250 多年里制作出来的 5000 多个病理学标本，它们被妥善地保存在漂亮的容器——或者更直观地形容是"罐子"里。我用这些取自人体的标本开展教学，并吸引社会大众对于医疗历史、尸检程序等方面的兴趣。颇具讽刺意味的是，APT 的工作强度非常大，以至于当时我根本没有时间去和别人谈论领域里的任何问题。现在我不做 APT 了，每天的日常安排也不再那么紧凑（或者说没有那么"血腥味十足"了），反倒有了更多的时间认真反思和审视多年来的工作及接受的种种训练。通过电视、剧院、书本以及这部正在拍摄的电影等各种形式，我试图以我的经验和心得体会，为我的学生及所有相关从业者的职业生涯提供一些建议。

几天后，当我再次来到电影片场时，摄制组的成员正忙着在视听设备旁做简报。于是，我百无聊赖地溜达到餐桌旁，给自己取了一份咖啡和奶油蛋卷的早餐，完全没碰任何油酥点心，这在我目前的生活中已经成为一个适应得相当好的习惯。"巧克力曲奇？一大早就吃吗？吃完了可别后悔哦！"我一边想着，一边又把手伸向了自助餐桌。这真的是很放纵了，平时大多数日子里，我都会以一杯绿色思慕雪——在某种程度上看上去与之前尸体崩裂喷出的液体很相像——作为早餐，并且觉得已经非常足够了。

当将蛋糕卷塞了满嘴，像是整个生命都悬系于此一般的一番大吃大嚼后，我决定偷偷溜进摄影棚，先去看看他们的验尸间。我躲过所有人的视线走进验尸间，一眼就看到了按照女主演模样做的道具尸体，它此刻正安静地躺在解剖台上，模样看起来还是那么令人愉快。我一手拿着咖啡，一边弯下腰去检查它的额头，发现那道突兀地将额头劈开的切削创口不见了。我觉得他们在过去几天里，对它做的调整真的是很不错。我又重新确认了一遍。它看上去实在是太逼真了，甚至每一根睫毛都跟真的一样！还有手臂上那些细小的汗毛！我有些出神地想着做这样的道具尸体究竟要花多少钱，同时忍不住使劲按压了一下它的胳膊。

道具尸体竟一下子坐了起来！

它的尖叫声太大，也太突然了，吓得我脱手把咖啡杯扔了出去，径直撞到天花板上。紧接着，我也不自禁尖叫起来，大概有三四声的样子。然后，我们冷静下来，不约而同地放声大笑。既为我白痴似的举动，也为应声赶来的剧组成员被听到的动静吓得面无血色的样子。

很显然，我看到的不是道具尸体，而是真正的女主角奥利维亚，作为一个崇尚体验派表演方法的女演员，她正躺在不锈钢解剖台上为怎么能变得更像一具尸体——如果我的说法恰当的话——而寻找感觉。而此时，我却溜了进去，眯着近视的眼睛好奇地不断打量她，还想去抚弄她一番。我从没笑得这么声嘶力竭过，剧组的成员也和我一样笑出了眼泪，感觉肋骨都要从中间裂开了。

"好吧，我算个什么病理学专家啊。"我想，我竟把一个大活人和道具尸体混为一谈，"现在还有谁会分不清幻想和现实呢？"

我喜欢这部电影的两个主角——都是好莱坞的老戏骨——的一个重要原因是，他们都在持续不断地向我表达着看到有我在场是一件多么开心的事情。虽然他们并不是很清楚我是谁，或者我的工作究竟是什么样的。

"团队里能有一个病理学家实在是太棒了！"埃米尔·赫斯基在我第一天进组的时候就发出赞叹，很热情地和我握手。

"谢谢。"我很害羞地嘟哝道，"但我不是病理学家。我是一个病理学技术员。"

"这有什么区别吗？"他露出一脸困惑。这时，在一旁的约翰插话道："不过，我以为你是病理学'技术专家'。"

"病理学家是资历很深的医生，有丰富的医学知识，可以通过器官解剖和尸体检查来判断死因。"我向他们俩解释道，"而我则是在他们工作的过程中提供技术支持的，我的能力范围是所有物理性的操作，像取出器官、采集组织样本等。不过，我有时候也会帮助病理学家判断死因，一起维护停尸房的运作。"另外，我还特意向约翰强调道："对于我们的工作，有好多不同的说法，不过最专业的简称是 APT。不久前，官方说法中将'技术员'改成了'技术专家'。但在我看来，这至少对我而言是不恰当的，因为根据词典中的定义，'技术员'显然比'技术专家'在尸检中发挥的作用更大。"

"嗯，我明白了。"他们俩的脸上都露出了笑容。

我并不是很确定他们是不是真的弄清楚了我刚才说的。"你们想啊，假如'技术员'已经足够定义医学学士、皇家内科医师学会会员、皇家公共卫生研究所研究员、英国皇家病理医学院院士、病理学书籍作者 R.A. 伯内特的话，那么用来形容我也完全足够了。"

说完，我笑了起来。但我很快便意识到，如果从没看过堪称 APT 培养"圣经"的《红书》(*The Red Book*) 的话，这个笑话一点都不好笑。

"就叫我殡葬师好了。"我带着些许尴尬地努力恢复常态，"这样比较方便。"

我在大多数时候都喜欢称自己为殡葬师，虽然我知道很多同行并不喜欢这种称呼。① 而我这样说，也有自己的理由。首先，没有人知道到底什么是 APT。如果有人问我"你是做什么工作

---

① 　其实，我并不是很理解他们在称谓上存在的虚荣心，就像人们会说"我是一名护士"而不是"我是一个国家注册护士"，会说"我是一名医生"而不是"我是一个比医师职位高但比会诊医生职位低的医生"。有时候，为了让沟通更简单方便，使用一些大多数人都熟悉的说法没有任何问题。

的"，而我回答"APT"的话，那么最大的可能就是直接把话题聊死了。不过，这也可能引来一连串的发问：这是什么意思呀，怎么拼写啊，你是一位医生吗，等等。其次，官方全称"解剖病理学技术员"对于我而言简直拗口到极点，每当尝试着完成这几个词的发音时，我都感觉我的舌头像是一条垂死挣扎的鳗鱼。我认为"停尸房技术员"的说法可能更直白，也更恰当。但是，我更喜欢将"停尸房"和"技术员"两个词想象成松散的一堆雪，然后像挤雪球那样把它们压缩成一个单词：殡葬师。每个人都知道"殡葬师"是做什么的。回答"我是一名殡葬师"的效果有点像朝询问的人脸上把雪球掷出去，当冰冷和陈述性的事实乍现的时候，他们会感到吃惊，并且难以置信地摇头。

最后，我不仅仅是一名 APT：我与死亡打交道的职业生涯涉及了尸体防腐、医疗及示教解剖、发掘和检验骸骨，以及人体历史遗骸的保存等许多方面。但站在个人角度来讲，我就是一名殡葬师。

"真的啊？你是殡葬师？真看不出来啊！"这是人们对我的职业最常见的反应。诚实地讲，我还挺享受这种感觉的，我喜欢做一些从我的外表完全看不出来的事情。但除此之外，更重要的是，自从我成年之后就一直和死亡打交道，我需要一些额外的东西帮助我在这份工作中保持激情。这已经成为我的自我认同中重要的一部分。就像诗人兼殡葬师托马斯·林奇描述的那样，我是一个"生命存在与所从事之行业开始融为一体的人"。我作为一个人，和我作为死亡的守护者，这两个相互独立的身份实际上已经交融在了一起。

　　我已经和两个演员中比较年长的布莱恩·考克斯见过了，因为他之前曾经在我工作的病理学博物馆里拍摄过他出品的纪录片中的一部分场景。那是个展示酒精造成肝损伤的专题，我不得不把各种状态的肝脏标本一一摆到桌面上供摄制组挑选。当时，我觉得自己很像伦敦市场交易员，一边卸货，一边向买家证明它们没有任何质量问题，好让我不必把三层楼里所有的肝脏逐一找出来给他们挑选。

　　"好，这是一个不错的肝脏，伙计，这正是你们要找的！"

　　"好，先生，你不想再看看旁边的那个吗——好吧，这个成交了！"

　　另一个演员是在电影中扮演布莱恩儿子的埃米尔。初次见面的时候，他们两个都显得特别热情开朗，并且剧组的其他成员也不断向我强调，我是这个团队中非常关键的一员："布莱恩和埃米尔都特别高兴有你在这里提供帮助。"愉快的气氛一直延续到了拍摄的第四周。很明显，他们开始厌烦了，那种耍大牌的神气只要你联想一下八卦小报上的报道，基本就能想象出个大概。埃米尔变得尤其暴躁易怒，而布莱恩在午餐休息时间结束后返回片场时，看上去除了热情之外其他都恢复了。剧组希望我能继续工作一段时间，但无论什么地方，我都不想一天 12 小时地待在那里，更不用说还是个由仓库改造的、冷得要命的摄影棚了。而且，在我的本职工作之余，我也再挤不出更多的时间。记得在最后一天，我问艺术指导，演员们表现出来的厌恶情绪是否是电影拍摄过程中的正常现象？她说："不，只是因为这部电影的题材实在'令人讨厌'。"

后来，我的亲身经历证实了她说的是实话。当时，我正在向埃米尔提出一些建议，但他却忽然向我吼道："没人看得出来！而且根本没人在乎这些！"

"那么，好吧，很荣幸度过了一段每天花 12 个小时在这里为你们提供正确流程指导的时光。"我一边想着，一边安静地离开了。

后来，我又想了很久，很想知道这是不是也能反映出其他人的态度：我们在停尸房中做的事情，在他们眼中既奇怪又无足轻重，根本不会有人真的在乎和想要去了解。在喜欢这份工作、想要了解这个领域中所有事情的人和视其彻头彻尾令人匪夷所思的人之间，有一条泾渭分明的分隔线。我已经数不清到底有多少次，在剧组人员悄悄问我"电影片场很刺激吧"的时候，以同样用说悄悄话的方式回答道："不，实话实说挺无聊的。在我看来，没什么比真正的尸体和真正的停尸房更刺激。"我之所以会选择与死亡为伍的工作，就是因为我发现了其中的乐趣并且相信一切付出都非常值得。至少对我而言，在片场无所事事地度过一天实在不是什么有意思的事。

与片场截然不同的是，验尸间的工作节奏从来都是非常快的。即使病理学家离开后，仍然有很多工作需要完成。杰森去清洗的时候，我便开始着手对厌食牙医进行修复。我缝合上所有的切口，把他的身体清洗干净，将他乱蓬蓬的头发梳理整齐，我还给他的褥疮敷上药膏，并帮他剪了指甲。现在，他看上去比刚送进来的时候好了不少，已经完全可以让家人和朋友来见最后一面了……只是，并没有任何人来看他。但这番努力并没有白白浪费，我做的一切都是为了他，其他人怎么看一点都不重要。这也是我说这项工作值得的原因——他看上去得到了安宁。我用手轻轻触碰他的额头，确认他的眼睛闭好了，将运尸袋的拉链拉好后重新推回了冷柜里属于他的区域。

有些人确实认为和死人一起工作很有趣，并且想要了解更多，所以我接受过很多的采访。然而，即使在本着最好的初衷而进行的访谈中，也同样存在着那个根深蒂固的问题：采访者会为了增添戏剧效果而随意更改你所说的话，又或者在采访前并没有做充分的准备。倒不是他们有意为之或心怀恶意，毕竟死亡确实是一个令人困惑又很敏感的话题。

以尸体为例，我能很委婉地将死者称为某人的"挚爱"或者一位"已故者"。而在特定的情况下，比如在我们学习埋葬学（一门关于有机体腐烂的科学）或讨论器官、遗体的捐赠和解剖时，我们会称死者为"尸体"，"病人"的说法完全不适用于这种情况。但是，当我在医院停尸房工作的时候，所有的死者都会被称为"病人"，因为他们是直接从医院送到我们面前的，而尸检不过是他们接受的最后一次医疗诊断，所以从技术层面上讲，他们仍属于被看护的"病人"范畴。但是对于在停尸房工作的人，比如处于职业生涯起步阶段的我而言，则不说"病人"，而更喜欢说"案子"。其实，所有说法的最终指向都是死者，但是它们之前也着实存在着非常细微的差别，以至于无论哪一种说法，都不能适用于所有的情况。然而包括记者在内的很多人，对此并不是很能理解。只要有人邀请，我都会尽可能配合地完成一次周密而透彻的访谈，并且在过程中尝试将此澄清。但事实证明我的努力收效甚微，出于担心会引起读者疑惑等考虑，在最终定稿时，我所使用的"病人"一词总会被粗暴地替换为"尸体"。

在万圣节的时候，几乎所有人都对死人、器官、遗骸、尸体等表现得格外感兴趣：我在每年的这个时候总会尤其受欢迎。我一直以为我的成名机会随着《死亡侦探》已经化为泡影，也从没期待过还能在演艺圈进行一番体验，直到我被邀请参加阿伦·蒂彻马什（Alan Titchmarsh）的节目，并应摄制组要求从病理学博物馆带去一些标本。那期节目专门展示古往今来稀奇古怪的医疗手段，这也是我最喜欢的话题之一，因为博物馆在这方面的馆藏相当丰富。比如，我们有梅毒病人的骨骼，这些骨骼扭曲，上面全是麻子，显然它的主人不仅被病毒感染，而且还深受用于所谓"治疗"的水银的毒害。另外，还有个罐子里保存着一条又细又长的绦虫，它来自一个非常极端的减肥案例，有个女人想要通过吞食绦虫来获得苗条的身材。想象一下，如果在你的小肠中长着一条绦虫，那么它就能消耗掉你吃进去的卡路里，然后你就不会……单纯从理论上看，她的做法倒是无可挑剔的。

　　我是坐出租车去节目录制现场的，带着一个装满精心包裹好的骨骼、绦虫标本及其他类似东西的大塑料箱子。我不知道将要面对的是些什么，并且当我到达现场的时候忽然感到有那么点难为情，毕竟我带去的东西都实在太奇怪了。当被引入演员休息室，拿到一杯咖啡并被介绍给其他嘉宾的时候，我感到紧绷的神经忽然松弛下来了。我完全没必要担心那一箱子人体"零件"会是当天出现的最奇怪的东西，因为同时出现在节目中的还有鲁拉·伦斯卡（Rula Lenska）、《布偶大电影》^①的一些演员、"毛茸茸的自行车手"（the Hairy Bikers），以及一个能跟着碧昂丝"单

---

① 《布偶大电影》是华特·迪士尼电影工作室制作发行的喜剧电影，于2011年在美国上映。——译者注

身的女人们啊，给她们戴上一枚戒指吧"的音乐跳舞的小孩。轮到我上台了，节目是现场直播的，并且整个演播室中坐着的观众，我一个都不认识，但是我却并没有感到紧张，轻轻松松地和主持人艾伦一起对标本展开了深入细致的讨论。我快速稳定情绪的诀窍就是将自己正在经历的一切想象成是在做梦。

事实证明，我面对镜头所选的策略相当奏效，因为他们很快便发来邀请，想让我再录制一期万圣节特别节目，这回讨论的话题我可以自由发挥。经过一番考虑后，我决定选择谈论一些话题度很高的怪物的医学起源，并且和之前一样，也将相关的标本带到了节目现场。其中一种是麻风病，使人真的看上去如同行尸走肉一般的严重疾病。在中东地区，麻风病人曾一度被当作僵尸，天主教会更是将其视为不死的异端。他们虽然活着，但是却从没被像活人一样对待，因此他们也享受不到任何生而为人的权利。另外一种则是名为"卟啉症"的贫血症，由于患者不能接触阳光，牙齿也总沾染着血污，因此在其基础上发展出了吸血鬼的传说。摄制组还让我在节目的最后参与了一个包括万圣节主题竞猜和完成任务的比赛环节，我当然取得了胜利——我真的是太爱万圣节了！奖品是一只金南瓜——被喷上金色涂料的迷你南瓜。这只南瓜在此后长达 6 个月的时间里都是我骄傲和快乐的源泉，直到有一天我发现它已经完全衰朽为一团青铜色的真菌，于是我明白，是时候让它功成身退了。南瓜的命运轨迹其实和我们人类非常相似，最终都是尘归尘、土归土。除非我们也被做成标本保存在罐子里，就像我现在负责的那些一样。

标本给电视节目带来了不错的收视率，真实的人类遗骸拥有复制品或者虚构出来的东西所难以得其精髓的力量①。在英国，受多方面原因的影响，人们很难有机会接触到真正的人类遗骸。这一方面是因为，我们不再需要像过去那样自己来料理后事，会有专门的从业人员替我们把事情安排好。另外，以我工作的博物馆为例，想要把保存下来的死者遗骸向公众展示，需要得到特别的许可证才行。但是，在我看来，有很多事情只有真正的人类遗骸才能教会我们：它们的力量感和能动性是一般复制品所无法企及的。

在我大约 14 岁时的一堂历史课上，老师讲到了纳粹德国。当时，课堂上将近一半的学生都表现得兴趣寥寥，他们明显对给自己喷洒除臭剂或阅读《只有十七岁》②一类的杂志更上心。对此，老师表现出极度愤慨："那些纳粹党在用人皮做灯罩！"他吼叫着："你们怎么还能在课上随便聊天，对这么骇人听闻的恐怖行为若无其事呢？"但那些确实在感觉上与我们关系不大，我们只是些半大的孩子，胸部有没有发育得足够丰满、是不是可以

---

① 是的，我承认我曾把道具尸体和活生生的演员搞混，但是我想表达的并不是这个意思。

② 《只有十七岁》(Just Seventeen)，于 1983 年 10 月 20 日首次发行的英国青少年杂志。——译者注

开始穿胸罩绝对比在我们出生前很多年世界上随便什么地方、发生的随便什么事更有吸引力。这种感觉一直到我去看了一个大屠杀主题的展览后才有所改变。那一堆堆从纳粹受害者头上剃下来的头发，构成了真实又直接的恐惧感，深深地将我震撼。一股强大的力量在那些遗骸中不断凝集并喷薄而出，发出历史绝不可以被遗忘的呐喊。在我们的医学院里，学生们在实验室中解剖指定的尸体时也会产生相似的感受。在解剖的过程中，他们渐渐对捐献者心生感激，并和尸体之间产生某种连接。到了年底完成解剖的学习后，我们还要专门举行纪念性的仪式。即使是美国SynDaver实验室最新出品的医疗模拟人[①]，也无法唤起同样的尊严感。

　　同样的感受，演员布莱德利·库珀也曾亲身体验过，他出演了伦敦剧院制作的《象人》，虽然在公共博物馆中有约瑟夫·梅里克骨架的复制品，但是他依然要求观察保存在我们的一个美术馆中、仅供医学生和研究人员参考的真迹。[②] 对他想要将角色塑

[①]　由于支付实验所需动物的经费负担过重，克里斯托弗于 2004 年创立了SynDaver 实验室，其出品的解剖学教具由 85% 的水分、纤维、盐及其他有机化合物构成。这些教具不仅近乎人体，拥有完整的器官、循环系统、肌腱组织等，还能模仿活体的"运动"特性，会流血、呼吸，且在光线下可产生瞳孔收缩反应。——译者注

[②]　象人（Elephant Man）是一位身体存在严重畸形的英国人，本名约瑟夫·凯里·梅里克（Joseph Carey Merrick），1890 年 4 月去世，时年 27 岁，其骨架藏于英国皇家伦敦医院。——译者注

造得准确无误的渴求，我们难以拒绝。演出结束后，库珀扮演的"象人"受到了极大的好评，而他则将演出的成功归功于梅里克。实际上，在启程回美国之前，他还专程前来看望梅里克，只是为了好好道别。那个骨架曾是活生生的人，那些躺在解剖台上的死者曾是活生生的人，甚至我那5000多个标本瓶里保存着的残骸，也都曾是活生生的人。他们都曾是重要的、强大的、有很多人生故事——我很庆幸享有特权，以不一样的方式首先聆听到——可以分享的人。

这就是我喜欢现在的工作的原因：每一天都存在着各种可能性。或许会带着"恐怖卡拉"的标牌出现在电视上，还赢得金南瓜；或许会重新制作一个1750年的疝气标本；还有可能会在电影片场粗暴地对待正练习体验派表演法的女演员。我有很多年的尸检经验，但也不得不承认，其中具有一定讽刺意味的事实是：那个时候我完全没有属于自己的时间，没时间深造或参与电视节目。而反倒是现在不再在停尸房全职工作了，我开始得暇思考作为一名APT的工作实际上有多么令人着迷，多么让人获得自我实现的空间，并多么充满成就感。收藏和保存死者遗骸的工作令我一只脚涉足死亡的过去，而曾为APT的经历则引导我将另一只脚安住在死亡的当下与未来。

所以，停尸房的工作其实充满了活力。

第 二 章

准备：悲伤邂逅

我已经为去见我的造物主做足准备。至于他
是否也准备好了迎接与我狭路相逢的巨大挑
战，那就是另外一回事了。

——温斯顿·丘吉尔

　　我的爷爷弗雷德里克放松地坐在他最喜欢的椅子里，一边舒展着双腿，一边长长地舒了口气，但很快就被一阵"老烟枪"独有的粗重咳嗽打断了。我们刚从被我称为"花园"的地方回来，虽然那只是在他和奶奶称之为"家"的住所前一片被绿草覆盖的空地，但对于 7 岁的我而言，仍然看上去宛若一座巨大的花园。当我绕着它的边界一遍又一遍地跑过来又跑回去时，爷爷就靠着墙坐在一边，仰起脸朝着太阳，抽一根自己卷的香烟。

　　如今回首往事，爷爷光滑的灰色头发和他那一笑起来就被推挤进一条缝里的亮闪闪的眼睛，都会让我不自觉地联想到席德·詹姆斯[①]。但是在更早些年，比如他和奶奶刚刚结婚的那段时

[①]　席德·詹姆斯（Sid James），演员，1913 年出生于南非，代表作有《空中飞人》《小后屋》等。——译者注

间，他其实更像亨弗莱·鲍嘉[①]：一身笔挺的西装，满头的百利发胶。虽然他从没提起过，但"二战"期间他曾在缅甸作战，而他的吉卜赛血统则赋予了他演奏手风琴的才华。我提到的吉卜赛人并不是你们现在在电视上看到的那样穿着巨大、艳丽的礼服，脸上妆容厚重。我指的是乘着被漆成艳丽颜色的大篷马车远离故土，穿越过这片土地的吉卜赛人：在篝火旁痛饮难喝的酒，一见人就满口诅咒，在宗教仪式上用杀鸡的方式卜算整个家族里哪个女人会第一个出嫁的罗马尼吉卜赛人。

我爷爷的父亲，也就是我的曾祖父，尽管胳膊很短，但仍成了一名吉卜赛拳击手。早在成为流行风尚很多年前，他就用吊袜带将过长的袖子悬吊起来。他长长的指甲看上去和电影《出租车司机》[②]中的斯波特很像，不过他用它们来修理时钟。他还把别人的耳朵打穿孔过（不是你想的那样，并不是用他的长指甲）。他向我的曾祖母求婚时的戒指，是用他的单圈耳环改制的。结婚后，他们生了 5 个孩子，但是没有一个活下来，这在 100 多年前倒是很常见。1903 年他们来到英国后，又生了 5 个孩子，我的爷爷弗雷德里

---

① 亨弗莱·鲍嘉（Humphrey Bogart），美国男演员，代表作有《卡萨布兰卡》《马耳他黑鹰》等，1999 年被美国电影学会评选为"百年来最伟大的男演员"第一名。——译者注

② 《出租车司机》（Taxi Driver）是 1976 年保罗·施拉德编剧、马丁·斯科西斯导演、朱迪·福斯特等主演的美国剧情片，并于同年获得第 29 届戛纳国际电影节金棕榈奖。——译者注

克就是其中最年长的那个。这些就是我对于爷爷人生的全部了解。

相比之下，我对于爷爷走向人生终点时脸上的模样印象更加深刻。那天，他舒服地窝进椅子里后不久，便出现了剧烈的抽搐。从我的角度只能看到他穿着拖鞋的脚，于是我抬眼去看他的脸，却发现是死亡本身在亲自与我对视。他脑袋歪斜，翻起了白眼，一滴血从嘴角滑落下来，在他刻满皱纹的脸上留下一道纤细的深红色痕迹。随后，仿佛时间敲下了惊叹号一般，他的假牙带着那么一丝滑稽意味地从嘴里喷了出来，"砰"的一声撞到地板上。我已经记不清楚究竟是被谁了，但我确实是被人从现场拽走了。显然在他们看来，那不是一个适合 7 岁孩子看到的场面。

其实在那天晚上之前，爷爷已经经历过很多次中风了，虽然他在椅子上时还一息尚存，但送到医院后已经无力回天。好在他离世的时候，儿女们都陪在他的身旁。因为大家觉得我还太小，葬礼也没有让我参加，而我也不记得家人们在那天都是什么表现了。但是，关于爷爷的死亡，有一件事情我至今印象深刻，那就是我当时虽然有些害怕，但依然充满了好奇。

一直以来我都是一个胆子很大的孩子，我想这可能继承自我那在信仰天主教的大家庭中被抚养长大、自大而顽固的父亲。不过，我是家里两个孩子中的老大，又没有像父亲小时候那样受到严格的约束，因此这部分性格特点可能更多地表现为独立、对知识的渴望以及对读书和独处时光的需要。大概在两岁的时候，我开始学习阅读，并且能够通过读报纸上的节目表来告诉妈妈我最喜欢的电视节目什么时候开始。有一次，她想要惩罚我，于是像所有慌乱的新手父母常会做的那样，把我关在了我的房间里。在经过一段长到在她看来足以算得上是"痛苦的禁闭"后，她过来查看我的悔过情况，却发现我正安安静静地沉浸于阅读的乐趣之中。"就这样吧，你现在可以出来了。"她表示已经原谅了我，而我的回答却令她大失所望："嗯，等我先把这一章看完吧。"这能算什么惩罚！

　　我与死亡的此番短兵相接若是发生在一些年龄更小的孩子身上，他们很有可能会被吓坏，但我却是个特例。可以说是有些着迷地，我既将死神的降临视为对生命的挑战，同时也把死亡当成一个研究对象。我对这个世界的种种自然规律有一种出自本能的接受，甚至在很小的时候我就能理解，如果没有黑暗的存在，光明的宝贵也就无从显现。

　　这一点或许是得益于我的吉卜赛血统，也可能是受我父亲的影响，还有可能是因为我在本该如饥似渴地阅读伊妮·布来敦①的年纪里，却为阿加莎·克里斯蒂②笔下的侦探世界而痴狂，又

---

① 伊妮·布来敦（Enid Blyton），笔名玛丽·波洛克，是 20 世纪 40 年代英国著名的儿童文学作家，代表作《刁蛮女》系列以及《诺弟》系列均在世界范围内受到欢迎，一度成为各国学生的指定读物。——译者注

② 阿加莎·克里斯蒂（1890—1976 年），英国女侦探、小说家、剧作家，代表作有《东方快车谋杀案》《尼罗河谋杀案》等。——编者注

或者只是《电锯狂魔》的错。

　　我父亲偶尔会给我和弟弟买几只小动物作为惊喜，有一次，他送给我们一黑一白两只小兔子。虽然并不是我们想要的，但是没有孩子会拒绝养宠物的乐趣，尤其是这样可爱的兔子。所以很快，我们便用一只铺满干草的巨大笼子，给它们两个在新家里——花园棚屋——布置出一片属于自己的天地。每天，我们都会将两只兔子从笼子里放出来，看着它们在棚屋里跑来跑去，在确保没有猫在周围伺机而动的潜在威胁时，还会让它们到花园里自在地撒一撒欢儿。然而，这种所谓的安全只是我们以为的安全。有一天，在完全没有任何预兆的情况下，忽然响起一阵尖锐刺耳的吱吱乱叫，同时从花园传来的混乱响动令正在吃饭的我们顿时冷汗直冒，正用叉子往嘴里送食物的手也僵硬地停在了半空。等一回过神来，我们立马飞奔出去，晴空万里之下那幅仿佛美国女生联谊会电影里的画面——一群轻盈灵活的姑娘刚刚结束了枕头大战，四处飞舞的羽毛优美地飘落于她们性感、疲倦、随着呼吸不断起伏的身体上——令我们受到了巨大的冲击，只不过，此刻白色的羽毛变成了一块块皮毛，汗淋淋的大腿被血肉模糊的兔子尸体所取代。

　　我父亲买的两只兔子其实是一公一母，但在当时我们都不知道。后来它们开始交配，兔子妈妈生了很多很多的兔子宝宝。新生的兔子看起来娇小极了，并且被很巧妙地藏在了即使我们反复出入棚屋，也很难留意到的地方，像笼子和墙壁间、冰箱后面、莴苣下面以及水碗后的各种缝隙中等。我们甚至都不知道它们的存在。很可能是一只心意已决的猫总算从棚屋狭小的窗户挤了进去，于是就像《万圣节》的迈克·迈尔斯①那样，有了一个大展身手的机会，仅仅为了取乐就把我们还没来得及认全的新生小兔子们全部杀光了。

好吧，几乎是全部。

当最后一块皮毛落下后，我们就像一群土狼似的翻检着小兔子的尸体，然后发现其中一只好像还活着，有着轻微的颤动。我此刻仍然能够记起把可怜的小家伙捧在手心里的感觉，它真的是太小了，那狂乱又微妙的心跳带给手掌的撞击感至今都鲜活地镌刻在我的记忆中。我感到很无助，就算我没能预见悲剧的发生，也至少应该在发生后有能力做出某种程度的补救。然而，我却什么都做不了。

死亡，我的宿敌，再次予以我痛击。

当你对一件事情了解得越多以后，你对它的掌控能力也就越强。对于悲剧而言，揭开它的神秘面纱有助于重获对情绪的掌控力，这也是我在面对死亡时所采取的策略。人们常说："亲近你的朋友，并与你的敌人靠得更近。"然而，我可能与我的敌

---

① 　迈克·迈尔斯是恐怖电影《万圣节》中杀人狂魔的名字。——译者注

人——死亡——靠得太近了，以至于它获得了太多的自信，摆出一副将我甩在身后，跑完一整圈，再重新回到我身边后仍然是朋友的架势。

根据其在医学上的定义，中风可以理解为一场发生在心脑血管的意外事故，虽然在某种程度上，它的发作没有任何意外可言。就我爷爷的情况来说，喜欢抽自己卷的烟是他罹患中风的重要原因，其他增加发病风险的因素还包括高血压、高血脂、肥胖等，都是自我管理的问题。我之所以会对此有很系统的了解，主要是因为爷爷去世很多年后，当我成为一名 APT 实习生时，在一场中风患者的尸检中，詹姆森博士以我捧在手里的大脑为例进行了讲解。

"当大脑某些部分的供血中断时，中风就会发作。供血中断可能是由于血管堵塞，也可能是血管破裂造成的。你们看这里，就出现了血管的破裂。"他指着苍白色的大脑切片上一个深红色的出血点说道，"使用血液稀释剂能够降低中风的风险，比如低剂量的阿司匹林，又或者仅仅从对自己好一点做起。"

"有什么可以提前察觉到的症状吗？"我在小心翼翼地将脆弱的大脑放回解剖台时忽然很想我的爷爷，于是便问道。

"还是有症状的，有的人可能会感到一侧的身体麻木，或者一只眼睛的视力下降，还有些人甚至会出现一侧脸颊肌无力或者说话含混不清。"

　　这些都是我在爷爷身上看到过的症状。于是，我有种好像早就知道了的感觉，又好像从爷爷去世那天起我就一直希望能早些预知到：如果你知道该去关注哪些症状，就能预知死亡的到来，然后，你就能控制它。

　　或者，你至少能尝试去控制它。

　　在我 9 岁的时候，我母亲第一次知道我想要成为一名殡葬师的理想。当时，我正坐在理发馆的座椅上，发型师担心我被剪掉一大截头发后会失控尖叫，所以跟我闲聊以分散我的注意力。

　　"长大了以后，你想做什么呀？"她说话的声音非常甜美，于是我也很甜美地回答道："我想成为一名殡葬师。"

　　我很肯定在话音刚落的那一刻，穿梭在我头发中的剪刀停顿了一下。很快，发型师又恢复了常态，并且向我母亲投以好奇的目光。作为回应，我母亲只是耸了耸肩，好像在说："随她便，跟我没关系。"在那个媒体还没把死亡和法医学变得流行起来的年代，一个年幼的、金发碧眼的女孩说想要做殡葬师实在不是什么常见的事情。殡葬师并不是个为人所熟知的职业，我的家族中也没有人从事此行，但是它却对我产生了强烈的召唤，除此之外我从没想过做其他任何工作。早在我能够理智地把生命诞生的奇迹与死亡降临的必然性联系在一起——这是爷爷的过世教给我的重要一课——之前，我就对人体以及它是如何运转的感到非常着迷。而在那宿命的一天之后，我尤其想知道爷爷的身体里究竟发生了什么，以至于死神那么快就夺走了他的生命。处于生命终点的爷爷就像一个发条玩具似的，在能量完全耗尽之前不断抖动，直到发条停止转动。

而这份好奇一旦出现，就再也没有消失。

任何在街上发现的死亡动物都会吸引我的注意——就像那只可怜的猫咪——而且我通常都会召集我的朋友们在花园里为它们举行葬礼。这种举动在刚刚开始对死神会对任何生物下手的事实有所认识的孩子身上相当常见，因此，如果你家的小孩在花园里开辟出了一片墓地，完全不用担心是不是一个连环杀手由此诞生了。不过，比较少见的是，像蛆虫、血污和尸身膨胀之类的状况非但没有挫伤我对死亡的好奇心，反而使它变得越发强烈：我想要知道变化背后的原理。10 岁生日的时候，我要了一台显微镜作为生日礼物。而在"带着玩具来上学"那天，我把它带到了学校，向我的同学们展示它的操作方法，不过我觉得他们并没什么兴趣。现在回想起来，我很怀疑我是不是真的曾有过朋友。也是差不多从 10 岁时起，我就经常一个人去地区图书馆借高中生物课本研读。我从其中一本书中读到，把蚯蚓从身体中间切断后，它会变成两条蚯蚓。想象一下这是多么惊人！就像一个梳着小辫子、穿着中筒袜的童稚版弗兰肯斯坦博士^①，我相信自己破解了获得永生的秘密。虫子被我毫不留情的小手指一条接一条地从我家花园（墓地）起伏的土丘中拉扯出来，切成两段后在放大镜下仔细观察。

一直因我的各种古怪举动而备受困扰的母亲，终于因为我竟然使用餐刀做这种事情而爆发了她的不满。

现在，我自然还会去美发沙龙，在不可避免地被问到工作时，我都会很开心地和发型师谈论。如今，人们对殡葬师这个职业大多非常有兴趣，其他的顾客和发型设计师也会加入我们的谈话。几乎所有人——至少看上去是这样——都看过 CSI（《犯罪现场调查》）或《沉默的证人》，帕特里夏·康韦尔^②和凯丝·莱克斯^③的小说也读者甚众。因此，他们对我的工作会先入为主地产生一个经过美化的想象。法医学确实很吸引人，并且只要不讲太多日常工作的琐碎细节（肯定没人想听我曾如何一整天肘部沾满粪便地四处走动），我能就尸检愉快地谈上好几个小时。虽然通常被问到的

---

① 弗兰肯斯坦博士是英国作家玛丽·雪莱在 1818 年创作的小说《科学怪人》中的人物，是个热衷于生命起源的生物学家。——编者注
② 帕特里夏·康韦尔（Patricia Cornwell），美国当代推理小说家，1990 年出版第一本侦探小说《尸体会说话》，代表作包括根据其从事社会新闻记者和法医记录员的经验撰写的《首席女法医》系列等。——译者注
③ 凯丝·莱克斯（Kathy Reichs），美国刑事人类学家、法医、社会人类学教授，代表作《听，骨头在说话》《看，死亡的颜色》等均登上《纽约时报》畅销书排行榜。——译者注

都是些我已经回答过几百万次的老问题，但仍然比那些关于计划去哪里度假之类的问题好太多了。"尸体＝有趣，阳光海岸＝没劲。"

我去做美甲的时候是个例外。（是的，我现在也开始美甲了，因为在停尸房时我经常需要着手进行一些复杂的操作，所以原谅我现在泛滥的爱美之心。不过，如果你也曾像个卖鱼妇似的穿着惠灵顿靴子、个人防护服长达 8 年之久，那么一旦不用如此，你也同样会做任何让自己看起来充满魅力的事情。）每次去我都专门找同一个美甲师，因为他巧合地和我曾祖父有着同样的长指甲，用来帮我刮掉不小心蹭到指甲根部皮肤上的指甲油。虽说我从没见过曾祖父，但是他们之间这点小小的相似之处，还是让我感到很亲切。

在我们当地的沙龙里，很少有美甲师讲得了太多英文，所以我不用担心什么，只需要静静地看着他们就好。我很喜欢看他们工作，因为他们手上复杂精细的操作让我想到了自己，想到了其他像我一样的 APT，以及我们在准备一次尸检时所做的一切。美甲师们已经把需要用到的工具、液体和粉末等一一准备就位，甚至连单张的吸水纸也已经撕好了，开始动手后一旦需要用到，就不用去乱找，然后把一整卷都搞得乱七八糟的。

我还是 APT 时，无论在哪里工作，都会要求自己比上班时间早半小时到达停尸房，通常比病理学家要早得更多。一般 APT 的上班时间都是早上 8 点，而我都是 7 点半左右就出现在停尸房，在其他同事到来之前准备好咖啡机。在尸检过程中，病理学家并不一直都在，他们会先来鉴定一下死者，签署一些文件，然后就回到自己的办公室里，让我们把剩下的准备工作做完。最初的这步鉴定非常重要，每一位死者的脚踝和腰部的身份证明都会被反复核对，搞错了尸检对象的身份简直是不可想象的大事故。身份确认后，病理学家就会离开大概一个多小时，那就是属于我大放异彩的时间：我将开始解剖，用希腊人的说法就是开始"认识自我"或者进行"自我审视"。

对我而言，开始工作前每一样东西都应该按程序一丝不苟地准备就绪，不然"一定会出现差错"的感觉就会挥之不去。我希望自己成为一个在病理学家开口要求之前，就已经把他需要的器具递过去的那种 APT，有点像手术室里给医生当助手的护士。这会让我对自己在做的事情产生一种掌控感，而这对死者而言无疑也是一件好事。另外，尸检毕竟还是一件比较脏的事情，在进行过程中你会不可避免地沾满血迹和其他各种液体，在全力推进的时候，最糟糕的情况就是得去橱柜或者抽屉里翻找棉拭子或者备用解剖刀。像美甲师那样提前把可能需要用到的每一样东西准备好，无疑是明智的。

首先，我需要确保手边有足够的"蓝卷"，这是我们对擦拭溢出液体及清理体腔的吸水纸巾的俗称。我会把各种可能用到的工具一字排开，给解剖刀换上新的刀片。PM40 型解剖刀外观上很像一把巨大的外科手术刀，同样很大的刀片要用螺丝固定好。每次一准备好，我都会用铝箔或者包装纸将它包裹起来，因为曾有人告诉我，哪怕只是氧分子从刀刃表面轻轻拂过，都将对轻薄刀片的锋利度造成影响。我不确定是不是有些夸张的成分在里面，但是我从来不会拿我的工具冒险。

另外一些需要提前摆好的工具包括一把非常长、一寸厚、末端呈方形的切脑刀，看上去和日本武士刀有些相像，这种锋利的一次性刀具在把构造精细的大脑按照不同结构切分上发挥着关键作用。还有我之前提到过的肋骨剪，用来把肋骨上比骨骼质软很多的肋软骨剪断。随着年龄的增长，一个人肋软骨的钙化程度会越来越高，想要剪断就相应变得越加费力。而且留下的参差边缘和骨骼碎片都非常锋利，不仅可能直接刺穿手套，甚至还会造成重伤，这也是我的朋友们在电视上看到的我会制造出那么可怕的巨大噪声的原因。除此之外，还需要一到两个长柄勺以及一个叫作"开颅凿"的 T 字形金属工具，用来辅助取下头骨的顶部；包括内脏剪在内的一系列剪刀、各种钳子（有些上面有锯齿，有些没有，这点倒和我那些有的牙齿还在、有些则完全没了牙的死者有些相似），以及名字听起来有点可爱的、用来进行挑出骨骼碎片等精细工作的"咬骨钳"。另外，我还会在呈 C 形或 S 形的针上提前穿好粗白线，然后用胶带将其粘在橱柜的侧面，一旦开始缝合尸体，就可以随时伸手拉下来用。没有比戴着好几层手套——并且最外面的一层还滑腻腻地沾满血污——去穿针引线更令人头疼的事情了。不过在进行这项准备的时候，我要特别注意控制住自己，避免做出在做针线活时条件反射般的动作：用嘴将线末端抿湿，好让它纤细到可以穿过针眼！随着准备工作的逐渐完善，我还会出于个人偏好，额外准备好有着巨大木柄的凿子一到两把、电动和手动骨锯各一把——这样一来，即使万一忽然停电，也不会影响尸检进度——以及几个大桶和大碗，它们的出现让手推车带上了点手工 DIY（自己动手做）的感觉。

　　虽然每位死者的尸检或多或少都存在着一定的差异，但是仍有很多步骤是共通的。举例来说，我能大致判断出从一个疑似死于静脉注射过量的死者身上需要采集哪些组织，那是与在养老院过世、还得了褥疮的死者完全不一样的。对于前者而言，最关键的是要将样本送去做毒理检查，确定体内某些化学成分的精确含量，并推断其是否为导致死亡的根本原因。而厌食牙医的尸检则属于后者，微生物拭子被用于褥疮或严重的组织感染等情况下的样本采集。他的检测报告在几个星期后从实验室返回到停尸房，这个时间长度是非常正常的，并不会像电视里演的那样几个小时后就能拿到结果。报告证明了詹姆森博士的推测是正确的：细菌从褥疮溃疡处进入了血液，我们的牙医死于败血症引起的脓毒性休克。

　　各个病理学家的工作方式也都大不相同，APT 的必要技能之一就是对他们每个人的习惯有所了解，并且据此在尸检前将可能要用到的器材准备好。有些病理学家要比一般人更为严谨，在得出最终结论之前会采集更多的组织样本作为依据。这也就意味着要为他准备更多装样本的容器和拭子，提前分类标注好，准备好去盛放一份又一份的尿液、血液、眼睛中的玻璃体、胆汁、脓液、小片的器官或骨骼，以及其他各种检材。用于组织学检验——一些显微镜下的细胞检验——的切片尺寸大多在 1.5 厘米，与叫作"组织检验盒"的塑料容器尺寸刚好吻合。如果觉得病理学家会"取组织"，我就把这些检验盒也一起准备好，在上面标记好专门的编号，打开盒盖，并在随后的整个尸检过程中表现得像个时刻待命的士兵。

与大众想象中不一样的是，病理学家很少将整个器官取出来送检或将其保存在实验室中。现代科学中显微镜的应用，使得微小的组织切片便足以满足全部的检验需求。唯一的例外情况是，如果出现了大面积或特殊的组织损伤，出于种种必要的考虑，医生会在获得许可的前提下将样本保存任意时长。

只有所有准备工作都做到位了，尸检才能在最大程度上进行得顺利。

有个同事的口头禅曾带给我很大启发："以充分的准备对抗失败的可能。"这个道理放在生活中任何事情上也都同样适用，无论是给你的意中人做一顿浪漫的烛光晚餐，还是从一具尸体中取出内脏。另外，它也对开启一番事业具有指导意义。并不是所有人一走出校门就能从事自己想做的工作，我也不是一下就在解剖病理学领域找到了工作。我为此付出了大量的努力，并且从很早就开始做起准备工作。

在总算熬过教会学校里受到严格管束的时光并取得普通中等教育证书后，我进入大学深造。我选修了生物学和心理学的课程，同时还做起了兼职，因为我希望无论在时间还是金钱上，都能有更大的自由度。在结束了间隔年 ① 后，我获得了生物学和化学的预科学位，相当于在一年的时间里同时修读完了生物学、化学、数学的高等课程。然后以此为起点，我继续攻读法医学和生物学学位。我学习的分支学科包括法医毒理学、微生物学、细胞生物学和法医人类学——一门专门研究骨骼和腐烂尸体的科学。在这段求学时光中，我不仅对人体有了更为细致透彻的了解，更学到了很多当下广为应用的法医学技术。

我非常享受大学生活，那种朝着一个目标去努力学习的感觉非常棒，但是我也不愿只是坐在教室里听课，我想拥有更多的实际工作经验。我心里很清楚，阅读法医学和尸检相关的书籍是一回事，在课上从一位经验丰富的病理学家或人类学家那里看到

---

① 间隔年（Gap Year）在西方国家非常流行，一般指用一段较长的时间去旅行或从事一些非政府组织的志愿工作。最常见的间隔年在高中毕业与升大学之间、大学毕业与工作之间，或者工作一段时间之后。——编者注

照片是另一回事，但我仍想知道当直面情况最糟糕的尸体时，我的真实反应会是怎样的：我需要获得全部的感官体验。如果我应付得了最糟糕的情况，那么我就能适应这一行中的各种状况。仅仅观察腐烂尸体的照片是闻不到他们的气味，也感受不到脚踩蛆虫那种好像踩在"卜卜米"[①]上的感觉的。

当我那晚在斯雷布雷尼察的一个关于集体墓穴挖掘的讲座[②]上遇到著名的法医病理学家科林·詹姆森的时候，命运的拐点出现了。讲座后，我占用了他大量的时间进行交流——我感到非常害羞，但同时也很勇敢：我又没什么损失，对吧？实际上，他也非常随和健谈，并且交谈中我得知他同时在多个停尸房中工作，其中一个离我的学校非常近。他建议哪天没课的时候可以过去看看，也许能为我的学习提供一些帮助，所以才有了后来我一级级登上市政停尸房的台阶，询问是否可以每周过来做一个下午的志愿者的一幕。一开始，我根本没抱任何希望，但可能是那个年代想要到停尸房工作的人本来就很少见，再加上詹姆森博士为我做了推荐，因此停尸房的新任主管安德鲁批准了我的申请。我领到了属于自己的金属头惠灵顿靴子，带着一种对即将发生什么全然无知的状态进入了停尸房的世界。尽管我努力进行过一番研究，

---

① 一种膨化谷物。——译者注
② 是的，这就是我度过课余时间的方式：比起去学生会痛饮红牛和伏特加，我更喜欢去听关于大规模死亡管理条例或冲突后区域能力建设问题的讲座。

并试图将准备功课做足，但实际上我唯一比较熟悉的依然只是从电视上看来的那种耸人听闻的"陈尸所"。架子上的玻璃罐里装的是人体器官吧？有没有二流电影里出现过的那种石板材和奇怪的电子设备？全都没有——那是一个非常明亮且干净的地方。

虽然近年来停尸房的不断革新已经让一切都变得现代化，但那里的一位高级技术员兼单身员工——一个走向衰老的"泰迪男孩"①——却让人感到关于"恐怖的殡葬师"之类的陈词滥调始终没有散去。他的名字叫阿尔菲，是殡仪行业完全由男人把控的旧时代的典型遗老。他把粗硬的灰色头发用发蜡做成了泰迪男孩式的飞机头，20世纪60年代风格的厚重眼镜戴在他的脸上一点违和感都没有。据说他是从伦敦来的，而他的口音倒确实听上去很像迈克尔·凯恩②，虽然有时候显得有些过于刻意。

停尸房的革新还要得益于地方议会的改组，停尸房从与虫害防治、垃圾处理（也就是与老鼠和垃圾袋）同属一类的公共卫生部门中被分离出来，划分到更为合适的墓地和火葬服务部门，由阿诺德担任新领导。在第一次进入停尸房、见到那里的工作人员

---

① 泰迪男孩（Teddy Boy），一种自20世纪50年代起在英国伦敦开始形成的亚文化，这风格的着装是锥形裤、长外套，偏向爱德华七世时的风格，喜欢在头发上打发蜡，前段头发弄卷，两侧向后向上梳顺滑。——译者注

② 迈克尔·凯恩（Michael Caine），英国演员，代表作有《汉娜姐妹》《王牌特工：特工学院》等，2009年被授予ShoWest电影产业博览会终身成就奖。——译者注

后，他和他的团队就做出了一项新的决定：必须要让所有的一切高效运转起来。改革即刻由阿尔菲的同事基斯开始进行，等我到的时候，则轮到了阿尔菲头上。在我工作了一段时间，并且听了很多关于阿尔菲和基斯的"壮举"和传说之后，我有点理解为什么会发生这一切了……

由于以前停尸房属于公共卫生管理部门，一名员工就利用工牌上语焉不详的漏洞，以健康检察员的名义到饭馆去蹭吃蹭喝。他还每天都带着宠物狗来上班，让它在办公室和污染严重的尸检区域内随意走动……下班后再照样回家去。他的办公室抽屉里存放着大量的色情书刊，而且还有员工在抽屉里藏了把武士刀。他们抽烟、吃东西都在停尸房里，既不对手臂进行消毒，也不穿防护服，只在自己的衣服外面围上条围裙。这种人的存在简直是健康、安全以及道德的噩梦。

我想做志愿者的申请主要是跟安德鲁谈的，他是一个戴着眼镜、颇为严肃的年轻人，长着一头略微有些金色的红头发，衬衫与白色的实验服很相似，这些让他看起来有点像《芝麻街》中的比克。他充满了干劲儿，决心要将解剖病理学带入一个新纪元，这倒也无可厚非。在20世纪末到21世纪初这段时间里，顺应现代科学事业发展创新的方向和需求，停尸房特别经历了一番形象重塑。改革尤其受到了更年轻、更进步的一代人的支持，他们希望以病理学助手为代表的工作能涉及更多资格认证和更严格的考核——一些前辈肯定过不了的考核。

　　我每周四过来做志愿服务（那天是大学的休息日），一般这个时候安德鲁都会在办公室里做些收发电子邮件、草拟博物馆最新管理条例之类的文书工作，阿尔菲就带我一起走进验尸间。我看着他把尸体从冷柜里取出来，进行各种检验，也认识了很多前来进行尸检的病理学家。我会把他们从尸体中得到的发现记在本子上。于是，在我小小的验尸笔记本里，各种各样的精彩片段不断累积起来：

　　2 月 22 日：心肌梗死是西方世界最常见的死因。

　　2 月 29 日：由腓肠肌引发的肺栓塞！看到了 J 博士的腿部解剖！！

　　我会在过程中观摩病理学家如何将各种器官从尸体中取出来。等尸检结束后，阿尔菲再用内脏袋把它们装好后重新放回去。这时，我就在一旁继续看他缝合尸体，并最终将其安置在临时的冷冻坟墓中。然后，就轮到我登场了：我的任务就是清理由尸检造成的各种混乱。我总是一言不发地默默把活干完，无论从哪方面来看，我都不是很喜欢和阿尔菲打交道，他是停尸房老一套工作方式的代表，而我却对新生代 APT 改良解剖病理学旧方法的新尝试非常感兴趣。我记得他曾经跟我炫耀说：他和全盛期的伦敦黑帮头目科雷兄弟是好朋友，还曾和他们一起从桥上将一具尸体扔进泰晤士河里。

我听完只是礼貌性地点点头。

后来，他还跟我说想出版一本书，书名叫作《有趣的死亡》。然而，他压根没有动笔，而且从他的烟瘾来推测，我很怀疑他现在是不是还活着。

这样每周来停尸房学习和帮忙的日子持续了一年，没多久阿尔菲就离开了，另外一位更年轻的 APT——杰森——取代了他。在这之前，杰森一直是临时代理 APT。（也就是说，他会在英国境内各停尸房人手不足的时候短期任职，有可能是一两周，也有可能是好几个月——如果原来的人去休产假了。）相比之下，杰森显得有意思多了，由于爱好健身，他的体格非常强壮，平时喜欢一边教我验尸技能，一边聊健身房里发生的各种趣事。对于在停尸房做技术员这件事，我曾一度怀有一个比较浪漫的幻想，就是它会像 FBI（美国联邦调查局）一样炫酷，而我也因此有必要保持身材的完美。我把自己想象成《沉默的羔羊》里的克拉丽丝·史达琳或者《X-档案》中的丹娜·斯嘉丽，然后开始对健身变得狂热。我不在停尸房和学校的大多数时间都被用在了泡健身房上。直到开始做志愿 APT 的工作后，我才发现它既不浪漫又相当繁重。但也正是如此，我反而更深刻地体会到过去将时间大量花在锻炼身体上是一件多么明智的事情。强有力的腿部和背部肌肉对于尸检工作简直就是硬性需求，更不用说我当时还不知道取出内脏对臂力也有着很高的要求。杰森允许我独立完成清洗死者的工作，而不仅仅是站在一旁看着，在得知我主修微生物学后，还给我分析了各种消毒剂的特性。工作中他常会递给我装器官的巨大容器——越大就越重要——好让我对内脏的重量有一个比较直观的感受。所以很多时候，我看起来都像个食堂里的厨娘，一边应付着无数装满意大利面的大碗，一边抱怨着腰酸腿疼。

终于，市政停尸房招聘实习生的时间到了，包括我在内，所有人想要成为一名训练有素的 APT 都要从最底层起步，在经过长达几年的职业训练后最终获得资格认证。于是，我不得不参加应聘，并且和所有人一样接受面试。面试我的都是墓地和火葬服务部门的人，新领导阿诺德也在其中。我接受了由 4 人组成的评审小组的提问。由于这是以往生活中从没经历过的新鲜事，所以即使他们每个人都表现得很亲切，我依然非常紧张。谢天谢地，所有前期的努力都没有白费，我最终得到了这份实习工作。于是，我带着硕士学位离开了学校，成了一名全职的 APT 实习生。当然，就算离开了学校，我心里也很清楚我的个人深造并不就到此为止。实际上，我要学习的东西还有太多——所有那些与我即将开始的旅程相关的知识。

至此，我与死亡相伴的人生翻开了崭新的一页。

第 三 章

检查：以貌取人，以形取物

如果你的心在燃烧，你的外表就会宛如一轮皎洁的明月。

——巴勃罗·聂鲁达

一天早上，我冲进办公室去找安德鲁，他还像平时一样正在电脑前办公。我的兴奋根本控制不住。

　　"终于等到了！"我几乎尖叫道。

　　他抬眼看我，微皱着眉头。

　　"为这一天我等了好久了！"我向他招着手，"跟我过来看看！"

　　带着点好奇，他跟着我走到了冷藏室。推车就停在宽敞大厅的中央，我跑到它后面，像一个正要给观众展示奇迹时刻的魔术师那样大张开双臂，让他能更清楚地看到运尸袋以及里面的尸体：那是一个衣着普通的男人，但是……却穿着女士的内衣。而且那不是随便什么女人的内衣，而是完整的粉色蕾丝套装，非常紧地绷在他的身上，看起来令他的下身尤其不舒服，一切都被挤压得很厉害。那个画面真的很令人惊讶，蕾丝内衣不仅与他粗糙的面容和胡须产生了强烈的不协调感，而且与他此刻被拉到下巴底下的 T 恤以及被脱到膝盖以下的运动裤，在风格上也冲突得厉害。

我之所以会特别兴奋，倒不是因为我觉得变装本身有什么可笑之处，而是在那一刻，在这具出乎意料的尸体出现的时候，已经接受了一年多训练的我，终于产生了自己被殡葬师这一领域所接纳了的归属感。每一位殡葬师在职业生涯中都会遇到一些可以拿出来分享的独特经历，而这种分享在我看来尤其意义重大。不过，我会特别提到这一点还有另外一个原因：我希望由此展示出尸检的本质，不仅仅是取出内脏，用一系列高精技术来分析其背后可能隐藏着的秘密。实际上，尸检从死者被送到停尸房的那一刻起，就已经从尸体的外表开始进行了。有时候，一些外在的东西能够为判断死因提供重要的线索。

在大多数地方，冷柜都是开着的，早上上班后的第一件事就是对照登记簿检查里面的尸体情况，有点像在离开了一整晚之后对死者们进行一番盘点。万一半夜有警察在街上撞见了死亡事件，又或者有人被从医院推了进来呢？多达四到五层的冷柜能够同时容纳多具尸体，他们各自的气味在停尸房上空融合在一起，调制出一杯令人眩晕的、以死亡为基酒的鸡尾酒。在人手不是很多的停尸房，在尸检开始前或完成之后还要对新送来的死者进行登记。但在人手充足的地方，就可以和其他同事一起分工完成解剖以及检查尸体的其他相关工作了。每一步对整个尸检而言都非常关键，通常情况下需要至少两个 APT 合作完成，以便能够互相印证。

　　就像礼物一样，尸体被送来时也都包裹着。有时候用的是白色的棉布床单，这种情况下的死者大多来自医院，有些则被装进白色的运尸袋或者由白色塑料布包着。从最初在市政停尸房实习开始，一直到告别 APT 的岗位，我从不认为每天早上都有新的运尸袋要打开是一件痛苦的事情。在拉开了拉链却还没将袋子完全打开的那一刻，我的动作会出现短短一瞬的停顿，同时感受到满满的悬念：里面装着的会是什么呢？这种悬念让我想起小时候东卡公司的玩具 Keypers。那是一种用塑料和橡胶做成的颜色亮丽的动物玩具，上面有一把结实的小锁，能够让人把不想被好事的兄弟姐妹们看到的秘密藏进动物的身体里。其中有一款是优雅的粉色天鹅，还有一款是桃红色的蜗牛。我的那只是风格迥异的、淡紫色的威风骏马，我非常喜欢它。它也是唯一一个没让我动起解剖念头的玩具，因为它的身体本身就是打开的，我很容易就能看到里面都有些什么。这个装满小小惊喜的朋友，名字叫"发现者"！

　　而且它们不仅身体里装满着惊喜，就连味道闻起来也十分特别。虽然气味独特也是运尸袋的重要特点，但却完全是两回事。

　　可以很知足地说，在停尸房的每一个工作日，都像在过圣诞节。这种感觉在有一年的 12 月尤其强烈。一天早上，我们打开运尸袋，发现里面竟然躺着一个体型丰满、头发和胡子雪白，并且穿着一身红色套装的老人！直到今天我都不是很确定，究竟是他故意穿得像圣诞老人，还是只是一个巨大的巧合。

一旦尸体被取出，从第一眼开始，看到的各种信息都会被记录下来：衣着、首饰、现金或钱包、医疗干预、文身以及明显外伤等。死者的身高会用计量尺进行测量，随后他们躺着的托盘将会被转移到手推车上，通过操控按钮，在一阵电子设备的蜂鸣声中把推车调至合适的高度，上面自带的天平还会同时测量出死者的体重①。这些都是葬礼承办人提前设计棺木时需要参考的重要数据。

随后，死者的身份标签也要再确认一遍：死者的腰部和踝关节处应该分别有一个标签，并且它们所显示的信息必须一致。如果负责运送的工作人员没有对死者所佩戴的首饰进行登记，那么还需要将这些信息补充进去，并由接手的 APT 进行复审。在做记录的时候还有一些特殊规定，比如类似"金""银"等词汇是不能使用的，因为我们并不能非常确定首饰究竟是由何种金属打造的。如果我们在个人财产登记表中填上了"金戒指一枚"，而家属在死者的遗物中并没有找到，因为那可能只是个从

---

① 在一次电台访问中，曾经有一位女性听众朋友指出，想到一直到死都不能放松对体重的关注让她感觉非常烦躁。我很能理解她的感受。

"Topshop"①买的金黄色锡环，那么我们就可能会因为"弄丢了一枚金戒指"而遭到起诉。所以为了确保严谨，我们会写"白色金属"或者"黄色金属"。到了每年的 12 月，我在记录个人财产的时候喜欢以唱歌的调子宣布"5 个黄色金属环"（Five yellow metal riiiiings），特别有圣诞节的气氛。也是出于同样的考虑，我们也不会使用"钻石"或"祖母绿"之类的字眼，而会代之以"白色石头""绿色石头"之类的说法。

停尸房冷柜中的空间是非常珍贵的，简直就像紧俏的地产。来到这里的人们都急需赶紧办理"入住"，所以死者被运送进来、接受尸检、转运往墓地的整个流程必须在几天之内全部完成。冬季的死亡率通常会比其他季节高一些，停尸房的工作人员会因为空间不断被占满而变得焦虑。他们很担心万一出现某种原因造成的大规模集中死亡，或者由于天气寒冷等原因导致的死亡率上升，就会打停尸房一个措手不及。

"假如冷柜太满了怎么办？"那还是我在停尸房工作的第一个冬天，看到送来的死者数量不断上升而不由慌了神，急忙跑去问安德鲁。

他向我解释道，如果一具尸体太久没有得到处理并按流程移交至丧葬部门的话，就会向负责的验尸官收取一定的租金。"这

---

① 英国最大的服装零售商 Arcadia 集团下的一个快速时尚品牌。——译者注

有些像收取死者的房租。"他说,"我们这里就是死者的'家庭旅馆'(Bed & Breakfast)"。

"好吧,但我们只提供住宿,不供应早餐。"我眨巴着眼睛说,安德鲁笑了。他也并不总是那么严肃的。

随着各种信息确认完毕,对死者的第一印象算是基本形成,接下来就要展开外表检查了。除了已经登记的情况外,视觉线索能为完成拼图提供更多有用的信息。死者的体型无论是特别强壮还是格外瘦弱,都可能与他们的死因息息相关:是厌食或者一些消耗性的疾病导致了器官的衰竭?或是肥胖引发的心脏病发作?还有一些肉眼可见的外伤或症状可以提示在死者生前发生过什么。另一类从尸体外表需要注意收集的证据,是根据法医学上最著名的"罗卡定律"(Locard's Exchange Principle)定义的,也就是所谓的"但凡两个物体相接触,就必会产生物质的转移"。

这条由法国法医学家、犯罪学家埃德蒙·罗卡于 1910 年提出的基本定律,适用范围包括了所有犯罪小说、电影和电视节目中出现过的"痕量证据":头发和纤维、血迹和精斑、鞋印和车胎印等。这条定律在犯罪现场、死者以及凶手身上都有所体现,因为任何事物间的接触都伴随有物质的转移。具体到我们判断死因方面,从尸体显示出的一些性征上,我们能够初步判断出死者生前是否卷入了吸毒或者滥用暴力等麻烦,树叶或者小树枝提示某人可能死于户外,而若有笔帽、报纸或者其他日常垃圾粘在尸体上则意味着尸体有极大的概率是在一所整洁度堪忧的房子中被发现的。

信息的不断丰富令一个画面很快在我们的脑海中成形。

另外，能说明很多问题的还有尸体的颜色。在人们的普遍认识中，所有的死人都是毫无血色的，但实际上却并非如此。他们中有些简直无比苍白：那是一种与通常的象牙白相比更贴近鸽子灰的颜色。分辨微妙的颜色差异可能会需要一定经验的积累，但一旦你可以看出其中的差异，就具备了通过死者肤色的苍白程度判断其死因是否为腹主动脉瘤破裂（abdominal aortic aneurysm，AAA）的能力。"AAA"导致的死亡来得非常迅速，主动脉中动脉瘤的破裂导致血液大量涌入腹腔，令死者看上去就像是哈默的恐怖片中刚刚被吸血鬼吸干血液的受害者，因而成为我们尸检人员做出判断的有力依据。

还有一种死因会让尸体显得比一般情况更粉嫩，这时就基本可以判断其死于一氧化碳中毒了，因为一氧化碳能够与血液中的血红蛋白相结合，让死者呈现出一种近似樱桃红的肤色。（血红蛋白是血液中携带氧分子的主要化合物，而一氧化碳的出现破坏了它们正常执行功能的能力。）而与之正相反的是，有一类死者外观呈现出青紫色，他们可能死于由各种原因引起的缺氧，比如窒息。尸体如彩虹般多样的颜色不断为 APT 提供着推测死因的线索。荧光黄？肝衰竭。紫色？充血。绿色？这么说吧，在停尸房，越少提到绿色越好。

对我们冷柜里的暂住者需要进行的另一项重要的初级检查，是查看其是否配有用来调节心跳的心脏起搏器或者植入型心律转复除颤器（ICD，心脏除颤器）。如果死者选择火化，那这些移植的设备就必须被取出来，不然它们会在高温下发生爆炸。而且从实际应用的角度考虑，它们也应该被取出来，因为都是可以整个或部分重复利用的。（完整且可以正常工作的心脏起搏器可以捐赠给"Pace4Life"之类的慈善机构，为发展中国家的患者提供救助。）对需要进行尸检的死者而言，他的起搏器会作为尸检例行程序的一部分被取出来，而如果不进行尸检，那么则另有一套微创的方法对其进行处理。

第一次从尸体中取起搏器的时候，我简直想杀了自己。要知道，心脏起搏器和ICD是两种完全不同的东西，而在切下第一刀之前，你就必须判断出死者体内植入的究竟是哪一种。

是杰森教会了我这项技能。虽然这项技能还是需要通过手术操作，但仍是最快并且最容易上手的技术之一，因此是对实习APT再好不过的一种锻炼。一天早上，他递给我一些手套和一个塑料围裙，问我是否准备好"勾掉训练和考核记录上的一些项目"。手套和围裙让我觉得自己更像是一个清洁工，不过实习APT在停尸房最初的几周里确实多与海绵为伍，要干很多清理水槽中的毛发和黄色污泥之类的活。虽然听起来有点恶心，但确保水槽不被任何人体残余堵住其实是件极其重要的事情，并且当用镊子将残骸清理干净的时候，我会莫名有种满足和被治愈的感觉。随着我把血块、头发之类的东西从出水口扯出来，我觉得自己仿佛已经遁入了一种"禅宗"的境界，而到禅修圆满结束的时候，水槽也会变得干净发亮。虽然在此之前只做过清洁，但是当杰森去取一些缝合线、剪刀、解剖刀之类的东西时，我立刻就猜到了他所指的"一些项目"是什么。我们已经得到了家属的许可，而在这之前我也多次看他取过起搏器了。现在，终于轮到我上场了。

我用手触摸死者的左胸，以便确定起搏器的位置，我能很清楚地感受到它的轮廓。虽然在一般情况下透过皮肤进行定位并不是什么难事，但由于起搏器是一个很小巧的装置，所以如果死者体型比较丰满的话，那么皮下脂肪组织就会模糊它的边界。植入起搏器，可以通过微小的电脉冲，使心跳维持一个不徐不疾的平稳节奏——这或许会令"金凤花姑娘"①感到非常开心，帮助患者控制心律失常，所以小巧且亲和人体是起搏器在设计上的必要条件。

就在我拿起手术刀，犹豫着准备在起搏器平坦的正面切下去前，我快速抬眼看了一下杰森，他提醒我："你确定不是 ICD？"

---

① "金凤花姑娘"（Goldilocks），美国传统的童话角色，喜欢不冷不热的粥、不软不硬的椅子，以及一切"刚刚好"的东西，因此后来常被用来形容"刚刚好"的状态。——译者注

　　ICD 是一个比起搏器大的装置，很容易通过体量上的差异来区分两者。但是在眼前的死者身上，我并没有看出来，或者说并没有感觉到足够大的区别。ICD 被植入存在心脏骤停风险的患者体内，一旦患者发病，就会释放大量电流，刺激心脏重新恢复跳动。取出起搏器的那套方法对 ICD 并不完全适用：如果一个毫无防备的 APT 不小心用金属器械切断了它的电线，那么丧命于巨大电流下的风险极高。因此，在处理 ICD 的时候，需要提前与诊所取得联系，请心血管生理学家过来将其关闭。在接到通知后，他们会带来一个可以关闭并测取读数的小机器，以保 ICD 确实"失活"了。经过如此这般处理之后，ICD 就可以和起搏器一样通过手术安全地取出来了，只是造成的创口会略微大一些。

　　"我很确定那就是个起搏器，洪，不过就算是 ICD 也没关系，你还穿着橡胶鞋呢！"杰森一边说着，一边朝我眨眨眼睛。

　　然而在当时的情况下，除了是我第一次在人体上动刀这一点外，我倒不觉得有什么可紧张的，因为我只需要划开一条两英寸①不到的切口，对此我有自信可以完成得很好。另外，我刀下躺着的也不是个大活人。虽然对多数在停尸房工作的人而言，死者与一般人无异，但是在我的潜意识里，活人和死者仍是截然不同的。后来，在我第一次进行完全切开的时候，厌食牙医身上的

---

①　1 英寸 ≈ 2.54 厘米。——编者注

褥疮带给我的不仅是一阵切肤之痛，更是唯一一次生死界限的模糊，但是后来很快我就再次免疫了。我的大脑构造好像令我尤其坚信死者不会对解剖刀有知觉，因此我只需要专注于手上在做的事情，并且完成我的工作就好。

我很轻松地操作解剖刀做出了短短的切口，刚好横跨起搏器平坦的上表面。随后，我用戴着手套的拇指和食指从两侧对其进行挤压，皮肤上的切口像极了大张着正在打呵欠的嘴巴，中间露出的黄色脂肪组织和起搏器表面的光泽令我联想到从马栗壳包裹着的软床中崩裂出来的七叶树果实。起搏器的电线还连接着，我很轻松地解决了问题，因为只要把它们剪断就可以了。待取出来之后，我用消毒剂将整个装置清洁干净（使用的是我们最信赖的"百卫"牌），放在做好标记的塑料袋里，心导管插入实验室稍后会过来回收。全部做完之后，只需要再把小切口重新缝合起来就可以了。在缝合方面我的经验还是比较丰富的，杰森之前好几次取起搏器都是由我来做的缝合，完成后几乎看不出任何痕迹。在我把橡皮膏轻轻地贴在缝合线上并按压平整后，尸体就可以重新装回运尸袋了。

"做得不错，洪！"杰森一边给予了肯定，一边在我的训练表格中相关一栏里打了个钩，并在后面签上了自己的名字。于是，我离成为一名合格的 APT 又近了一步。

在取起搏器成为尸检中的常规项目之前，火葬场因为起搏器而发生爆炸的意外事故非常常见，第一桩可以追溯到 1976 年。
据一篇 2002 年发表于《皇家医学会杂志》的文章指出，起搏器
至少在英国境内一半的火葬场里引起过爆炸事故，造成了严重的
建筑损毁和人员伤亡。在一次发生在 20 世纪 90 年代末期的法国
格勒诺布尔的事故中，一位退休公务员的起搏器引发了威力与 2
克 TNT 炸药相当的爆炸，造成的经济损失高达 40000 英镑。他
的遗孀（火化前并没有告知火葬场他的体内植入了心脏起搏器）
和法医（疏忽了对起搏器进行筛查）被判定对事故负有责任并须
赔偿相关损失。

　　除了心脏起搏器和 ICD 之外，还有一些其他的移植物也要
在检查时记录下来，并需要在火葬前将其取出。所以，我们对尸
体以及随其一起送来的各项文字资料都格外留心。在粗略的外
表检查中，是否做过隆胸手术是最容易辨别的移植之一，特别是
在一些年纪比较大的女性身上尤其明显，她们的双峰会兀自挺立
着，与顺从重力的作用全然平摊在手推车上的身体格格不入。实
际上，此时植入物比在人活着时更加明显，因为经过低温冷冻的
作用后，它们会变得冰冷而坚硬，就像两顶警用头盔。不过，好
在它们不会在焚尸炉里引起什么大麻烦，至多不过是变成一坨黏
糊糊的残余物，并最终烧成灰烬。

　　类似的，还有一种新型的金属植入物不能不提，那就是用来
治疗像手臂上的肱骨，腿部的胫骨、股骨等较大骨骼骨折的髓内

钉。这种可膨胀的装置能够滑入骨髓腔中，然后利用生理盐水构成液压泵的原理，发挥治疗作用。2006 年发表的一篇论文以一位手臂内植入了髓内钉的 79 岁老人的火化为例，讨论了这种新型医疗器械的移植可能造成的影响：

在火葬场，一位工作人员正通过透明的观察窗查看炉内的火焰情况。这时，棺材忽然发生了爆炸。楼内的每一位工作人员都听到了巨响，并随之感受到强烈的震动。焚化炉损坏极为严重，该名工作人员也身受重伤。现已查明，造成爆炸的正是老人植入的髓内钉。

这篇文章指出，液压膨胀式髓内钉内充满了生理盐水，在焚化炉的高温下，蒸发的水蒸气在狭小的金属管内引起爆炸。事实上，墓地和火葬服务部门发布了一项关于一系列发生在英国境内火葬场中"无法解释的"爆炸事故的声明。经过调查发现，常被用于治疗慢性心绞痛的三硝酸甘油贴片——也就是患者常听到的"GTNs"——才是罪魁祸首。三硝酸甘油作为 TNT 的异构体，也是一种非常容易爆炸的物质，但是在丧葬领域，人们对其却知之甚少。

类似这样的事故充分说明进行尸体外表检查的必要性，对任何可能性都要充分考虑到。在完成外表检查后，死者会被重新推回冷柜，直到我们得到是否继续进行完整尸检的通知。

会有人喜欢检查吗？无论是牙科检查、胸部检查还是学业方面的检查，这个词总难免和负面意味联系在一起。但是我们却完全无法摆脱：它在我们的生活中无处不在，即使我们死后，也逃不过接受检查的命运。

为了从停尸房助理和实习 APT 向前更进一步，我必须参加解剖病理学技术考核。这项考试要在实践训练表格上的项目基本完成后才能参加，一般是在停尸房工作两年左右的时间后。但由于我之前有尸体防腐方面的工作经验，再加上攻读学位时一直在实习，因此工作一年后我便准备参加考试。通过考试后，我将会开始从 APT 向高级 APT 过渡的两年，其间同样充满各项考核。虽然所需花费的时间成本和取得一个学位相当，但这是一个技术上的资格认证，不是医学方面的[①]。APT 和病理学家之间的区别在于，病理学家需要先取得医学学位，随后再专攻以疾病和死亡为主要研究对象的病理学，因此他们从本质上来讲是具有执业资格的医生。在病理学家的职业道路上要通过的考试更多，并且在最初起步的那几年主要为活着的人看病，这也是让我完全不感兴趣的地方：真正令我着迷的是发生在死后的事情，以及如何通过

---

① 虽然现在也被改革成为第 3 级和第 4 级的医学学位。

它们勾勒出死者一生的故事。

在我刚开始为取得 APT 资格认证而接受训练的时候，考试的部分令我感到无比紧张。然而实际上，学习的过程非常吸引人，尤其是每一个知识点都可以通过亲自动手操作加深理解，并且所需的资源都能够得到满足。当病理学家或者杰森向我提问人体解剖方面的问题时，我可以直接从面前的尸体上找到答案；而当我想要尝试完成一个切口的时候，我有充分的机会在开始动手前观摩别人是怎样进行的。我对学习技术抱有坚定的信念：掌握这些技术能够造福社会、帮助诊断疾病、协助病理学家通过尸检将凶手绳之以法，所以任何事情都无法阻碍我实现目标的热情。

然而，有好几代医学生都曾面临相同的困扰：从理论上学习解剖学或微创技术的知识，却没有实际操作的机会。如果连人体都不熟悉，怎么可能成为一名外科医生？没有可供解剖的遗体时，有什么可以作为替代？人造的模型？动物？或许它们也能起到点作用，但一定极为有限。就像英国著名的外科医生阿斯特利·库柏说的那样："不曾做过尸体解剖的医生，只会加速病人的死亡。"

1000 多年来，随着政策和信仰的变化，出于教学目的的人体解剖和检查在获得支持和遭受反对之间不断徘徊。在人类文明的发源地之一希腊，人们并不认为解剖是对死者的严重亵渎：古希腊人相信这是对科学经验主义的一种正常扩展。公元前 3 世纪，古希腊卡尔西登城的外科医生希罗菲卢斯和克奥斯岛的医生埃拉西斯特拉图斯，被认为开创了人体系统解剖的先河，他们将所有发现都做了详细的记录，并且成立了著名的亚历山大医学院。然而，热情同样可能成为问题的源头，比如希罗菲卢斯就对解剖表现得有些过于热衷了：传说他曾经对 600 多名囚犯进行活体解剖。无论传说是否属实，随着罗马帝国的建立，解剖都变成了一件违法的事情。这一判定建立在宗教信仰的基础之上：根据律法规定，搅扰死者的安宁是不虔诚和亵渎神明的行为。这也就迫使希罗菲卢斯的拥护者们，比如公元 200 年左右帕加马王国的内科医生克劳迪亚斯·盖伦不得不转而解剖无尾猴之类的动物，再把取得的研究结果用到人类身上。（根据我个人的经验来看，从猿猴类动物身上总结出来的生物学和行为学知识只可能对一些小男孩适用。）盖伦认为我们人类像狗一样有两块下颚骨，但实际上我们并没有。他还认为血液通过微小的孔洞从心脏的一侧流向另一侧，这也和我们如今所熟知的血液循环系统大相径庭。在他的研究中存在着大量的矛盾和问题，但是这并不妨碍他构建出的"医学知识"在长达 1300 多年的时间里被视为权威。不可否认的是，在研究手段极为有限的条件下，盖伦已经做了所有他能做到的事情，只是由于没有恰当的资源进行验证，他得出的大部分结论都纯粹只是推测。

随着文艺复兴的到来，几百年里科学的系统发展带动了医学教育的普及，人们总算发现曾相信的种种"医学知识"都是臆想之物。在一种更为自由和开明的文化氛围中，巴黎发展出了一套向医学院捐赠遗体的系统，比英国和美国都更为先进。但即使这样，遗体供不应求的紧张局面依然没能得到明显的缓解。解剖学的主要授课形式，仍只是学生们在一旁观看经验丰富的教授指导理发师兼外科医生 ① 解剖唯一的一具尸体。他们接受的教育有点不那么"事必躬亲"。

如果盖伦是解剖学界的"梅尔·吉布森"（曾经一度红极一时的话题人物），那么维萨里在这行里就相当于瑞恩·高斯林（正处于上升期的迷人青年）。出生于 1514 年的解剖学家安德雷亚斯·维萨里是一个典型的新时代的孩子，一个叛逆者，但是他的这种性格是有其形成原因的。从那时流传下来的版画来看，他长得相当漂亮。（或许文艺复兴时期的女人们会红着脸颊将他的画像贴在卧室的墙上，对他的解剖学做出委婉的评论，谁知道呢？）他是一个意志坚定又很有天赋的学生，为了成为一名解剖学家而进入巴黎大学求学，那是从他还是一个小孩子时候起，从抓各种动物来解剖的过程中就树立起的毕生理想。到 18 岁时，他的学业成绩已经相当出色。在强烈的求知欲的支配下，他经常偷偷溜出学校去偷巴黎城外声名狼藉的蒙福孔绞刑架上刚被处决

---

① 在中世纪的欧洲（约 11 到 13 世纪），很多手术都是由理发师完成的，而医生主要从事内科或药理学的研究。——译者注

的死囚尸体，还总是为了研究头颅和骨骼而跑去圣地公墓。他悄悄地将宝贵的"猎物"带回家，等到夜深人静之时，就借着烛光专心地进行尸体解剖。这种显得颇为邪恶的行为带给了他丰厚的回报：在 22 岁那年，维萨里开始进行解剖学系列讲座，并会在讲座现场做解剖展示。1543 年，他的人体解剖学巨著《人体构造》出版，以无可辩驳的科学证据揭示了盖伦的理论绝非解剖学知识的可靠来源。

和所有的改革派一样，维萨里也受到了相当一部分人的强烈批评，他们质疑这个年轻的特立独行者的可信度，并迫使他不断证明自己。但是医学生和解剖学家却清楚地意识到，很多老观点是不足取信的，并且直到 16 世纪在英国都遭到禁止的解剖，实际上对于推进医学教育的发展至关重要。一旦人们开始觉醒，便开始不惜一切代价去自己获取经验。

在英国，当大学开始培养年轻的外科医生时，医学院用于教学解剖的唯一合法尸源是根据 1752 年颁布的《谋杀法案》捐献的。这也就意味着，被处决的死刑犯无论是否愿意，都势必成为解剖台上众星捧月般的明星。颁布这项法律有两重目的：一是为了保证近乎绝望的医学生有足够的解剖材料，二来也能对有犯罪念头的人起到一定的威慑作用。同时，这还是当时执行的众多严酷的双重惩罚之一，因为在那时的人们心中，仅仅给予犯人死亡的惩罚是不够的，还要让他们的尸体遭受各种形式的虐待。其中最常见的除了"大卸八块"之外，还包括悬吊、拖拉、四等分，或者将脑袋砍下来插在一根桩子上面，做成一根"人头版的棒棒糖"等。这样做的动机很简单，在审判日来临的时候，死者会从地面升起，站到天堂的大门前（根据《圣经》中的记载），如果是被分成了四块、残缺不全的身体，又或者像一个满是破洞的垃圾袋似的滴滴答答地漏液，把到处都弄得脏兮兮的话，那么天堂绝对会将此人拒之门外。显而易见的是，没人希望天堂是电影《阴间大法师》中候诊室里的样子，对于那时的基督徒而言，死后尸体被解剖像极了现代社会中因为没打领带而被俱乐部拒之门外。对尸体解剖、器官捐赠、生物塑化甚至火化等持有的负面态度，之所以到今天依然屡见不鲜，在一定程度上都源自这种特定教义制造出的恐惧心理。

除了按照《谋杀法案》合法获取的尸体外，19 世纪初，英国境内有大约 10 所大学的医学院仍没有足够的尸源供应，短缺直接导致了臭名昭著的掘墓盗尸的猖獗及尸体交易的泛滥。掘尸人就像维萨里那样，趁着夜深人静之时偷偷潜入公墓，将新近埋葬的尸体挖掘出来。在进行这种勾当的时候他们表现得相当专业，使用的特制木铲可以有效避免金属铁锹制造出的那阵惊天动地的响声。他们从上部撬开棺材，用绳索绑住尸体的上半身，以破坏性最小的方式将其从棺材中拖出来。尸体上所有的衣服和首饰都会被重新放回棺材里，因为在当时的法律中，虽然并没有对偷尸做出规定，但盗墓却是一项违法行为，掘尸人对此非常清楚。这番带着十二万分小心谨慎的冒险行动，其目标只有一个：获得可供解剖的尸体。在掘尸人和维萨里之间唯一的区别是，掘尸人并没有深入展开医学研究的学术理想，他们所做的一切都只是为了赚钱糊口。这伙人充当着医学院和墓地之间中间人的角色，他们的酬金由想要为学生找到尽可能丰富的尸源的大学经营者来支付。掘尸人的工作风险虽大，但酬劳丰厚，通常他们工作一周就能赚到普通人几个月的薪水。不过，受当时冷藏技术的限制，掘尸人只在秋冬两季有生意，夏天则是漫长的休眠期。实际上，很多医学院的学生都是通过兼职偷盗尸体赚得学费的。鲁思·理查森曾专门就这个问题写道："在苏格兰，是尸体而不是货币，为解剖学专业的学生支付了学费。"

我现在所在的圣巴塞洛缪医院（始建于 1123 年），自外科医生约翰·阿伯内西于 1790 年前后建立起该医院著名的附属医学院起，就对这种尸体交易尤其熟悉[①]。臭名昭著的"财富战争"酒吧就开在医院的对面，不过它在 1910 年就结束了营业，如今在原处只有一块纪念碑，上面的铭文可算是非常生动：

---

① 机缘巧合间，他以自己的名字命名了一款"阿伯内西饼干"，这种饼干是一种诞生于 1829 年用来治疗消化不良的烘焙甜点。阿伯内西相信很多疾病归根结底都是由于消化器官的失调所引起的，所以应该通过注意调整饮食结构来达到治病强身的目的——这个理论至今依然流行。

"财富战争"

很多年前

河北岸的掘尸人

交易货物的据点

房东早已习以为常

沿着四壁摆放的长凳上

停放着一具具

贴着标签的尸体

上面还写着

掘尸者的名字

等待着

圣巴塞洛缪的外科医生们

来给其估价

　　这段铭文并没有讲清楚当时是专门有一个停尸体的房间，还是就把躺尸的长凳摆放在酒吧里，让死者和那些来狂欢一宿的普通工人共处一室。如果是像后面那样的话，那么我猜尸体的包围肯定能刺激酒客们比平时多喝不少。

　　想要采取措施阻止掘尸人对刚刚下葬的死者下手，需要一笔不小的开销，只有富人才能负担得起。措施包括雇人日夜看守、使用"尸体保险柜"（一种罩在坟墓上的金属笼子，并深深地根植于土壤里，从而达到保护尸体的目的），或者将趁着夜色保护、藏在斗篷里偷偷潜入墓地的掘尸人直接击毙。终于，人们开始对于夜以继日地看守亲人的坟墓，时刻提防着他们的尸体被挖出来流入交易市场感到疲惫不堪。而压垮他们的最后一根稻草，则是苏格兰的伯克和海尔谋杀案。这对搭档觉得到处去挖掘尸体实在是一件费力不讨好的事情，所以为了提高"工作效率"，他们从掘尸人变成了杀人犯，并将"新鲜出炉"的货物卖给爱丁堡皇家外科医学院的解剖学教授劳勃·诺克斯博士。诺克斯博士对于尸体的来源秉持睁一只眼闭一只眼的态度（即使单纯从字面意思上来讲，他也只能这样，因为当他还是个孩子的时候，就因为天花病而瞎了一只眼睛）。随着谋杀案的侦破，在广大民众对凶手作案动机的强烈谴责声中，掘墓盗尸的交易总算随着 1832 年《解剖法案》的颁布而告终：参照巴黎已经执行多年的法规，凡医院、济贫院或者倒毙在街头无人认领的尸体，都可以捐赠给声誉良好的医学院。

虽然这样梳理起来，可能会让人觉得解剖学的历史包罗了一群奇奇怪怪的人，但实际上，真正在创造历史的还是正派的科研人员，只不过他们需要为知识的获取与传播找到合适的途径。像我目前管理着的各种器官标本，正是当年尸源匮乏的直接证据。这些解剖学或者病理学标本有的来自少得可怜的合法尸源，也有的来自手术台上活生生的病人，在漫长的时光里作为永恒的遗赠和重要的教具代代相传。它们既被当作专业医疗收藏展示给实习外科医生，也会出现在博物馆中，连同其他的"怪东西"，比如解剖蜡、奇怪的动物制剂等一起向大众展出。到了 20 世纪，人体标本又被发展出在嘉年华上充当夺人眼球的猎奇道具的新功能，但是值得再次强调的是，它们最初的诞生是充满了尊严感的，并且在被用来吓唬观众的时候，仍具有一定的教育意义。从长远来看，历史上那些对于解剖的热情与执着并没有白白浪费，人类已经尽可能多地从中获得了益处。在通过停尸房工作考核前的那些年里，我也经常通过类似的器官标本学习，比如伦敦亨特博物馆的收藏。虽然几乎每一件标本都有几百年的历史，但是对于一个生活在眼下这个时代里的 APT 而言，依然极具解剖学和病理学的学习价值。如今，作为巴斯病理学博物馆（位于圣巴塞洛缪医院）的技术馆长，我感觉自己像是走过了漫长的一程后重新回到原点。所以，我会尽我所能把这些知识再传授给其他人。

　　大多数检查最后都要落实到书面上，在尸体上进行的也不例外。在世界上多数地区的尸检中，"外表检查"的记录形式都大致相同，记录纸上印有两个人体的轮廓：一个赤裸、秃顶、无性别特征的人体正面，以及一个同样赤裸、秃顶、性别模糊的背面。

　　尸检时，根据从脱去衣物后的尸体上所观察到的各种特征，用不同的符号分别在记录纸的人体上做出标记。比如，你可以在相应的位置打一个大"X"来代表尸体上的文身或伤口，不过我更喜欢画出文身、胎记以及伤疤等的草图。这样做一方面是因为更加真实直观，另一方面也因为能够帮助我与案件建立更紧密的联系。

　　和其他很多技术一样，记录外表检查的方法也是杰森教会我的，但是这之后不久，他就离开了市政停尸房，去了一家距离我们5分钟左右路程的医院工作。他走之后，另一位来自利物浦的临时代理人琼接替了他的职位，我余下的所有训练都是在她的指导下完成的。能够从不同的人身上不断学习新知识对我而言是一件非常新鲜而奇妙的事情，尤其这次还是一位女性。那还是停尸房员工性别比例发生变化的最初阶段，女性刚开始进入这个领域。不过值得一提的是，它实际上并不是这一领域中第一个向女性开放的职位。在19世纪的德国，一个名为"停尸房服务员"的职位首次招聘了服务死者的女性员工：她们被戏称为"僵尸新娘"，专门负责安置死者、整理遗容，以及安排葬礼等相关事宜。后来，英国也出现了类似的"死亡之家"，在那里死者能够"得到专职人员的日夜看护，而丧葬管理委员会统一提供的工作服——黑色连衣裙——也给人以死者得到了妥善而充满尊严的照料的印象"①。

①　这段记录来自我最喜欢的那篇帕姆·费雪的论文。

后来，两次世界大战接连爆发，时代随之巨变。女性开始进入曾经由男性统治的各行各业，其中就包括法医行业。琼就是在那时候入行的第一批女性，16岁时开始在青年培训计划——一个专为想要在十六七岁的年纪离开学校的青少年安排的假期培训项目——接受尸体防腐员的培训。时至今日，在这个领域中几乎没有什么是她没见过的，自然也就有很多东西可以传授给我。而更为难得的是，她还是个非常好玩的人。

我和琼一起完成的最初几个案子中，死相最为恐怖的是一位从大厦顶层跳楼身亡的死者，被送到停尸房时他简直支离破碎。过去两年多在停尸房的工作让我目睹了不少令人不安的死亡，包括交通事故、自杀等各种情况，但这是尸体破碎情况最为严重的一例。尸体上无数的伤口无一不在震撼着我本以为早已成型的认知体系，让我既好奇又恐慌。或许在人性中，本身就存在着一种矛盾的特质，一边想要躲闪，一边又忍不住想要靠更近些观察。他的惨状令我不禁战栗：左侧头骨已经完全粉碎了，摔断的四肢骨头直接从皮肤底下戳刺出来，给外表检查增添了巨大的障碍。我不得不在记录表的四肢处画上弗兰肯斯坦那样的巨大针脚，以标记它们是从哪里折断的。和他的身体一起被送来的，还有一部分从地面上被舀到小塑料袋里的大脑。

我永远也忘不了琼当时轻描淡写的提问："装脑浆的袋子里有没有他的左眼眼球啊？"

"呃，我还没来得及看。"我很紧张地回答。那一刻我还在努力屏蔽自己的情绪不受眼下一切的干扰，根本顾不上从一摊软塌塌的脑浆中寻找一个连存在与否都不确定的眼球。

"哦，没关系，原来它在这里啊。"琼指着他的右小腿腓肠肌说。眼球不知怎么滚到了他的身下，又从小腿处鼓了出来，就像一条躺在鱼贩子柜台里的三文鱼的眼睛那样瞪视着我们。

她接过我手里的写字板，在记录表小腿的位置上画了一个眼球。让我感到意外的是，她还顺带添上了眼睫毛和一些视神经。我放声大笑起来，但很快笑声便转为了一阵啜泣——我本以为能够通过笑声掩饰过去的。其实我心里清楚得很，琼的搞笑是刻意的。她想要将我从糟糕的状态中带出来，哪怕只有短短几秒钟的时间，也足以防止我在其中迷失了自己。通过画一些俏皮的睫毛，她帮助我把已经快要没过头顶的坏情绪释放掉了一些，让我的工作不至于因此而受到太大阻碍。我感到心头一阵轻松，就好像打了一个让我的头脑变得清醒的喷嚏，我又可以重新专注于手上的工作了。

我拿回写字板，继续清点那些严重的伤口，同时脑子里不断想着，从往课本上标注"胫骨""跟骨"或者"蝶枕结合"之类专业术语的大学时代到今天，我真的已经走了很远。同时我也更加确信，无论是教科书还是课堂教育，都不足以帮你抵挡来自尸检的真枪实弹。

第 四 章

艰难的腐烂检查：
低俗小说

衰败也自带风情，

秋天也有春之撩人之处，

死亡和诞生都是恩典。

——伊凡·戈尔

和肉味或者麝香味一样，腐烂的气味也是由各种分子构成的，所以从这个角度来看，尸臭可以看作是有形的物质。而实际上也确实如此，尸体腐烂后发出的那股持久又强烈的腥甜味会一直冲击到你的喉咙深处，那感觉就像被一条腐烂的舌头深吻。但是 APT 和病理学家们不能像电视上的新手警察或者倦怠的侦探那样，靠往鼻孔里抹薄荷脑来屏蔽尸臭，我们必须习惯与其共处。事实上，每一具尸体在腐烂时发出的气味是不一样的，而且很有可能就在那些对嗅觉的折磨背后，隐藏着揭示死亡真相的线索，这一点在器官高度腐败，已经无法从中辨别病理症状的案例中尤为关键。但是除此之外，放弃与尸臭的对抗依然是一个更好的选择，因为最终大脑会停止接收强烈的嗅觉信号（你一定有过这样的体验，分明觉得早些时候喷的香水已经完全闻不到味道了，但身边的人却一下就能闻出来），于是尸臭味就会变得容易接受，甚至会让人感到有点舒服。

我在前文提到过，在很大程度上，每天早上拉开运尸袋的拉链对于乐于迎接挑战的 APT 而言，是一番利用所学技能大展身手的积极体验。但是，这其中也有一些令 APT 心怀畏惧的情况，它们可不再带着 Keypers 玩具的可爱味道，而是一股来自腐烂尸体的恶心气味。基本上只要一走进停尸房，APT 就能立刻从空气里飘荡着的那股绝对不会认错的臭味里猜到将要面对什么；然后，拉开冷柜，看到黑色的运尸袋，随着一段怪腔怪调的交响乐电光火石般"叮叮咚咚"地在脑海里炸响，噩梦在瞬间就变成现实了。这种让人胆寒的黑色袋子要比白色的那种更强韧，所以多被用来装运腐尸。如果现场刚好没有这种黑色袋子的话，就用两个白色运尸袋来代替——情况特别严重的时候甚至需要同时使用三个，那对 APT 而言真的是不能更糟的噩梦了。当工作人员拉开拉链，唯一的发现只是又一层白色塑料袋和又一条拉链的时候，那感觉真像是被迫卷入了完全无心参与的包裹传递游戏。

一切可能与腐尸相关的事物，包括气味、液体、蛆虫、苍蝇、指甲等，都会被装入运尸袋中保存起来，所以运尸袋的材质达到工业级的坚固程度非常重要，同时也能将其与冷柜中的其他尸体隔离开来。

我和琼之间有个约定，如果她能处理所有肥胖症患者（这是相比"胖子"更为礼貌的术语）的尸体的话，那么腐尸的尸检就都归我。虽然她并不理解为什么我会情愿做这种交易，但显然不能更赞同了。"为什么？为什么你会想选腐尸？你的脑袋里究竟在想什么啊，小不点？"她一直叫我"小不点"，因为那时候我仍然在健身房里拼命训练，整个体型看上去非常纤细，但这也让我在处理一些体型较大的死者时感到力不从心。我向她解释了我的顾虑，在我的想象中一直存在着一个令我揪心不已的画面：我一头跌进了死者巨大的体腔之中，两条腿滑稽地露在外面，还不忘奋力地扑腾着。

大多数 APT 对腐尸的厌恶之情都达到了一个极致，但是我却并不那么在意；毕竟，我的童年时光就是在给那些倒毙于路旁的动物举行葬礼中度过的。并且我还渐渐发现，其实腐尸也有其迷人之处，这更令我很快就对黏糊糊的液体、"咕吱咕吱"的声响、恶臭的气味以及无穷无尽的昆虫产生了免疫。所有那些在尸体上"开疆拓土"的生物都对我有极大的吸引力，就像在大学时修读法医昆虫学时那样，我把尸检中碰到的蛆和其他昆虫收集到培养皿中，然后利用午休时间把它们带到利物浦世界博物馆。在那里，我开心地与一位昆虫学家一起，一边讨论从尸体上发现的是哪种昆虫，一边吃我的午餐三明治。虽然我收集到的大多只是些普通的幼虫和苍蝇，比如在英国境内很常见的绿头苍蝇、酪蝇、青蝇等，但我仍然喜欢去讨论昆虫学问题，顺便看看那些被钉在白色尸床上的昆虫标本。后来，博物馆的工作人员都认识我了，并叫我"蛆小姐"——我把这视为一个昵称，虽然它也是对我日常状态的一个真实描述：要知道，在尸检中我经常会将蛆从我的衣服上撵走，有一次它们甚至还爬进了我的胸罩。

当然，那就很不寻常了。

虽然在尸检中和蛆打交道是件再平常不过的事情，但是它们爬进我的胸罩这件事还是相当惊人。在一些停尸房中，基本上一周也就碰上一次有蛆的情况，不过到了夏天的那几个月，几乎每天的案子中都会出现它们的身影。令人颇为难过的是，无论是自己的主动选择，还是受环境条件所迫，很多人都是孤零零一个人走向死亡，并且在死后很久才被发现的。（乔伊斯·卡罗尔·文森特虽然只是极个别的案例，但却依旧令人心碎。2006 年，乔伊斯在家中被发现死亡，然而尸检结果却显示她其实早在 2003 年就已经过世。电视就那样在她去世的房间里一直开了三年。）这也就意味着他们的尸体成了寄生生物的大型乐园、栖息地以及食物来源。

一般情况下，在情况特别糟糕的尸检中我会穿上全套的个人防护服（PPE），包括罩在防护衣外面的棉质绿色手术长袍①。由于材质不防水，如果我无意中靠到解剖台上的话，很容易被液体

———————————

① 我们每天都会更换干净的防护衣，将已经穿过的送到洗衣房，会有医院纺织品服务部门统一收走清洗干净再送回来。而在处理过腐尸后，我们会立即将其脱下，洗澡并且更换新的。

浸透，所以我还会再加上一件一次性的塑料围裙。使用白色的塑料袖套也是出于同样的考虑，因为手上虽然戴着乳胶手套，但是它们只能保护到手腕的位置。袖套的两端都可以扎紧，看着虽然有些像未来主义亮闪闪的护腿，却能有效防止血液或者其他各种液体在不知不觉间顺着手术长袍吸水的袖子一直蔓延到手肘。而且在尸检中，我也不会只戴一副乳胶手套，两副乳胶手套之间还要再戴一双"防割伤"织物手套，形成一个起保护作用的三明治结构。这对防止解剖刀或者针尖可能会造成的伤害——也是APT在每天的工作中都要面临的风险——非常必要。我们把"防割伤"手套戏称为"锁子甲"，因为它们通体由精致的金属网眼构成，可以在切开死者皮肤的时候有效抵挡刀刃偏离正常轨道而构成的伤害。然而，为了在操作过程中保证手指具有一定的灵活性，金属线被编织得相当疏松，也就是说针头以及一些个别情况下解剖刀的刀尖都能将它刺穿。这时候就轮到另一层乳胶手套发挥作用了：两层乳胶能够有效地在微观层面上"擦掉"一些锐器上面的血液和组织，当它们刺破皮肤时，将伤口处沾染异物的可能性降到最低。当然，如果不幸死者患有传染性疾病的话，那么这些措施对于细菌感染是无计可施的。

　　除此之外，我们还要佩戴发网和塑料面罩，每一次呼吸都在脸颊和塑料间狭小的空隙里蒸腾着热气，不难想象要在夏天进行一场尸检是多么酷热难耐的煎熬，而全副武装又大汗淋漓的模样是有多么的"美丽动人"。

可以说说为什么捂得这么严丝合缝还会让一只蛆爬进我的胸罩了。那天狭小的验尸间里格外闷热,空调已经数不清是第几次发生故障了。而更加要命的是,从我们的头顶吹向地板、用来减少空气流通中病原体危害的气体循环系统也同时罢工了。我实在是热得穿不住手术长袍,就在防护衣外面直接套上了塑料围裙和袖套。如此一来果然感觉灵活不少,我也不用担心在尸检进行到一半时被热晕,然后倒地的时候还被解剖台撞碎脑袋了。

然而,随后发生的事情证明,我高兴得太早了。

不透气的塑料让我大量出汗,由于防护衣完全不吸汗,那些无处可去的汗珠只能随着我手臂的动作而不断上上下下、下下上上地来回滚动。另外,面罩上全是呼吸制造出来的蒸汽,搞得我什么都看不清楚。所以,我索性把它取了下来。摘了面罩和口罩确实让我舒服不少,但是由于我还戴着发网,同时手里又拿着一把用来从体腔里往外舀脂肪和血液等液体的长柄勺,因此十足一副魔鬼厨娘的模样。

"小不点,你那边还顺利吗?"琼问我,脸上带着一种混杂着困惑的戏谑神态。她一直在等待着选择了腐尸的我大闹着反悔的那一天,却始终没有得逞。

"没问题,我能搞定!完全没有想象的那么糟糕。"我回答道。但随即,我便感到有个冰凉的东西蠕动到了我的防护衣上方。由于没有了长袍的保护，我低胸的衣服对于这个入侵者而言相当于完全敞开了自己的身体领地。在它很有技巧地恰好落到我的胸罩布料和皮肤间的空隙中时，我一把丢开了PM40解剖刀①，疯狂拉扯、扇动着胸前的防护衣，并且重心不断从一条腿更换到另一条腿地跳动着，直到我确定它被我抖落到了地板上。直到这时我才注意到，一旁的琼已经笑得直不起腰来，她在那只蛆爬上我肩膀时就猜到了它会落在什么地方，但她却完全没有提醒我。我盘算着一定要很快报复回来。

充满着食腐生物的腐尸其实自成一个生态系统。单纯从字面上来讲，我并不相信所谓的"转世"，说什么人的灵魂和精神是永生的，它们会随着时间的流逝辗转栖居在不同的肉体上。但是看到靠着不断吞噬尸体而繁衍的蛆虫和甲壳虫时，我又似乎真的开始对生命"轮回"的真谛有了一些感悟，它们与卡通狮子（动漫《狮子王》中的狮子）或者艾尔顿·约翰（著名英国歌手，《狮子王》主题曲的作曲者和演唱者）俗气的音乐毫无关系。牛顿热力学第一定律告诉我们，能量既不能被创造，也不能被消灭，它只会从一种形式转化为另一种形式。这也就是说，虽然能量可以从一处转移到另一处，但是在一个独立的系统中，总能量是保持

———————————

① 有意思的是，在停尸房中，我们经常会被训练无视很多正常的条件反射，比如当不小心碰掉什么东西的时候，就任它掉落在地好了。这是因为假如被碰到的恰巧是PM40解剖刀或者一把大脑刀的话，试图在半空接住它们的唯一后果就是被切断几根手指。这种反应在成为习惯之前会令人感到非常别扭。

恒定的。如果我们将地球，以及这个星球上所有的动植物群落视为一个完整的生态系统的话，那么，那些已经逝去的生命的巨大能量势必会以供养食腐生物或者肥沃大地等方式重新循环回来，生命力就是以这种方式进行着"轮回"、不断更迭着形式的。爱德华·蒙克①曾将这个过程以简洁精准的文字表述："以我腐烂的肉身，滋养花朵的生长，我在花香中寻得永恒。"

但是为什么一具腐尸称得上一个生态系统，又或者说一个生物群落呢？想要解释为什么这么个恶心的过程实际上供养了上百万的生物，而又为什么缺少了这一环节地球就会被各种尸体所湮灭，就需要对尸体腐烂的过程进行一番具体的探索。如果你是那种连电影中的恐怖场景都看不了，或者在生活中看到蜘蛛和老鼠都会吓得跳起来的人的话，那么你最好直接跳过接下来这部分。

从心脏停止跳动的那一瞬起，腐烂就已经开始了，虽然肯定有人会反驳说"安慰剂"乐队②那首《焦虑青春》里唱的才更确切："从出生的那一刻，我便开始腐烂。"但从法医学的角度而言，腐烂的过程从死亡降临后可被划分为新鲜尸体、尸体膨胀、活动性腐烂、后期腐烂和干燥遗骸五个阶段。第一个阶段是"新

---

① 爱德华·蒙克（Edvard Munch），挪威表现主义画家、版画复制匠、现代表现主义绘画先驱，代表作有《呐喊》《生命之舞》等。——译者注
② "安慰剂"乐队（Placebo），1994年组建的一支英国摇滚乐队。——译者注

鲜尸体"，从进入殡葬师这行的第一天起，我便认识到，与尸体联系在一起的"新鲜"是个非常相对的概念。它与形容清晨的空气时所指的"新鲜"是截然不同的概念，反而更接近于刚刚弄脏尿布的粪便、才流入下水道的污水的那种"新鲜"。尸检中遇到的"新鲜"只意味着尸体状况"尚且说得过去"。你永远不会想把脸凑近，但是相信我，它真的已经算很不错了。

新鲜尸体

在这个阶段，最典型的死亡迹象就是尸体的僵硬程度，即在死后1~4小时开始出现的尸僵。尸僵的出现是由于在日常生活中"联手"帮我们完成各项动作的肌群，由于能量分子腺苷三磷酸的停止生成，在经过松弛后失去弹性而挛缩。尸僵首先形成于眼睑、下巴、脖颈和手指等处的一些小肌群，另外，在虹膜上也存在这样的小肌群，所以用来判断死亡的一种有效方法就是用光源直射死者的眼睛：死者的瞳孔对光线不会产生收缩反应。另外也会受到影响的是控制哺乳动物毛发的竖毛肌，其收缩的直接反应就是鸡皮疙瘩。尸僵出现后，死者的发根会因竖毛肌僵硬而直立起来，令人产生尸体的头发加速生长的错觉[①]。死后4~6小时，

---

① 　除了死后毛发生长外，人们对于死亡的另一个常见误解，是由于脱水和随之出现的皮肤皱缩，令指甲看上去好像也在死后继续生长了一般。然而实际上，它们当然不会变长。

尸僵逐渐发展到较大的肌群，至此第一阶段的肌肉松弛（初级松弛）结束，尸体变得僵硬，且关节固定。想要移动已经出现尸僵的肢体或改变它们的位置，极有可能造成关节折断。虽然我从没强壮到能够掰断骨骼，并且也没有任何理由这么做，但我确实曾经在停尸房里亲耳听到过骨折的声响。

我进行过的大部分尸检都出现了至少一个阶段的尸僵，它们有时确实会对尸检构成很大的障碍。比如在尸体外表检查中，病理学家需要检查外阴部和肛门的情况。为了不遗漏任何与死亡相关的信息，这是每一具尸体都要经过的一步例行检查。在一些女性死者的尸检中，我和病理学家需要分别抓住一条腿，像在用力撬动杠杆那样把它们分开，从而顺利完成检查。这个画面看起来很有失尊严，不，是完全没有尊严可言，但却见于所有尸检现场。因为唯有如此，病理学家才有可能发现死者是否患有疾病，或者死前是否遭到性侵。如果错失了这么重要的线索，那么无疑会令犯罪者逍遥法外。

大多数出现在尸检中的画面都不是很体面，却也都是过程中必不可少的环节。但即便深知其中的道理，有的时候我还是会变得非常敏感，这时候就需要病理学家稍微提醒我一些。有个案子给我留下很深的印象，死者是个女孩，只有 15 岁，怀孕了却无家可归，最后选择以跳楼的方式结束生命。她生前的最后一个地址是一家收容所，同时她的毒瘾也很严重。自杀、毒品、怀孕以及无家可归，所有这些沉重的事实全部集中在了一个年仅 15 岁的小姑娘身上。和我一起处理这桩案件的病理学家带了一组医学院的学生来观摩，我也知道他们来这里完全是出于学习的需要。自杀的女孩还患有生殖器疣，当病理学家注意到这一点并叫我帮他把已经出现尸僵的双腿分开时，我断然拒绝了："不能这样！"我根本控制不住自己去想这个女孩的人生：反复经历着失败，完全无力保护自己，并且一定承受了无数的侮辱和侵犯。我不能让她再一次经受那些，绝对不能忍受学生们盯着她的隐私部位观察，好像她只是个人体标本似的，尤其他们还有很多机会从活着的病人那里获得许可，进而了解生殖器疣长什么样。病理学家静静地看了看我，并没有对我突然的情绪暴发多说什么。我想他一定能从我的眼神中看出来，此时此刻说什么都是多余的。

当尸僵发展到全身后，另一种死亡征象开始变得明显，那就是尸斑（英文名称 hypostasis、lividity、livor mortis，在拉丁语中的意思都是"紫色"和"蓝色"）。我们之所以常会形容一个暴怒的人"铁青着脸"，就是因为他们的脸变成了紫色。尸斑是血液循环停止后，血液在重力的作用下发生沉积，从而在皮肤表面形成的紫红色斑痕。这也就意味着它们会出现或集中于尸体较低、且未与外物发生接触的部位的血管处，否则血管可能会受到挤压。所以，若一个人呈仰卧姿势死去，那么由于抵靠在床上，她上半身的背部及肩胛一带的皮肤应该是苍白的。同理，她的臀部、小腿以及脚跟也不会有尸斑形成。任何紧身的衣服，比如胸罩的肩带，都会在皮肤上造成苍白的痕迹。在我经手过的一些案件中，有些由于压力形成的效果简直不能更明显，我都能从尸体腰部的压痕中辨认出腰带的品牌，比如 CK（美国知名服装品牌）、Superdry（英国服装品牌）等。

这种色变在死亡 10 小时后变得非常稳定，12 小时后则基本"固定"下来，由此皮肤上出现了色调的差异：深色的尸斑以及苍白的压痕，并且不会再变回去。尸斑的形成作为一个相对多变的过程，并不是一个判断确切死亡时间的最佳依据，但是如果一具尸体在尸斑固定下来之前被移动过的话，比如说从椅子上被搬到了床上，那么就会形成另外一种尸斑的图案，调查人员可以据此判断是否有人在尸体被发现时的状态上撒了谎。根据我的经验来看，所有的东西都能在皮肤上形成图案，从而揭示出很多与死亡现场相关的信息。无论死者以什么样的姿势死亡，都会有尸斑形成。所以在一具上吊身亡的尸体上，能看到更苍白的躯干和由于充血严重而呈深紫色的双腿，这就是所谓的"充血"。充血是上吊的死者会出现勃起的原因之一，这实际上是由停止循环的大量血液在重力的作用下涌入了下半身任何可能的角落和缝隙所造成的。

对病理学家和 APT 而言，分辨尸斑和瘀伤是进行尸体外表检查时一项非常重要的技能，真正的瘀伤往往能够提示死者所处环境中可能导致死亡的原因。它们经常会呈现出非常独特的模式, 从而为我们提供重要的信息。例如, 满是青肿的小腿通常是酗酒者的特征之一, 因为他们喝醉后步履蹒跚, 经常会摔倒或撞在家具上面。再结合肝脏疾病、血液中酒精散发出的令人作呕的甜味 (另一个我们不会往鼻孔里涂薄荷脑的原因) 等证据, 我们就能大致梳理出死者走向死亡的前因后果了。

我们曾处理过一桩尸检, 死者是个酗酒成性的女人, 病理学家对她上臂出现的大量瘀伤感到非常可疑。

"你对这个有什么想法? "他问我。

"指印。"我的看法确认了他心里的怀疑。

在她的肱三头肌下面有一排四个很清晰的椭圆形瘀伤, 就像有人曾用力抓住她的上臂一样。考虑到她身上同时还有很多其他的伤痕, 显然不仅仅是因为酒后磕磕绊绊摔倒而弄伤自己那么简单: 她在活着的时候遭受过殴打。另外值得注意的是, 她身上有大面积的皮肤出现了尸斑颜色的改变。因此, 病理学家出于谨慎考虑, 决定暂停尸检, 将她的案子重新转交给验尸官, 让他批准进行一场法医尸检。我们必须百分百确认这名死者不是过失杀人或者蓄意谋杀的受害者。法医尸检是另一套完全不同的程序, 经常由另外一位不仅受过病理学训练, 还同时具有法医病理学解剖经验的医生来主持。

这里就有必要再澄清另一个颇被业内人士诟病的误解了: "法医" (forensic) 一词源自拉丁文 "forēnsis", 本意是指 "在法

庭前"，比如说在陪审团前，它的概念是与法律息息相关的。而
我们经常会从电视纪录片里听到诸如此类的说法："一具古埃及
的木乃伊将要接受法医检查。"除非这具木乃伊是凶杀案的受害
者或者被指控某项罪名①，否则这种说法就是完全不成立的。不
过，考古学家所使用的分析技术，有时候也会在处理一些犯罪案
件时应用于法医尸检中。进行法医尸检的时候，必须保证到场的
是全然不同的另外一组人员：负责案件调查的警察和负责出示证
据的官员，出于有些证据可能还要呈递到法庭上的考虑，还要有
摄影师在场。常规的尸检与法医尸检之间的截然不同之处正在于
此：它们各有一套独立的程序。在移交至法医尸检后，书面记录
需要从最基本的擦伤重新做起，并且通常在不同的地方另找病理
学家进行。

　　尸斑的形成说明尸体的温度已经下降得很低了，这时出现的
死亡征象叫作"尸冷"，也可以说是死后冷却。细致归纳起来，
就是死后的第一小时内，尸体的温度平均降低2摄氏度左右，此
后每过1小时降温1摄氏度，直至尸体的温度与环境温度基本
接近。同样的，尸冷也会受到很多不同因素的影响，比如发烧会
造成死亡时死者体温偏高，并延缓尸体冷却速度。在我进行过的

―――――――――
①　令人惊讶的是，像这样的案件还真的曾经发生过。在公元897年的罗马，
　　教皇福慕的尸体被挖掘出来并接受审判，这就是历史上著名的"死亡法庭"
　　（或者比较直接地说，就是"僵尸审判"）。

绝大多数解剖中，接触到的尸体皮肤都已冰冷，尤其是在停尸房冷柜里暂存过的死者，其脂肪就像黄油遇冷会发生凝结一样，已经被冻得相当坚硬。但是在一些个别的案例中，有的死者是直接从医院被送到停尸房的，并需要立即进行解剖，这时候他们尚保留一定的体温。我的一些同事很不喜欢处理这样的尸体，因为感觉和活着的病人太像了，会一阵阵怀疑自己不是在做尸检，而只是在进行一台外科手术。不过，体温倒一直都没给我造成什么困扰。虽然要戴好几层手套，但是我依然对尸体冰冷的温度非常敏感，有时候指尖都会被冻得僵硬。所以从这个角度来讲，体温在一定程度上让我颇感安慰。（作为一名殡葬师，也会偶尔有些感到幸福的时刻，不过它的价值只存在于特定的场合和时间里。）

在死后 36 到 48 小时内，那些维持尸僵的蛋白质会开始分解，尸僵的程度从而会得到缓解。这会进一步导致第二次的肌肉松弛状态，并且尸体不会再次变得僵硬。之所以会出现蛋白质的分解，主要是由于尸体的腐烂过程开始变得明显，而这个过程也可以被划分为两条不同的途径：自溶和微生物分解。

一般而言，死后 4 分钟左右自溶便开始了。"自溶"（autolysis）这个词是自我消化的意思，其中 "auto" 来源于希腊语中的 "自我"，"lysis" 则是 "分离" "分开" 的意思。[所以由此看来，美容中心将 "电离"（electrolysis）解释为 "用电解的方法给身体脱毛" 是有一定道理的。]尸体会出现自我消化的现象，是因为在人的生命过程中细胞用以消化外来异物分子的酶在死后泄漏出来的缘故。各种酶在尸体内毫无目的地到处游荡，就像忽然知晓没有警察在场的暴民一样，一旦开始行动，便一发不可收拾地走上了通往毁灭的道路。另外，死者体内还有一个极富自毁倾向的器官——胰脏，这个为消化食物提供各种酶类的器官在死亡后会首先将自己消化掉。这就是"非生物性的"腐烂过程（意味着"与生物作用无关"，是一种由化学过程引起的腐烂），它的发生会促使细胞结构变得非常不平衡，并且过程中产生的各种液态产物会导致皮肤表面出现大量充满红色乃至褐色液体的水疱。死亡一周左右后，水疱胀满破裂，皮肤就会发生脱落，即我们所说的"脱皮"。这一变化的出现能够令我们很容易地将尸体双手上的皮肤像摘手套那样剥离下来，如果需要的话，我们会将其直接套在乳胶手套的外面，以便采集指纹。而原本存在于较深皮层的诸如刺青或瘀伤等，则会相应变得更加明显。所以在尸检中，我们常常用湿海绵轻轻擦拭，以获取更清晰的证据。充满深红色液体的水疱在轻微的触碰下或尸体的移动过程中都很容易破裂，这也是尸检前需要用工业级强度的运尸袋将尸体包裹好才能放进冷柜中的另一个重要原因。

尸体膨胀

在尸体腐烂过程中，名称起得非常写实的"膨胀"阶段的特点是尸体会在微生物的作用下变得肿胀，同时伴随颜色的变化，也就是所谓的"微生物分解"过程。和自溶与生物作用无关正好相反的是，微生物分解完全依赖于体内微生物的活动，而与生物酶的活性无关。其实在每个活着的人体内都有可以分解尸体的微生物存在，但随着死后自溶作用的影响以及随后的细胞裂解，微生物们得以成功侵入到在活着的宿主体内难以接近的禁区。更重要的一点是，腐烂令微生物的生存环境中忽然充满了高养分的液体，它们可以算是进入了一场"豪华盛宴"。虽然在胃部生存着一部分真菌，但是大多数微生物都是来自肠道的"正常菌群"，比较常见的有乳杆菌、梭状芽胞杆菌等。梭状芽胞杆菌又叫作"尸毒梭菌"，从其名称就能看出终于到了此类微生物发挥作用的时刻。由于电视上不断播出益生菌复合维生素和养乐多等产品的广告，如今人们对于体内的共生微生物都有了比较普遍的了解，但有一点需要补充的是，体内共生的菌群越多，死后的腐烂过程就进行得越快。当你被鼓励参加"乳酸菌挑战赛"时，这个冷知识可能会对你有用，所以很有必要记住它！

虽然微生物分解也是从死亡后的第一时间就开始了，但是它的种种迹象要经过很多天后才能显现出来。令血液呈现鲜红颜色的血红蛋白会在微生物的作用下变成硫化血红蛋白——一种与正常血红蛋白完全不同、带有难闻硫黄气味的物质，并令皮肤出现从绿到紫，最终发黑的颜色变化。由于这一变化起始于肠道，因此最先会被注意到的迹象是右下腹部（盲肠以上位置）的绿色斑点，随后色变很快在整个腹部乃至全身蔓延开来。从 19 世纪初开始不断涌现的"死亡候诊室"或者"死者之家"，就是基于绿色斑块是腐烂不容置疑的证据这一点而建立的。就像梅兹博士在《奎格利》的《尸体：一段历史》中指出的那样："腐烂是唯一确凿的死亡迹象。""死亡候诊室"或"死者之家"的作用除了保护活着的人不被死者影响之外，也能防止假死或未死之人被误认为死亡而埋葬，每一名死者都会在那里停放至尸绿出现后再下葬。

　　继下腹部之后，在肩膀和大腿等处也会出现如大理石纹路般的腐烂征象，这是由于在微生物活动初期，能够导致颜色变化的细菌会首先顺着受到阻力最小的血管迁移。随后，血管也会发生破裂，于是各种微生物便在体内自由扩散开来。身体组织内充满了由各种细菌活动产生的气体，其中的产气荚膜梭菌还会在活着的人身上造成"气性坏疽"。在尸体中，产气荚膜梭菌会制造出"组织气体"，就是这种气体令尸体在被移动的时候，由于皮下像一块雀巢充气巧克力似的充满气体（虽然远没有巧克力那么美味），而发出被统称为"爆裂声"的噼里啪啦或爆开的声响。由于气体并没有足够多的方式从尸体中释放出来，于是便贮存在细胞中。有时候，气体也会经由肠道离开，于是便有了所谓的"死后放屁"，又或者从口腔释放，就像死者打了个嗝或者发出一声呻吟（气味都非常难闻）。不过，相比之下更常见的一种情况是，由于腐烂导致天然出气口的塌缩或闭锁，尸体最终会在气体的作用下膨胀到一个令人难以置信的巨大尺寸。在体内不断增长的气压的作用下，尸体的眼睛和舌头都会向外凸出，生殖器充血，同时腹部的情况只能用"牛一样的大小"来形容。

我是通过一种最痛苦的方式对这种气体建立起深刻认识的。那是我的第一次腐尸解剖，主管安德鲁就在一旁看着。为了能够对正在处理的部分看得更清楚些，我便朝着尸体的上半身弯下腰去。我拿起 PM40 解剖刀，自信地像往常一样去做切口，就在刀片与鼓胀腹部绿色的皮肤接触的那一瞬间，尸体紧绷的皮肤表面竟涌起了一阵波动，随后发生的事情就像是一个来自地狱的气球在我的面前迸裂：我几乎被一阵有生以来闻到过的最恶心的臭气迎面击倒。其实，我当时还戴着一个面罩，但是和这股气体喷发的杀伤力比起来，它的作用简直是九牛一毛。为了让你们比较容易想象出那是一种什么样的气味，我先来分析一下它的成分：腐胺和尸胺，都是蛋白质降解后的产物；还有硫氰化物（臭鸡蛋的气味）和甲烷（放屁会臭的主要原因）。此外，还有一种叫作"粪臭素"的成分，我认为如果它的发音（Skatole）能够改成"scat-hole"也许能更真实地反映出这种气味的本质，因为"scat"源自希腊语中表示"粪便"的单词。我眯着眼睛转向安德鲁，面罩上飞溅得满是黄色和绿色的液滴，甩给他一个"你为什么不提醒我"的怨念表情。他一边大笑一边回答道："在今后的职业生涯中，你将永远记得靠后站的重要性。"

　　非常好的一课，并且我真的受教了，我的先生。这也是我为何在此后的每一次尸检中，除非实在太不舒服了，其他大多数情况下都尽量戴好面罩的原因……

　　尸检中刺破的腹部给了里面鼓胀的气体一个逸出的出口，但是假如没有进行这一操作，那么气体仍将不断产生，把体内的液体从七窍不断挤出，直到皮肤组织再也承受不住而最终发生真正的爆裂——这种情况可能在死后两周左右出现。或许听起来有些难以置信，但确实哪怕这样，我们也要继续完成常规的尸检：取出所有的器官并逐一检查。显而易见这会是非常困难的，因为所有的器官早已完全丧失掉了其原本的结构和完整性。它们原来各自的形状以及相应的尺寸都已消融在一摊烂泥里。到了这个阶段，所有一切都稀烂地搅和在一起：脏器、脂肪、水疱中的液体渗出物等。我曾尝试过去取出一些脏器，但捧着它们的感觉就像捧着糖浆似的，并且浆体还不断地从指缝里往下流。

　　腐烂的有趣之处就在于它会令尸体变得面目全非，死者真实的身材、种族、发色以及面部特征等，有时候甚至连性别也包括在内，都被模糊掉了。像在利物浦这样的小城市里，很多人死后都会在报纸上发布讣告，旁边附有一张生前的生活照。在对腐尸进行尸检的时候，我总会在脑海把死者的模样进行一番描绘，但后来都会发现，他们实际生活中的样子和我想象的完全不一样。正是这一点，让我在职业生涯的早期便意识到，对已经腐烂的尸体而言，即使是由亲人和朋友亲自来辨认，其结论也并不总是那么可靠。

活动性腐烂

尸体在这一阶段会发生质量的锐减，因为过量的液体会基本排净，胀满的气体也会通过一些方式释放掉。（极有可能是由一个有着施虐成性的主管的新手 APT 把它们悉数吸到了肺里面，是吧？）

同时，尸体的体量也会明显减小，在不知餍足的食腐生物的持续作用下，大部分肉身都会被逐渐吞噬殆尽，而我的老朋友——蛆——也在这个过程中扮演着重要的角色。苍蝇和它们的幼虫，也就是蛆，虽然外形上看起来要多恶心就有多恶心，但是它们的构造对于它们所承担的工作而言却近乎完美，甚至有研究专家将其誉为"被忽略的世界承载者"。这些将卵产在尸体上繁殖后代的，以及我在上文里提过的在英国比较多见的苍蝇，主要都是丽蝇属的青蝇，有着非常稳定的生活周期。它们只在尸体的创口或者窍孔处产卵，因为幼虫虽然也要以死者的肉体为食，却还不具备穿透皮肤的能力，只能蚕食已经腐坏的部分。苍蝇在死者死亡大约 24 小时后出现，仿佛它们在脸书上建立了一个快闪族群，从而能定时接收提示信息赶来产卵。所有的卵在第二天就能孵化出来。相比起青蝇，另外一种类型的苍蝇在生殖方式上更具有优势性。不同于青蝇的卵生，它们直接产下幼虫，并且产出的幼虫立即就能蚕食腐烂的尸体。这种苍蝇被很形象地命名为肉蝇科（Sarcophagidae）或"食肉蝇"[①]。

成百上千的幼虫们一刻不停地吞吃着尸体，依次经历三个不同阶段——或所谓"龄期"的生长发育，体积不断长大，其中每一阶段在 24 小时左右。到了第三龄期，幼虫的体积达到最大值，看上去就像是不断扭动中的一堆圆鼓鼓的"米粒"。它们狂热的进食与生长产生了大量的热量，令尸体的温度可能会一路飙升到 50 摄氏度。这时，位于核心高温区域的蛆虫就会逐渐向外围迁移以冷却下来，而一直在外侧游移的蛆虫则有机会向更中心的地方靠近，如此这般形成了一个不断起伏和更迭中的白色浪潮。蛆虫们一头扎进这场豪华盛宴中，为了方便全情投入，它们头部还进化出了钩子，可以牢牢攀附住因分解性酶类的大量分泌而变得滑腻的肉体表面。而在其尾部的圆点，虽然看上去像一只小小的黑眼睛，但实际上却是一个通气孔，蛆虫们就是通过尾部的这个孔进行呼吸的。此番生理构造让它们简直就是完美的摄食机

[①] 如果你想要了解更多的名词和语言知识，那么"sarco"来源于希腊语中的"皮肤"，而"phage"的意思是"吃"。"sarcophagus"（石棺）一词的由来就是过去人们相信将尸体放在石头打造的棺材中能够有助于皮肤被消耗。如果想要获得多交叉语种的知识的话，那么现在你至少应该知道研究尸体腐烂的学问是个不错的途径。

器，在整个吞食过程中完全不需要出于呼吸的考虑而有任何的停顿，也因此在短短一周的时间内，它们就能将一具尸体消灭掉将近 60%。当它们总算餍足了以后，就会缓慢地蠕动到一旁进入休眠，这和我们在吃完一顿大餐后常见的困乏渴睡反应非常相似。但是这两者之间还是存在着一定的差异，就像毛毛虫会变成蝶蛹一样，蛆虫在休眠中也会变成蛹，而我们人类只是打开电视机，然后任由意识沉入碳水化合物带来的昏沉状态中。

在进行完一场腐尸的尸检后，蛆虫会蠕动着爬得到处都是：在我的头发里、不锈钢头的靴子里、衣服的褶皱里，当然了，你们一定没忘记，还有我的胸罩里，都能发现它们的踪迹。仅仅把蛆虫扫到一个容器里面并不是正确的后续处理方法，因为那样它们仍保留有化成蛹的能力，变得像坚果一样坚韧且难以破坏。彻底将其消灭的办法只有一个：使用头锯的真空附件把它们统统吸入一个干净的袋子里，放到验尸房的地板上，然后在上面使劲蹦跳。这个动作对于我而言非常治愈，简直就像挤按气泡纸一样过瘾：我能听见每一只虫子在我靴子的踩踏下爆开的声音，这种声音有点像用微波炉制作爆米花时发出的声音。渐渐地，声音的出现频率变得越来越低，我就知道已经基本上把它们全都踩爆了。做完这些后，我就将脚底下的一袋东西放进一个有着尼龙扎带的焚化袋里，最后扔进焚烧废物之中。

"蛆女孩"攻击了她的"自己人"。

后期腐烂

并没有一个划分第四阶段的腐烂开始了的明确界限，基本上当蛆虫已经吃饱，就会从尸体上滚落下来，顺势滑进一条阴暗的裂缝中等待成蛹。成蛹的位置可能距其初始位置有长达 50 米远的距离，对于一个身长只有 1 厘米的生物体而言（在比例上相当于人类身高与 5000 米之间的关系），这段距离简直惊人。腐烂进行至这一阶段，尸体的重量已经减少得相当多了，所以我们此时对尸体本身的兴趣，远比不上在自溶和微生物分解的双重作用下产生的液体大。无论尸体是在木地板、地毯，还是土地上，液体都会在尸体周围汇集成非常明显的一摊。

能够进入这一阶段，意味着蛆虫躲过了"被吸尘器和靴子消灭"的命运，可以将生命安然保存到一个坚硬的外壳中，长达 10～20 天之久——并且客观地讲，都已经熬到了这个地步，它们也值得拥有一段长时间的"休养"。停尸房中任何侥幸活下来的蛆虫最后都会变成趾高气扬的苍蝇，但同时也就意味着生命的倒计时正式启动：它们"嗡嗡"地在验尸间里到处乱飞，撞到早已针对性地布置好的"飞行杀手"（Insectocutor）上，一道凝聚着生命荣耀的蓝光转瞬即逝，就像迪斯科舞场中的灯光那样，而苍蝇正是在这阵小火花中殒命的。

蛆虫与死亡之间的联系已经被阐释得很清楚了，但是大众对其的了解却越来越多地集中到它们在活人身上的用途。蛆虫疗法是清除伤口上坏死组织——基本只针对坏死部分而对健康组织没有影响——的一种重要的治疗手段。虽然这种治疗方式由来已久，但它的光辉岁月却只延续到了20世纪30年代前那段抗生素还没有发明出来的日子。近年来，随着医学界逐渐认识到有越来越多的微生物对抗生素产生了抗药性，比如MRSA（耐甲氧西林金黄色葡萄球菌），蛆虫重新回到了大众视线里。在战争年代，很多战士由于得不到及时的护理，伤口上常会生蛆，但很快他们便发现，这种看似恶化的情况反而不容易因为感染等问题而发展成致命伤：蛆会将伤口外面已经感染的部分吃得干干净净，当时的医生所知的任何一种用于清理创口的医疗手段，都达不到其所做到的程度。多亏了蛆虫的功劳，很多士兵躲过了由于伤口感染导致的，而我们的厌食牙医却没能幸免的毒血症。它们在清创方面的应用如今尤其受到追捧，虽然模样看上去依旧是令人厌恶的，但却被视为对人类有益的存在。

但是，关于蛆虫还有另外一个重要情况，人们对其却知之甚少，那就是它们能够直接感染包括人类在内的活体生物，引发一系列被称为"蝇蛆病"的症状。在我们进行的外表检查中，除了检查死亡前后所形成的瘀伤、文身以及其他任何人为制造的痕迹外，还要将死者翻过来，认真查看背部的情况。想象一下如果疏忽了背部，那么很可能在调查一个人的死因时候兜兜转转不得法，完全找不到头绪，然后无意间将尸体翻了个身，发现在其肩胛骨处有一处枪伤！一套包含了正面和背面的完整尸检，就能有效避免此类尴尬的局面。对于有一类死者，我的心理建设总是不够强大，就是那些因为监护人的忽视而遭受蝇蛆病折磨的不幸的灵魂。蝇蛆病经常发生在受到虐待的虚弱个体身上，比如由于父母不上心，将同一条肮脏的尿布穿了几个星期的儿童；或者无人照料且大小便完全不能自理的卧床老人，长期卧病在床形成的褥疮又进而被排泄物所感染。这也是为什么对背部（尤其是臀部）的检查尤其重要的原因。蝇蛆病并非一种自然状态下会发生的感染，其出现的背后，折射出的是人类对于其同类源自天性中的恶意。所以每每遇到被感染了的死者，我都久久难以释怀。

我自认为我对围绕着尸体腐烂而建立起的自然生态系统，以及那些令神圣的生命循环链完整起来的生物所表现出的热情是非常合情合理的。在我看来，研究它们要比反复思索那些野蛮的或者违背自然规律的行为有意义得多。

干燥遗骸

最后，我们进入了腐烂的整个过程里相对容易掌控的"干燥遗骸"阶段，之所以如此命名，是因为发展至此，尸体基本只剩下了骨骼、软骨和一些已经变硬的粗糙皮肤。这一阶段比较典型的代表，就是我们在博物馆里经常能看到的泥炭沼人和埃及木乃伊。古埃及人可能也把制作木乃伊的过程称为"尸体防腐"，但

是这与现代科学定义的尸体防腐是完全不同的两个概念。现代的
尸体防腐纯粹旨在将尸体干燥并保存，而在古埃及人的每一步操
作中，则都深深地渗透着他们的宗教信仰。在木乃伊的制作过程
中，内脏会从身体左侧的一个切口处被取出来；同时，埃及人会
放进一个卡诺卜坛作为替代。死者的皮肤经由尼罗河水的洗涤变
得洁净，涂满盐后静置 40 天，最后用尼龙、亚麻布等吸水性材
料吸干水分并塑造出木乃伊的轮廓。另外，一种特殊的油也会被
用来增加宗教仪式感并传递古埃及人的生死观。[①] 木乃伊的制作
传统随着古埃及文明的没落而消失，直到 2011 年，公共服务电
视台第 4 频道推出了纪录片《把艾伦做成木乃伊》(*Mummifying
Alan*)。在这个项目中，遗体捐献者艾伦·比利斯同意在死后被
制作成木乃伊，而团队的主要成员包括了曾与我有过多次默契合
作的法医病理学家彼得·范尼斯教授。

　　实际上，在非常炎热且干燥的环境下，尸体的木乃伊化可以
自动完成。我曾经手过好几例尸体自然木乃伊化的尸检，通常死
者都是在家中过世的，死亡时房内开着暖气并且门窗紧闭，没给
苍蝇创造半分接近尸体的可能性。在过去，木乃伊化的婴儿是最
常见的一种情况，可能他们生下来就是死胎，于是吓坏了的年轻
母亲便将尸体藏到了房子的暗墙里。在我们的病理学博物馆中，

---

① 　油的成分包括乳香、没药精油等，并且据传说，当年智者将这两样东西赠予
　　襁褓中的耶稣，就是在预示他的死亡。

还收藏了一具婴儿木乃伊标本,这个可怜的小宝贝是从一座老房子的壁炉里发现的,这在那个年代也是相当常见的。另外,在寒冷而干燥的环境中也可能会发生木乃伊化,所以我们常常会发现几千年前的泥炭沼人——被泥炭沼泽或其他类似的环境条件保存下来的遗体。虽然穿越过漫长的千年时光,他们却连睫毛都与生前无二。

作为一个专门研究尸体分解和腐烂的学生,我对每一阶段的变化都了解得非常清楚。所以在我看来,如果说整个过程中有哪一阶段适合向大众展示的话,那么最后干燥遗骸的状态明显要比前期的膨胀和后期腐烂等都更容易被接受。在我们的生活中、博物馆里、电视纪录片中,甚至一些报纸上关于近期考古发现的相关文章里,都能看到干燥遗骸的踪影,但是却鲜少出现爬满蛆虫的腐尸。事实上,在大多数人的人生中,唯一看到此类画面的机会可能只存在于恐怖电影中。摄制组将腐尸制作成吓人的道具,在电影院制造出阵阵惊声尖叫。但是,在一个尘归尘、土归土的自然分解过程中,为什么有些阶段就能令人接受,而另外一些阶段则会给人造成强烈的不适感呢?这就要借用克里斯蒂娜·奎格利的话来做出解释了:"面部特征已被破坏殆尽的骷髅给人心理带来的影响,要比保留了完整头部的木乃伊小,而后者对人构成的视觉冲击,又比一具完整的尸体弱。"

　　无论是从博物馆还是从媒体中看到的腐尸，都是一维的画面，并没出现在前文里分析过的尸臭味。关于尸臭味还有一个尚无定论的争议点，即气味是否像犯罪小说或者电视上演的那样，会牢牢吸附在头发以及衣服的各个角落里。曾有一位病理学家告诉过我，事实并非如此。实际上，精巧的气味分子只会在通过鼻腔的时候攀附到鼻毛上，因此虽然当事人会感觉整个人都带着一股尸臭味，但其实它是来自鼻腔内部，而非身体的外部。

　　虽然这个说法在很大概率上是正确的，但是作为一名APT，一旦完成一次尸检，哪怕在停尸房就已经洗过澡，并且更换了干净的衣服，我还是会在回家的路上自动与公交车上的其他乘客保持尽量远的距离。

第五章

渗透：玫瑰屋

我知晓爱情的秘密……是我令玫瑰盛开，是我令情人们心动。

——纳霞堡的阿塔《鸟类议会》

看别人进行尸检，在很多方面都和看别人做爱类似，正是这一共同之处让我在第一次旁观尸检的时候深受打击。在你失望地想要合上这本让你一阵阵犯恶心的书，又或者正相反，想要精神欢愉地继续你的阅读之旅前，请先让我就刚刚的话做出解释。

一场尸检呈现的是两个人——开膛者和被开膛者之间的一段"亲密关系"。开膛者，又或者说是技术员，将内脏取出，然后另一个人——尸体——则是脏器被取出的一方。通常情况下，无论是做爱还是尸检，人们都不会将过程中的种种公之于众，所以给人们留下一种被禁止的、充满禁忌的印象，并且在一定程度上激发起人们窥视的欲望。如果单纯站在一旁围观的话，甚至还会带上一丝违法的意味。另外，两种场景中还都会出现裸体（尸检中当然指的是尸体，谢天谢地技术员不必如此）、体液、麝香味，以及在最初之时充满尴尬和迟疑的小心翼翼的试探。随后，双手在皮肤上的游移开始变得娴熟起来，逐渐摸索出什么样的动作能够达到最好的效果，而之所以能让手指在肉体上宛如经过艺术设计般精确巧妙地起舞，正是得益于此前已经积累下的成百上千次重复。尸检完全像是一场令你忘情投入于其中的性爱。

你很有可能和开膛者是私交甚好的朋友，但是从来不知道他在工作中的样子。你可能在训练过程中就尸检的问题和他进行过一遍又一遍的讨论，但这就像有些人喜欢不断跟朋友们吹嘘自己在床上的风流韵事一样，归根结底，你从来不曾目睹过。直到某一刻，你第一次受到邀请，将要沐浴着新世界的荣光失去你在验尸间里的"贞洁"。诗人兼殡仪馆老板托马斯·林奇用精准的文字将抽象的感受变得真实可感："无论是性还是死亡，其实都是谜一样的存在，在引发不安的能力上旗鼓相当。"都是？没错。谜？当然。引发不安？绝对是的——并且对于绝大多数人而言都是如此。但是从我们的角度来讲，死亡与性之间的区别就在于，死亡是一个必须要揭开的谜团。

大学还没毕业时，我就已经失去了我的"验尸间贞洁"，但是在此前的人生中我所做的每一件事，其实都是在为最终抵达的那一刻铺路。早在我的间隔年，我与死亡之间的奇妙缘分就降临了。和我关系一直比较疏远的父亲搬到了位于沃辛的一所大房子，里面有设施齐全的独立公寓可供居住。我一位朋友的母亲——在离沃辛不远的小镇殡仪馆里做尸体防腐员的萨拉，也搬到了那里。已经怀孕七个月的她很快将成为另一个小女孩的母亲，因此当时的她急需有人协助搬动较重的尸体，完成给死者穿脱衣服等比较吃力的工作。她很不喜欢每次都要向公司——"J. 埃尔伍德和他的儿子们"——的葬礼负责人寻求帮助，毕竟他们也有很多自己的工作要忙。得知这一消息后，我深信这将是一段非常完美的体验。于是，为了系统而完整地学习防腐知识，年轻、健壮的我便带着满满的工作热情走上了志愿者的岗位。

虽然我有不少朋友都选择去国外度过间隔年，但我依然认为到南部海岸一个不熟悉的小镇住上一段时间，一边巩固一下亲情的纽带，一边积累一些与死亡相关的工作经验，亲身感受一下这种类型的工作是不是真的对我胃口是非常有意义的。所以，我很快就给间隔年做好了安排。我记得在出发前一两天，我还和最亲密的三个朋友聚一起喝咖啡，然后我只拎着一个大行李箱和一个手包就上了火车。我们四个同岁，但是却从此踏上了完全不同的人生旅程：其中一个很快就怀孕了；另一个先是在法国生活，现在又去了西班牙学习语言；还有一个开启了环游东南亚之旅。

而我，则要赶去给尸体洗澡、换衣服。

回想起来，间隔年的一年时间我虽然远离学校教育，但在那段时间里我所学到的东西，却比之前整个求学生涯加起来还多。也正是在那一年里，我人生中第一次体验到了殡仪馆的气氛，因为在我祖父母过世的时候我还太小，没被允许出席他们的葬礼。一切在我眼里都显得那么新鲜："J. 埃尔伍德和他的儿子们"庄严肃穆的走廊，无处不在且抚慰心灵的花香，取暖器向空气中播撒的温暖，以及环境照明制造出的令一切锐利的棱角变得柔和起来的光影。哪怕人们心中翻涌着巨大的悲痛，到了这里也能稍稍得到缓和，安详肃穆的气氛汇集成一股安宁的力量，保护着每一个由此经过的人。而与此同在的，还有"后面"刷洗灵车和抬棺木的男孩们发出的吵闹声，萨拉的准备室里有一台小收音机在响亮地播放着自 20 世纪七八十年代诞生以来就没有真正流行起来的流行歌曲。虽然说起来会显得有些另类，但这里之于我确实是一个天堂般的存在，身处其中的每一刻我都感到自在而舒适。在我的人生中，我第一次那么独立、那么忠于梦想，真正去做一些向往已久的事情。和大多数人不一样，在我的印象中，殡仪馆是与"平和""安宁"等一类形容词紧紧联系在一起的。我每天都要在黎明破晓时分起床，只有这样才能保证准时到达离我住的地方隔着几个小镇远的"J. 埃尔伍德和他的儿子们"。所以平日里，如果偶尔感到困意来袭，我就会找一间紧挨着安息堂的套房，在那里的沙发上小睡片刻——当然，这要在没有别人使用它的时候，而且我的忽然出现常常把公司的清洁工吓一大跳。在很长一段时间里，这成了他们在殡仪馆的工作中颇为头疼的部分。忙完帮助清理死者的工作之后，躺在沙发上消磨掉的这慵懒昏沉的一个小时成了我总结所学的时间，也让我得以从忙碌中抽身，为自己今后的职业规划进行一番思考。可以说，正是在殡仪馆、在沙发上，我获得了内心的安宁。

虽然我有工作热情，适应得也很好，但同样我也很清楚停尸房中的职位开放得非常少，所以在殡仪馆做尸体防腐也是我职业规划中的一项备选。我甚至考虑过将其发展为我的专长，不断积累经验和成绩，等待着某天在停尸房中出现合适我的工作机会。我对尸体防腐员需要具备哪些技能进行了一番深入的了解，并且出于以下两点理由，无比确信每一位从业者其实都应该对防腐的过程所有了解：为了对 APT 的职责范围不再存有困惑，也为了能够对家庭成员甚至自己的尸体是否接受防腐处理做出明智的选择。毕竟，防腐并不是法律要求必须进行的。尸体的防腐处理同时也是一个关乎审美的、美容的过程，通常是在殡仪馆而非停尸房中进行，虽然它其实也可以在死者家中完成。而与此情况截然相反的是，尸检只能发生在停尸房里，而且如果由于某种特别原因而导致了大规模死亡的话，则还需要在指定的临时停尸房中进行。无论如何，都绝对不会出现诸如"家庭解剖""DIY 验尸"之类的情况……抛开技术层面的问题不谈，这样做最起码是不合法的。

在去沃辛之前我对将要面对些什么没有任何概念，对于如何同一位尸体防腐员相处也感到比较茫然，尤其她还是个女人。B

级恐怖电影遗漏掉了一个绝好的制造恐怖气氛的元素：女性反派人物。所以，当我想象尸体防腐员的时候，一时间出现在脑海里的只有电影中塑造的怪异男科学家形象，比如《消失的尸体》中的贝拉·鲁古喜，或者《惊叫不止》中的文森特·普赖斯之类的（当然都不是萨拉的样子）。而唯一在我想象萨拉时勉强提供一丝线索的，就是费内拉·菲尔丁在《猛鬼嬉春》中扮演的瓦莱里娅。或许这听起来有点愚蠢，但如果你看过电影中瓦莱里娅是如何和哥哥一起进行可怕的实验，把一个年轻漂亮的女人从活生生的状态硬是变成了商场里的人体展示模特的话，你或许就不会觉得特别惊讶了，因为现实中尸体防腐的操作与电影里两兄妹的所作所为间真的存在着一定程度的相似之处。

　　现代防腐技术的原理是以具有防腐作用的化学试剂替换掉尸体的体液，从而起到延缓腐烂的效果。这有点像皮格马利翁雕像的故事的反向版[①]，或者《猛鬼嬉春》的故事：脆弱的、人性化的一切都被技术变成了静默而毫无生气的状态。如果葬礼上安排了遗体告别及瞻仰遗容等环节的话，那么防腐程序能够令腐烂的发生延缓几天时间，避免死者的家人和朋友看到尸体上出现的颜色变化，也防止了他们被腐烂产生的尸臭味侵袭（在上一章中有对

---

① 　皮格马利翁是希腊神话中的塞浦路斯国王。他不喜欢凡间的女子，用神奇的技艺雕刻了一座美丽的象牙少女像，并把全部的精力、热情、爱恋都赋予了这座雕像。后来，爱神被他打动，赐予雕像生命，并让他们结为夫妻。——编者注

这种气味的详细阐述）。在英国，防腐程序的应用并不像在美国那么普遍。并且对于提出需求的人来说，选择进行防腐意味着支付额外的花费，技术人员常常将这项服务称为"卫生处理"。很显然这个说法存在用词不当的问题，容易令人产生如果不进行防腐的话，尸体就存在安全隐患的误解——除非是死于传染性疾病的案例，这也是要反复强调尸体防腐并非法律的硬性规定的重要原因。有些葬礼承办人在收取费用方面做得非常诚实和透明：他们会向死者的亲属说明防腐程序需要额外支付 150 英镑（在伦敦之外的地区则只需要 70 英镑），同时也不会在未经死者的亲属授权许可的情况下就妄自进行。然而，另外有些从业者则将防腐称为"美化处理"，不断劝说丧失挚亲的可怜人掏腰包。更有甚者，有些人还会在未做任何告知的情况下擅自操作，然后再在结算葬礼费用时将其计入其中。

在"J. 埃尔伍德和他的儿子们"的第一天，确认萨拉和那部庸俗的电影中的瓦莱里娅完全不一样让我着实松了一口气，于是我向她询问起之所以会选择做一名尸体防腐员的原因。对此，她的回答只有简单的一句话："我想帮助别人。"同时，她还向我保证，在"J. 埃尔伍德和他的儿子们"，防腐程序只有在充分告知死者家属收费情况、并且家属完全出于自身需要提出要求的情况下才会进行。

我非常希望自己具备这方面的经验，于是很快便投入到工作之中。正在进行中的一例是一位年纪 75 岁上下的老妇人，对像我这样一个初来乍到的新手来讲，并没有什么令人激动的特别之处。在准备室里，挺着个大肚子的萨拉慢悠悠地走过来，递给我一套在后来的职业生涯中变得无比熟悉的工作服：一件棉制的手术长袍和一条塑料围裙。在我穿上它们的时候，萨拉将她简·拉塞尔 [1] 式的深色长发梳成发尾齐肩的一条马尾辫，然后把绿色的塑料围裙系在鼓胀的腹部。由于她的肚子已经很大了，所以被拉伸到极限的围裙上出现了一条条水平的白色纹路。她看起来既富有魅力又非常能干，并且和她 40 多岁的年纪相比，她的样子显得年轻很多，不过这也可能是因为孕育新生命的光彩令她重新焕发青春。当时的我心底产生了一丝震动，因为在这样一个小小的房间里，竟然同时包含了女人一生中如此多的阶段：还没出生的宝宝，我代表着少女，萨拉是母亲，还有那位死去的老妇人 [2]，并且我们所有人无论走到了生命中的哪一程，其实都活在死亡终将毫不留情地终结一切的阴影之下。

　　萨拉让我多戴上几层手套，然后示意我将手放在尸体上去感受那种触感。"让双手适应低温对于我们的工作非常重要。"她对我解释道，"最开始的时候可能会感到有些不适应。"我试探

----

[1]　简·拉塞尔（Jane Russell），美国女演员，代表作有《不法之徒》《小寡妇》《绅士喜爱金发女郎》等。——译者注

[2]　少女、母亲和老妇人是异教徒喜欢用来表征女性生命阶段的原型，同样的还有用来形容三种月相的说法：上弦月、满月和亏月。

着伸出手去，生平第一次触碰到一个已经离世的人，并且陡然意识到在这一瞬间我突破了一道边界。不仅是我将要经历的事情从此再没有回头路，我还意识到此刻我正在做的事情其实并没有得到躺在萨拉的桌子上的老妇人的许可。是的，虽然我仅仅触摸了她的手，但她并没有告诉我是否真的可以这样做。所以我不得不自己去征得她的许可：在意念中解释着我是参与完成防腐程序的一员，而进行防腐是经由了她的家人同意的，所以从严格意义上讲，我并不是一个冒犯者。她冰冷的手依旧握在我的手中，令我想起我甚至从来没有握过自己奶奶的手——从来没有过。因为戴在奶奶两只手腕上的那些看起来相当诡异的治疗关节炎的装置，因为她扭曲变形的手指伸出来就像盘绕的枯枝，所以我做不到。然而此刻，我却对一个陌生的死者，做出了这种亲昵的举动。

老妇人已经在冷柜里停放过一段时间了，因此她手上的皮肤像苍白的油灰那么坚硬，也比刚从冰箱里取出的牛奶更冰冷。萨拉是对的，在我之前的全部人生经历中，从没有任何一种体验与之类似。我曾经试过将脚趾浸入冷水中，即使在我已经把脚收回去之后，那种冰冷的感觉依然停留了很久——持续不断地提示着我还存在着另外一个隐秘的世界。

该把尸体身上的衣物脱掉了，大多数防腐工作都是由此开始，以防止将衣服弄脏。下葬或者火化前，还会再给死者穿上家属另外准备的衣服，一般是他们最好的套装或者一些他们生前便为自己挑好的衣服。虽然脱去死者的衣服看起来只是一个简单且平常的步骤，但是就像克里斯蒂娜·奎格利写的那样："死者日渐枯萎的肉体，因为衣服和眼镜等的存在，而给解剖树立起一种难以逾越的距离感。"随着充满生活气息的种种衣物的清除，无论从实际操作角度还是在心理层面上，都令接下去的操作变得容易许多。

不过，因为这是我第一次给死者脱衣服，因而强烈的罪恶感再次涌上心头：至今在我的生命中，连看到别人裸体的次数都相当有限，而现在却和一个赤裸的陌生人共处一室。

随后，我们便正式开始对老妇人的尸体进行防腐处理，无论在步骤还是原则上，都和古埃及人的做法大相径庭。萨拉指着一大桶颜色看上去柔和而令人愉快的液体颜料对我说："我们要用这个把尸体静脉中的全部血液以及所有细胞中的液体替换掉。"装在桶里的颜料由甲醛、甲醇以及其他溶剂在泵中混合而成，呈现出一种桃粉色——或者说桃红色可能更为贴切——奶昔般的质感，被命名为"自然色调"或者"完美色调"。这使我不禁想起复古的化妆品粉饼，有一种近乎病态的甜美感。萨拉弯下腰，用手术刀灵巧地在死者的脖子上做了一道切口。几乎出于一种本能的反应，我随着刀刃的落下立即向后退了一步，担心会被溅一身血。实际上，由于心脏早已停止跳动，所以根本不会有飞溅的血液。想到这个，我就再次向前靠过去，弯下腰以便看得更清楚一些。呈现在我眼前的和我从解剖学课本上看到的几乎一模一样，当然，静脉不会也是蓝色的，但是动脉却和典型的医学书籍示例图一样呈红色，并且在我看来，肉体的不同分层——肌肉、脂肪以及萨拉正在用手术刀切断的血管——都相当清晰可辨。她娴熟地在死者颈动脉血管上又做了一处切口，然后插进一根纤细的金属管，金属管的另一头通过一根橡胶管子与装满桃粉色溶液的大桶相连。另外一组金属管与橡胶管的组合则以同样的方式插进颈静脉，作为液体排出的出口。接下来，泵被打开，液体颜料在被泵入动脉的同时将血液经由静脉推挤出来——或者换个简单的说法就是，血液被颜料替换出来。这个过程不仅能够有效清除血管中的细菌，并且由于颜料会通过毛细血管渗入到体内绝大多数细胞中，因此尸体的肤色将随之呈现出一种极为自然生动的色调。由于不同死者的肤色各异，因此殡仪馆有很多颜色上存在微妙差异的颜料。颜料的注入甚至还能在一定程度上改变死者皮肤的质感，营造出一种丰盈感和线条感。但由于受限于颜料会变硬或者"固化"的特性，我不得不随时给死者进行"按摩"，以确保颜料在其全身的均匀分布——这又是一个我从没有过的亲昵举动。

过了一段时间，颜料注入完毕，死者体内的全部体液都伴随着响亮的汩汩声流进了下水道，我以为这就意味着与液体有关的工作做完了。然而紧接着，萨拉拔出了一个看起来像是金属长剑的东西，"长剑"的一端连接着一条橡胶管，我猜这应该就是套管针了。在我预先进行的研究中曾经读到过关于套管针的内容，知道它是一种用来抽吸的工具。套管针的一端非常尖锐，上面布满了小孔，这种设计的目的是在进行腹腔及内脏穿刺时，通过那些小孔将体液抽吸到泵中。不过其中涉及的诸如"穿刺""抽吸"之类的动作，听起来更像是临床医学上的术语，而不是眼前我所看到的操作。萨拉的动作看上去就像是在练习击剑技巧，她不断地调整各个角度，用尖端刺穿死者腹部皮肤，令其穿行于人体内部的器官迷宫之中。液体和气体同时被套管针抽吸出来，经由橡胶管收集到一个圆桶中。那种嘶嘶声和汩汩声混杂在一起制造出的声响，听起来和用吸管吸尽纸杯底下最后的一点饮料时发出的声音特别相似。抽吸完毕后，还要继续进行反向操作，将防腐剂注入液体已经被清理干净的死者体腔内，整个流程有点像在制作内脏酸辣酱。

套管针几乎已经成了尸体防腐员的同义词，它的名称来源于法语的"trois-quarts"，意思是"3 夸脱"[①]。在早年间，套管针的主要用途是帮助人们缓解腹腔内因为腹水的积聚——也就是俗称的水肿或者由气体造成的压力，因此"3 夸脱"的名称由来，主要得名于使用套管针进行治疗时，从患者腹腔中吸取出来的物质

---

①   夸脱是个容量单位，主要在美国、英国、爱尔兰使用，1 夸脱在英国和美国代表不同的容量。其中，1 英制夸脱约为 1.14 升。——编者注

的重量。1 夸脱相当于 2 品脱①，所以 3 夸脱液体或者气体在数量上可谓是相当可观了。因而你们在脑海中应该基本能想象出，在我第一次解剖膨胀的腐尸时，被腐败气体和液体同时冲击的样子有多狼狈了。

死者腹部皮肤上留下的套管针孔，或是被缝合上，或是用一种微型塑料扣堵上，以防止液体的溢出。无论是缝合还是用纽扣，都让我有种回到手工课堂的感觉。同样也是为了不让任何填充物流出，萨拉还用镊子将脱脂棉塞入死者的鼻腔（"这样就不会流出来了"，她解释说）。然后，她让我小心地将尸体翻个身，以方便她对直肠做同样的处理。那个年轻的女士一边将大团大团的脱脂棉塞进老妇人的肛门，一边轻松地聊着生活琐事的画面，简直不能再奇怪了。

"你觉得目前在沃辛的生活怎么样？"她一边向我提问，一边把一大团棉絮用长长的手术镊塞进了死者的肛门腔，镊子插入的深度几乎足够伸进一只手。

"好极了。"当时完全处于震惊状态的我，已经说不出比这更长的句子了。

"呼吸着海边的空气是不是感觉特别惬意？"她一边塞棉花团一边说，"我也是从利物浦来的，住在沃辛让我感觉非常不一

---

① 品脱的含义同夸脱，1 英制品脱约为 568 毫升。——编者注

样，这里的一切都显得特别清新。"她继续塞棉花团。

"嗯，是的。"我勉强附和道。

当塞脱脂棉的步骤总算完成了的时候，一个念头从我的脑海里闪过：这举动看起来很不体面。但是在后来的生活中，我不仅经历了一番被牙医往嘴里推挤棉花的考验，还遭受到了来自妇科医生双手对尊严的磨损。所以，这种不体面是否就是生而为人所注定要承受的？并且不仅是活着的时候面对医生，即使在死亡面前，我们也依然是病人：死亡的降临令我们体液溢出，大小便失禁。这些都是我们无法回避，也没有任何办法能够改变的。

我们给老妇人穿上了干净的衣服（幸亏有脱脂棉的作用，衣服能够始终保持洁净），萨拉开始用一种不生热的化妆品给死者的面孔营造一个栩栩如生的假象。这种化妆品和我们平时用的会生热的产品不一样，它不会随着面部的温度而发生改变。化完妆后的死者看上去仿佛只是睡着了一样自然。尸体防腐的整个流程只耗时两个小时左右，比古埃及人制作木乃伊的时间短太多了，并且经过防腐处理后，老妇人的状态就像是要出门去参加一个盛大的庆典，而不是将被送往她自己的葬礼现场。最初的这番体验让我在今后的漫长人生道路上不时心生感触，尤其是当我为一次约会梳妆打扮的时候——认真化妆、精心搭配衣物等——它都会再现于我的脑海之中，提醒我也许有一天，当我再次经历这些烦琐事项的时候，只是为了出现在自己的葬礼上。

目前采用的防腐方法，以及多年前辅助萨拉完成的那套程序，都包括了很多看起来很不得体的步骤。但是在完成了所有的不体面之后，还是能带来一个比较积极的结果，即死者会看起来更安详、更漂亮。尤其对于外观损毁比较严重或者已经出现腐烂的死者，防腐的处理能够缓和其亲属在面对死亡和失去亲人时所受到的冲击。所以，尸体防腐也算是一把"双刃剑"，又或者说"双刃套管针"更恰当吧。

如果尸体有轻微的损伤，或者循环系统比较纤细，那么切口就需要选择在身体的其他部位，比如腿上的股动脉或者腋窝下的腋神经等。如果死者曾进行过尸检，那么情况就会变得比较麻烦，因为取出内脏的过程会对循环系统造成一定的损害。这种时候就要采用 6 个针头的注射，也就是说，防腐液体会通过双侧颈部、两腋以及双腿被同时注入死者体内。装有器官的内脏袋里也会直接倒入防腐液体，然后再放回到死者体腔内。待缝合完成后，剩余的程序便和一般情况无二了。从现实角度来讲，一旦尸体被装入棺木后，尸体防腐员的魔法也就基本无效了。

在 20 世纪初的西方世界，人们对死后遗容整齐漂亮的追求一度发展到了走火入魔的地步。防腐原本是起源于美国内战的一项技术，其目的在于延缓战死士兵的腐烂过程，以便留出足够的时间将其遗体运送回国安葬。然而在后来的岁月中，这项技术却被不断发展成一项与审美，甚至奇迹息息相关的操作。死者家属很少被坦诚告知，防腐的程序仅仅是将腐烂的进程稍微延缓，更为讽刺的是，有些家属还被误导，产生了尸体可以永久保持原样，在坟墓里像永远不会腐坏的圣物般遁入安息的错误印象。而防腐技术也由于家属提供了死者生前惯用的化妆品（用来打阴影）、美发产品，以及可以作为参考的生活照而不断精进，经处理后的死者看上去越发与活着的时候相差无几。根据历史学家布兰迪·希尔斯的研究，维多利亚时代的人们为了让死后看起来比活着的时候更漂亮，简直称得上不顾一切，他们甚至会在尸体上使用假牙、染色的假发等。在整容外科上还曾刮起一阵相当奇怪的风潮，人们开始计划为葬礼的安排预付费用，其中就包括了丰唇、用胶原填充皱纹等项目，只为了能让他们在一生中最后的大日子里有个美好的外形。如果支付不起高昂的手术费，还可以选择彩妆大牌的高光粉用于遗体美容，替代防腐员使用的一般产品——其实那也要 450 英镑呢！但是我真心想不通的一点是，那些光鲜亮丽的尸体究竟是为了打动谁呢？

在奥地利，遗体美容的风潮被称为"完美尸体"，它的目标是将死者打造成葬礼上最绚丽夺目的审美焦点。同时，一场有众多哀悼者前来的豪华而奢侈的送别会，所有细节无一不为彰显美貌、财富、知名度以及永远的怀念。然而，这倒也并非什么新鲜事物，其背后的观念由来已久，古埃及金字塔和古老的防腐技术，都充分体现着人类即使无法回避死亡，也仍对永恒充满的无限渴望。实际上，"陵墓"（mausoleum）这个词来自小亚细亚的摩索拉斯王，他死后，在土耳其的哈利卡尔那索斯古城（今博德鲁姆市）修筑了巨大而奢华的坟墓。从此，"陵墓"一词便成了所有宏伟的安息之地的代名词。或许，当人们踏上最后的旅途时，除了留给子孙后人一笔可观财富的愿望之外，最大的心愿就是能够以体面的方式抵达终点了。在打造完美遗容的追捧者中，最具知名度的就是玛丽莲·梦露了。据说在她的日常生活中，每天要花费近 3 个小时的时间在美容上面，并且从 1946 年首次试镜起，一直到她去世，她的化妆师都只有阿伦·"惠特尼"·斯奈德一人。他们在一次次合作中建立起非常亲密的友谊，以至于梦露一度对阿伦说，如果自己在他之前离世，那么遗容一定要由他亲手整理。1962 年，梦露去世，阿伦履行了他们之间的约定。

　　然而后来，我还是没有接受训练成为一名尸体防腐员，因为我大学刚毕业就找到了最理想的工作，成为一名 APT 实习生是我人生中第一份全职工作。当逐渐适应了工作节奏，并且拥有了一份稳定的收入之后，我渴望再次恢复一个人独立而自由的生活。于是，我感到是时候从家中搬出来了。刚好当时有一间很不错的小公寓正在出租，从它所在的街道步行就能到我长大的地方，并且还刚好就在我常去的健身房对面：简直不能更完美了！那条小街叫作"玫瑰巷"，而那套小公寓并没有数字标识的门牌号，只有一个"玫瑰屋"的名字。有一天上班的时候，我把这件事告诉了琼，她听完后惊讶得不行：

"你的什么？"她惊呼道，"你说你的'玫瑰屋'？"

"是……啊。有什么问题吗？"我反问道，为她的反应感到很惊讶。

琼有个每当需要将工作稍稍暂停的时候，都要摘下眼镜在防护衣上擦拭的习惯。因为有很多新知识需要停下来教给我，所以这种"稍稍暂停"出现得相当频繁。而当时也是这样一个属于擦眼镜的时间。

"在医院里，'玫瑰屋'是'停尸房'的意思。小不点，你不知道吗？"她一边说着，一边朝我露出一个心照不宣的笑容，然后重新把眼镜戴了回去，"看来你也要搬进停尸房了！"

那时的我尚没有进入停尸房工作过，当然对此一无所知。不过这简直是个命中注定般的巧合：玫瑰屋，一个初出茅庐的殡葬师的第一个家。

后来，我又花了一番心思去琢磨停尸房与玫瑰之间的关系，并且始终觉得非常奇怪，因为毕竟玫瑰大多数时候是爱与性的象征。另外，玫瑰还代表着女性生殖器，古希腊人和罗马人正是基于此，才将玫瑰与他们的爱神阿佛洛狄忒和维纳斯联系在一起①。不过在另外一个传说中，被钉上十字架的耶稣基督流出的鲜血一旦掉落在干涸的地面上，便幻化成为朵朵象征着死亡与牺牲的玫瑰。那漂亮的花瓣，有着血液或肉体的颜色，巧妙地将令采花人流血的尖刺藏于其下，因此玫瑰还意味着秘密：古罗马时期，在举行机要会议的时候，通常会摆上一两朵玫瑰以示保密。在后世的不断继承与发展下，"玫瑰底下"（sub rosa）意味着某事非常机密，需要知情者"保持沉默"。或许这些都是包含在"玫瑰屋"所谓的"玫瑰"之中的含义？因为停尸房实际上也是整个医院体系中一个被隐藏在患者视线之外的存在，绝对不会有指向那里的清楚指示牌。之所以这样主要是出于两方面的担心：一方面是怕普通人误入停尸房，在感情上受到伤害或是因为器械等原因受到身体伤害；另一方面也是怕有些怪人出于淫欲和好色而找上门来。除此之外，实在找不出什么令人愉快的其他可能。

我工作过的市政停尸房刚好位于医学院一幢楼的后面，因此它的入口隐藏在一个小巷里。这样的地理位置对我而言简直不能更完美，因为在接下来的几年里，我需要陆续接种包括肝炎、肺结核、脑膜炎等在内的各种疫苗，这也是我工作中除了防护服以外防止感

---

① 阿佛洛狄忒是古希腊神话中爱与美的女神，维纳斯是罗马神话中爱与美的女神，当古希腊神话传入罗马后，罗马人把他们原有的女神维纳斯与阿佛洛狄忒相对应。——编者注

染的重要保护措施之一。不过，其极具隐秘性的特点，也意味着当我们离开之后，会继而吸引相当一部分不法分子活跃于此。很多个早晨，当我们来上班的时候，都会在门前的台阶上发现用过的安全套，死亡和性就在夜色的掩护下，一体两面般地交融在了一起（可能妓女会在这里与她们的客户"展开交易"，也有可能是在附近酒吧里通宵畅饮后的情侣想要继续分享彼此的身体）。但无论如何，用过的安全套都要远远好过有一天早上闯入我视线的那个画面：门廊上赫然一坨呈完美螺旋形的大便。我猜也许是有人故意拉在门前的，以宣告对这扇远离闹市、藏在一幢小楼中的门后面正在进行着的事情的厌恶？也可能不是。但无论怎样，在我们的世界中，"玫瑰底下"藏着的并不一定都是正面积极的事情。

让我们重新回到位于"玫瑰底下"的验尸间，当所有的工具都准备到位、外表检查也完成之后，我就该拿起一把闪着光泽的PM40解剖刀了。我朝着死者弯下腰，像很多年前在杰森的监督下做的那样切下了第一刀：首先刺穿颈部的皮肤，然后滑动刀片一直切到耻骨，做出一个 Y 字形切口。这道切口看上去特别像一个浅浅的、黄色的微笑，这主要是因为皮层间的金黄色脂肪组织变得清晰可见。通常情况下，尤其是对一些身体状况特别羸弱的死者——大多是少女或者老人——下刀时，我都会将戴着手套的左手像安抚般轻放在他们的额头上，同时用右手进行切割。虽然安抚般的动作似乎有过于温柔之嫌，特别是在验尸间的环境背景下多少显得有些不合时宜，但是我始终相信对死者做一番抚慰很有必要，毕竟他们将要经受的尸检至今仍被多数人视作一种侵害。另外，我也希望可以将他们在最后的港口停靠时体面上遭受的挫伤减到最低。解剖台上的尸体是已经没有生命的存在，或许将其称为精神和生命双双离开后留下的躯壳更为恰当，但这并不能阻止我们——我们这些与死者打交道的人，赋予他们除了"尸体"以外更多的意义。在进行解剖时，我总会反复想起托马斯·林奇的话："刚刚过世的人的尸体既不是残骸也不是遗迹，同样也不是象征或者本质。它们实际上代表着生命的转变、孕育和孵化。所以对待它们，应如同对待新生般温柔、小心，并且心怀敬意。"

在尸检时，我还有过另外一重顾虑，万一在我刺入解剖刀的那一瞬间，死者活过来了怎么办？若是我的担忧不幸成真了的话，那么我左手的触碰是否能给他们送去一丁点安慰呢？当然了，可能性更大的还是他们睁大眼睛、拼命尖叫，同时死死攥住正握着解剖刀的尸检人员的手腕。从理智上，我也知道这基本上就是无稽之谈，但是传说中确实曾经不止一次发生过类似的事件：死者在停尸房中、在解剖台上，甚至在棺木中忽然苏醒过来。2014 年 1 月，肯尼亚的保罗·穆托拉在吞食杀虫剂死亡 15 个小时后，于一间陈尸所中苏醒；而在同年 3 月的密西西比，装在运尸袋里的沃尔特·威廉姆斯在被送往当地殡仪馆的路上重返人间；2014 年 11 月，91 岁的波兰老妇人詹妮雅·柯奇维茨在被宣布死亡 11 个小时后于停尸房中复活。在所有的案例中，或许 2015 年 12 月发生在俄罗斯的这一桩最为不可思议：当时，一名男子因短时间内喝下大量伏特加而死亡，但在停尸房苏醒过来后，他做的第一件事竟然是重返"生前"正在参加的聚会继续痛饮！然而此处，我不得不打破所有充满神迹的可能性：那些"复活"的人其实根本就没有真正死去。

和我一起工作过的一位医生曾开玩笑般地讲起他的一次尸检，当他将解剖刀刺入死者脖子的一瞬间，就意识到其实她还活着，因为她的颈动脉血立即便喷射出来。就像我在第一次观摩尸体防腐处理中看到的那样，虽然人死后大部分的血液仍然存在于身体里，但是它不会像在活着的病人身上下刀时那样喷涌而出。首先，这是因为体内的"血泵"——也就是心脏——已经停止工作了，也就不会再有驱动血液不断循环流动的动力；另外，几乎在死亡的同时，血液就开始凝固和聚集，形成浅紫红色的尸斑。当时，辅助他解剖的技术员不由惊呼："我的天啊！她真的死了吗？"而他则以一种说俏皮话的口吻回答道："是的，她'现在'真的死了。"

这实在是个令人难以置信的故事——虽然他在宴会上讲完以后收到了很不错的效果——但类似的事情我却不是第一次听到，并且也不是最令我感到不安的。有个在英格兰北部一间停尸房工作的 APT 告诉我，他认识的一位病理学家是个游走在犯罪边缘地带的虐待狂，总是以将温度计在女性死者的阴道反复抽插——"测量死者的内脏温度"——为乐（我将那句话加上引号是因为，测量死者内脏温度的正确方式是直接插入肝脏测量肝温）。在一次尸检中，他正用温度计对一具从冰冻的河水里打捞上来的女尸做着同样的事情，忽然之间，有旁观者看到尸体睁开了双眼，晶莹的泪珠大颗大颗地滚落在解剖台上。之所以会出现这极富讽刺意味的一幕，其实是因为她并没有真的死亡，只是浸泡在冰冻的河水中太久而暂时进入了一种体温过低的状态，因此来自温度计粗暴的侵犯自然会令她疼痛得哭起来。

这些只是我多年来在业内工作听到的逸事和都市传奇，对此我没有任何办法去验证其中有几分是真实，又有多少纯属虚构。但是故事的关键并不在于"死人"醒过来了，或者已经"死去"的人又重返人间，而应该更看重为什么会出现那么多活着的人被认定为死亡的谬误。在舍温·B. 努兰的著作《外科医生手记：死亡的脸》（*How We Die*）一书中，他写道："一张生命刚刚离去后留下的脸，是不会与失去意识的脸相混淆的。"但他的话并不能概括全部情况。在超低温环境的影响下，身体会暂时进入一种生命体征消失的状态，很难正确判断处于此种状态中的受害者是否真的已经死亡。有很多这类尸体被保存下来并复活的报道，其中既有冰水中"溺亡"的案例，也有遭遇雪崩被掩埋在冰雪下面的情况，又或者只是坠落后一时失去了意识和体温，被发现后（很有希望）苏醒过来。另外，他们是"如何"苏醒过来的也是一个很值得关注的问题，没有人希望在一阵病理学家用解剖刀刺穿颈动脉造成的剧痛中醒来。

或许最耸人听闻的是1992年发生在罗马尼亚的案例，有恋尸癖的停尸房工作人员在奸污一名18岁少女的"尸体"时，少女重新活了过来。这名工作人员马上被警方逮捕，但是女孩的父母却因女儿的起死回生而对他充满无限感激，不仅拒绝提起诉讼，还表示"女儿的生命都是他给的"。就这样，性和死亡再次纠缠在一起。

比较令我感到满意的是，在我所经历的全部尸检中，至今尚未出现过病人忽然复活的经历，但是，却真的有"老油条"技术员或者停尸房管理人员会利用这种恐惧心理搞恶作剧，专门戏弄新人。比如，我曾听说有个"主谋"不断地搞同一套把戏吓唬实习生。他先钻到一个运尸袋中，然后让得力的助手把他关进冷柜里。这时候就轮到倒霉的实习生登场了，只见他打开冷柜，拉出运尸袋，眼瞅着袋子中的"尸体"忽然坐起来！可怜的实习生当场就会被吓得半死，接连发出疯狂的尖叫。在这个故事中，我最喜欢的部分是它的续篇。有一年，一位年轻的APT决心为当年差点吓破胆进行报复。当"主谋"故技重施又躲进冷柜里打算吓唬实习生时，令他没想到的是，在他旁边的运尸袋中躺着的，同样也是故意藏起来的大活人——那位复仇者 APT。当"玩笑先生"躺在冷柜里，一边拼命地压抑着笑声，一边等着实习生来拉出冷柜，好让他故技重施的时候，在他旁边的运尸袋忽然开始蠕动起来，并且在黑暗中连连发出沉闷的呻吟声。"主谋"吓得直接跳起来，但随即额头重重地磕到了上方的托盘上。据说从那以后，他再也没开过同样的玩笑。

我最喜欢的一个段子来自美国的卡莱布·怀尔德，他们家六代人都是葬礼承办人。他的博客专门用来记录工作中经历的种种。"作为一名殡葬师，"他写道，"我总是把死者的鞋带系在一起。这样一来，就算真的不幸被卷入诈尸的大灾难，至少场面会很搞笑。"这就是我们这一行中所谓的"绞刑架下的幽默"。

谢天谢地，我总算没有经历过冷柜里传来敲门声、PM40 解剖刀被死者抓住、迎头撞见拖着脚走路的尸体这类恐怖事件。但是在很多案件中，死者看上去与活人毫无二致，又或者说，他们根本就是"活的"。如果死者的头颅顶部没有完全固定好的话，你就极有可能在尸检中发现死者正慢慢把脸转向你。并且像我前面说过的那样，他们还可能会呻吟、打嗝以及放屁。有时候，从他们鼻孔中忽然冒出的血泡会给人造成一种尸体在进行呼吸的错觉，就像很久以前出现在我童年里的那只猫表现出来的那样。玛丽·罗琦曾在她那本畅销书《人类尸体的奇异生活》(*Stiff*) 中写道:"尸体有时候也会在不经意间表现出一些令医疗工作者猝不及防的人性。"随后,她讲述了一位解剖学专业的学生被死者的一条胳膊搂住腰的可怕经历。这段描写让我想到在我的工作中经常受到的"骚扰":有一次,我将一条已经完全僵硬的胳膊举过了尸体的头顶,然后转过身去清洗尸体的下半身,就在我全然无知的情况下,那条胳膊正在我身后一点点回到原位,直到忽然被一只冰冷的手摸上了屁股——当然是隔着防护衣,我才惊觉发生了什么。

　　话题重新回到验尸间。一旦切口完成,并且死者顺利通过这番考验,仍然处于毫无生命的、安静的状态(谢天谢地),就可以进入将胸部皮肤从肋骨上分离开来的步骤了。指导我完成这一操作的人总是会为了更有助于理解而将其形容成"就像切鱼片时那么做"。然而,他们没想到的是,这样的比喻于我而言却是最没用的指点,因为我从来没切过鱼片。我只能在听到后假装明白地点点头,然后专注地看着他们是怎样做的,直到将其中全部的要领牢记于心。

　　我会轻轻捏着切口一侧的皮瓣将它提起来,同时用解剖刀将随之被拉直呈线状的白色皮下连接组织切断。皮肤从肋骨以及肋间的肌肉上被剥离开来后,就垂落在死者身体的侧旁,那副样子就像一个人正敞开着睡衣仰卧休息。随后，我再捏起切口另一侧的皮瓣进行同样的操作，于是在死者的上半身就会出现一个宽大的"V"字形视窗，从中可以看到分别由肋骨和肋间肌肉构成的红白色条纹，从脖子一直延伸下来，就像梯子一级级的横杆。

不过"梯子"才爬到一半就忽然中止了，让位给一块巨大、扁平、圆块状的黄色物质，就是"网膜"。网膜实际上是一种脂肪瓣，像一条金黄色的围裙遮蔽在腹腔脏器上面，能够起到一定的保护作用。网膜从左至右横跨着附着在大肠的上端，虽紧邻在膈以下，但与其底部并没有直接的接触。网膜自胃大弯下垂直至骨盆边缘，覆盖了全部肠组织，使器官安全而有序。

如此整齐的结构，如此完美的生物学布局，令我想起在多年的研究中已经变得格外熟悉的解剖学模型：学校和博物馆里通常都会有一种塑料、无头的人体躯干，里面的器官可以很轻易地取出来，剩下的光滑体腔里有金属的小钩子方便再次将所有器官正确归位。但是早在这些既没有头也没有胳膊的人体模型成为解剖学课堂或电影里的必备道具之前，很多学生都是靠着"解剖学维纳斯"来完成他们的课程学习的。

解剖学界的"维纳斯"，指的是一种蜡制的、外形出奇逼真的人体模型，它们在18世纪作为医学生学习解剖学的辅助工具而大为流行，不仅能够有效解决由于尸体短缺而造成的困扰，也能避免因为雇用掘尸人而被卷入道德和伦理纷争的旋涡。而且与

真实的尸体相比，它们还具有不存在恶心的气味和令人反胃的
液体的特点，无疑极受医学生们的欢迎。但是对于这些蜡制的解
剖模型，比较值得注意的是，它们大多被精心塑造成了美女的模
样，并且在诞生之初是有胳膊和头的。一些模型至今仍在向公众
展出，我也有幸在佛罗伦萨的拉斯佩齐亚和维也纳的约瑟夫宗教
学院目睹了它们的华丽工艺。"维纳斯们"躺在水晶棺中天鹅绒
或缎子衬垫上的模样相当撩人，从头到脚的形态都和商店里漂亮
的人体模特有几分相似。只不过它们身上并没有穿衣服，并且脸
上还带着一抹高潮后心满意足的笑容。除此之外，用真人头发制
作的波浪般卷曲的长发、逼真的玻璃眼珠（半睁的眼睛暗示着生
命，而不是死亡），乃至珍珠项链、宝冠等各种珠宝首饰，[1] 无一
不是为了进一步强化那副充满诱惑的侍女模样。然而，当观看者
的视线由头部向下移动到胸骨部位后，画风就会陡然一变，充满
诱惑力的躯干上像是绽开了夹杂着深红、深黄以及棕褐颜色的
花朵般，洞开着一个装满器官的大体腔。腔内的器官同样是由
蜡制成的，能够一个接一个地从中取出来供人观摩学习，就和
我们如今对塑料模型所做的事情一模一样。值得一提的是，子
宫被取出来后还可以进一步打开，一个天使般模样的胎儿正蜷
缩在里面。

---

[1]   顺便补充一句，它们都是有阴毛的，而且是从死者身上刮下来的真的阴毛！
但是却并没有腋毛，也许它们也有自己喜欢用的"脱毛蜜蜡"？哈哈哈哈。

　　这种解剖学界的"维纳斯"，也被称为"剖开的美人"或"肢解的女神"，是介于艺术与科学之间的产物。从外表上看，它们是为了向男性医学生展示人体解剖学构造，毕竟漂亮的外形能够在一定程度上缓解人们在进行解剖学习时的心理负担。另外，使用与自身相同性别的模型还有可能给人造成"在面对自己的死亡"般的错觉，而倘若模型是另外一种性别，就能极大缓解错觉带来的伤害，使学习时的代入感减弱很多，不会像我在电影片场面对女性道具尸体时，竟因为它同样蓬乱的头发和光滑的皮肤而一时恍惚地以为躺在解剖台上的正是自己。所以，美女的设计或许只是一种用富有吸引力的外表缓冲解剖结构带来的不快冲击的手段？除了这一小小的争议点之外，"维纳斯们"着实生动地展示出了上帝创造生命的伟大之处：不仅仅是生物体本身的形象之美，更包括了各个器官的设计以及彼此之间错综复杂的配合。一言以蔽之，无论最初设计这些极富魅力的模型时的理念是什么，当真的与它们面对面后，参观者一眼之间瞥到的，都将是生命、死亡以及性的全部奥秘。

　　但是，为什么性会和死亡被视为一体两面呢？从最基本的逻辑来看，它们之间的联系在于性创造了生命，而死亡是生命的终结——它们共同构成了一个完整的生命轮回。法国人将性高潮称为"临界死亡"或者"拟死"，或许就是为了向这将两种生命伟大奥秘结合于一体的状态致敬。有些生物会陷入以性为始、至

死方休的狂热交配之中，而现代的媒体中也充斥着各种青年人与
"不死之身"陷入爱河的故事。

在停尸房的工作中，无论多么严肃的医生，也都需要不时讲
上一两个笑话来放松心情，这可能也是一种"绞刑架下的幽默"，
或者更多些"加油，停尸房"的感觉。有一次，在协助完成一位
死于心力衰竭的男子的尸检时，我注意到他左手的一根手指与更
接近于粉色的其他四指相比，显得尤其苍白。

"他的手指是怎么回事？"我问正进行了一半外表检查的詹
姆森博士。

他快速地瞥了一眼："哦，那是振动性白指。"

"振动性白指？"

显然这个名词超出了我的理解范畴，所以他详细解释道：
"那是血液循环造成的问题，是雷诺氏病的一种，主要由长期使
用振动工具所引起的。"

我一时感到有些不知所措，而他则忽然进发出一阵大笑：
"不不不，不是你想象的那种振动工具。"说着，他还特意强调似
的冲我眨了眨眼睛。

我的脸简直红得发紫了。

好像还嫌场面不够尴尬，他又追问道："你会在床上用自慰
器吗？"

我摇了摇头，尽量避免接触到他的目光。

"你以后会用到的。"他一边说一边咯咯笑着，然后继续进行解剖，好像刚刚什么都没有发生过一样。

而那一瞬间的我，拼命祈祷着停尸房的地板能裂开一条大口子，把我整个吞没掉。

作为一名 APT，我很早就因为一桩自慰性窒息死亡的案例而理解了性和死亡之间的联系不仅是象征意味上的，更存在于本源之中。

"无论今天你看到了什么，都不要告诉任何人。"一天，安德鲁忽然带着一脸严肃的表情对我说道。

安德鲁有一张极具表现力的脸，他的每一个想法都能通过表情像乌云掠过天际般清晰地展示出来。于是，这令我在和他交谈时经常分心。他心情好的时候，整个人的状态都非常松弛，全部的面部表现力都凝结成一抹愉快的微笑。然而令人遗憾的是，这种情况并不常有。

而在刚刚说话时，他脸上冷峻的表情给早上的例行议程增添了一丝严肃的气氛。

带着一丝忧惧的心情，我打开了运尸袋，出现在我眼前的是一个多少已经令我有些习惯的悲惨画面：一个男人，面部膨胀、舌头突出，一条绳索紧紧地勒在脖子上。但是有一点与我见过的勒毙事件迥然不同：在绳索和他颈部的皮肤之间垫着好几只短袜。

"那些袜子是怎么回事？"我问安德鲁，同时眼皮惊讶地向上翻起。（或许他生动的面部表情也会在同事之间传染。）

"自慰性窒息死亡。"他解释道，"因为他并不是想要勒死自己，使用短袜只是为了缓解绳索造成的压力，同时避免在脖子上留下瘀痕。"

很有道理，我心里想着，但是我控制住了没有问安德鲁为什么他会对此这么了如指掌。

当尸体从运尸袋中取出来后，情况变得更加清晰了一些，这确实不是一桩自杀事件，而是玩得过火的性游戏：死者的下半身还穿着女士的灯笼短裤和长袜。我有些怀疑会不会他是被谋杀的，然后凶手故意将尸体伪装成这样——我的意思是，他死去的样子实在是相当难堪。如果你杀了自己的宿敌并且想进一步羞辱他一番的话，那么或许可以考虑把他捆起来，然后布置成好像正在进行性游戏的样子。不过病理学家再次保证，不存在他杀的可能性。首先，如果一个人是上吊自尽的话，那么从他的尸体上是能够找到相应的迹象来作为证据的，通常是绳索在脖子周围留下的瘀痕的角度。另外，围绕死者还能找到其他一些证据，比如药物滥用、用假名预定的旅店房间、电视上正在播放的色情电影等。

"所有的迹象都非常典型，都是这类死亡的普遍特征。"病理学家解释道。

"普遍？"我惊叹道，"你是说这些很普遍？"

随后，我便意识到这不是一个容易回答的问题。像我在前面已经讲过的那样，英国的验尸官并不参与尸检，但他作为尸检的总监督人，仍在整个程序中扮演极为重要的角色。非正常死亡的调查需要进行公示，以便验尸官能够判定死因。他只需要确认四个问题：死者是谁，死因是什么，发生在何时以及何地。在一个有自慰性窒息死亡嫌疑的案件中，想要回答"死因"的问题是件比较麻烦的事情。死者家属可能会因为"意外致死"的结论而感到不安，因为这里面透露出一丝不正常的意味。但同时验尸官并没有百分之百的把握确定死亡是蓄意造成的，因此很可能不愿意做出自杀的判断。因此，在此类案子中，死因大多保持"开放"状态，这也就意味着想要对这类死亡的数据进行收集是一件相当困难的事情。即使如此，仍可大致估算每年在英国有 500～1000 名成年男子死于此类事故，相比之下，女性死者则少得多。在英国，确切的统计数据很难获取。

一般在自慰性死亡中，大多数信息都是从尸体外表检查中得到的，其中尤其以死者的服装和颈部伤痕最为重要。除此之外，死亡环境也能提供将整个拼图拼凑完整的关键信息。那么既然如此，为什么还要进行尸检呢？如果一切都能仅从外表就做出判断，为什么不能直接将死因确定为"勒毙"，不再去深究其背后的种种动机了呢？我们不能那么草草了事主要出于两方面的考虑。首先，外表检查不能排除死者存在潜在的健康问题。在冒着巨大的生命危险去进行窒息性自慰的背后，是否隐藏着一个令他变得不顾一切的理由？比如他患有某种严重疾病，已经发展到了中晚期，但是却从没告诉过其他人？又或者他患有某些疾病却连自己都不知道，例如艾滋病或者某类癌症？这些信息无论是其家属还是近期与他有过接触的人，都非常有必要知晓。另外，世界卫生组织也需要知道这些数据，以便他们能够判断影响人类健康状况的主要问题有哪些，进而决定应该在哪个领域的研究和治疗上加大投资力度。因此，尸检不仅仅对确定死因起关键作用，更在一个为全球人类所共享的知识体系中扮演着重要角色。

当然了，在这类案例中肯定也少不了各种古怪的"惊喜"。那天早上，当开始着手进行尸检时，我们发现了一个由于塞进了直肠的深处而在外表检查中被遗漏掉的肛塞。考虑到若是让死者塞着这种东西下葬会是一件非常不体面的事情，我把它从尸体中取了出来，并且从初次看到萨拉往死者体内塞进大量的棉花之后，在随后的多年时间里，我也已经渐渐习惯了把东西塞进或从尸体中抽拉出来。但是我实在不想承担将它转交给死者家属的任务，尤其是这种如此私密的个人物品。他们会有什么感受呢？从根本上来讲，我们工作的目的是让死者能够以尽量完美的形态、在与生前尽可能接近的自然状态中离开，并在最大限度上保证死者无论外表还是内部受到的损伤最小化。然而，一只肛塞明显不属于"自然状态"的元素。所以，当把它在一只密封袋中装好后，我拎着袋子的一角在停尸房中呆立了很长一段时间，绞尽脑汁想找出个妥善的处理办法。

对于人体而言，一个颇令人欣慰的事实是，虽然每种组织看上去都完全不一样，但是它们的存在都有各自的分工，并且在体内有其专属的位置，即使是模样奇怪的黄色网膜，也在发挥着毯子的功能来保护内脏器官的安全。哪怕人们能通过缠绕在脖子上的绳索或者塞进体内的异质物件来人为地作弄身体，但是人体的设计和构造仍称得上是生命的奇迹。

无论如何，尸体外表检查都构成了我们对死者的最初印象。有时候，在完成第一步的切割后——当胸前这道由皮肤构成的帘幕被拉开，露出肋骨的时候——就能很直接地发现帮助我们确定死因的病理证据：比如腹部大量的黄色液体，即腹水，或者鲜红的十字形肋骨骨折等。而在另外一些情况下，则正如伊丽莎白·布朗芬所说的那样："切开尸体，进入由差异性构成的迷宫，很可能到最后我们只被指引着与自我相遇。"但不管怎样，一旦迈出了第一步，便没有回头路可选，唯一的选择就是更深入地走下去。

第 六 章

胸部：心之所在
并非归途

我是自己心灵的葬礼承办人。每天，我都去领取它
留在世上的可怜残余，安放在那小小的棺木中，然
后用我的回忆将其深深埋葬。而我所做的一切，不
过为了在下一个天亮，重复同样的哀悼。

——艾米丽·奥腾《维多利亚女王庇护所》

我经常看恐怖电影,懒得动脑子的编剧们常常设计出一些苍白又无聊的铺垫,比如"这是一所建立在印第安人墓地上的房子",或者"这所孤儿院曾经是一座精神病院"!当然了,这样写可以很容易解释为什么影片里的孩子们会忽然变得着魔一般,为什么衣橱里会有一个通向地狱的入口,以及各种诸如此类的桥段。

　　但这种故事情节完全吓不到我。

　　我第一次到伦敦生活的时候,就住在墓地的后面,拐角处就是监狱,而正对着的建筑物则是一家精神病院。如果再增添一个印第安人墓地,那么我的生活就会变成活生生的万圣节电视特别节目。不过,这并不是我想说的重点。究竟是什么驱使我离开稳定而安全的家乡,跑到一部陈词滥调的恐怖电影里碰运气?一部分原因是我想要得到更多的锻炼,在殡葬领域里更深入地走下去,成为一名具有资格的 APT,而不是只赚一份尸检助理和实习生的工资。而更重要的一部分原因则是，刚好发生了一件足以令我一生为之改变的大事。

2005 年 7 月 7 日，星期四，那天早晨在我的记忆里始终如昨日般清晰鲜活。琼和我在 8 点左右进入验尸间，开始各自处理手上的案子，而安德鲁则像以往一样在办公室里坐在电脑前办公——处理完手上的文书工作，他就可以去休假了。琼和我并没有听电台节目，我们这一天的工作开始于是否再播放一遍拱廊之火 ① 的 CD 的争论——我那时对这支乐队格外着迷。而琼要是在争论中胜出，我们就改听根据巴赫作品创作出来的《沉默的羔羊》的原声大碟。最后琼赢了，但我觉得这很公平。

当我们正在进行尸体外表检查，以供稍后病理学家作为参考的时候，我们的节奏被他提前并且慌乱不安的出现打乱了。山姆·威廉姆斯医生是一个身材瘦高、有着典型英国人"合乎体统的"气质的男人，虽然在其他多数时候他的举止都有些另类，但这一次他表现出的慌张还是令我和琼没心思再拿他取乐，并且有点紧张地放下了手里的写字板。威廉姆斯医生将文件和公文包放下，关上正在播放的 CD，将音响调到收音机模式。

"你们俩知道发生了什么吗？"

---

① 　来自加拿大蒙特利尔的一支独立摇滚乐队。——编者注

"不知道啊，出什么事了？"琼反问道，满脸的困惑。

"我们7点半左右就在这里了，"我补充说，"并没听说什么呀。"

当你身处与世隔绝的验尸间，专心致志完成一场尸检的时候，整个外部世界于你而言都是根本不存在的。

"伦敦发生了一场大爆炸。"他告诉我们，脸色看上去格外苍白，"也有可能是两场。警方认为如果超过了一场的话，就不可能是意外事故。"

我们并不是很清楚应该如何去看待此类事件，但有一点非常确定，就是应该继续按照正规流程完成手上正在进行的尸检，毕竟每一位送到这里来的死者都理应得到认真的对待。不过，我们还是继续开着收音机，将它作为背景音，以便及时了解事件的最新进展情况。我们都有家人和朋友生活在伦敦，因此也都对他们的情况非常担心。在此之前，我们几乎从没在完全安静的环境中进行过尸检：不是偶尔拿手里的案子开开毫无恶意的玩笑，就是闲聊着前一天晚上我们都做了些什么。然而这一次，我们中间没有任何人说话，只有房间角落里的收音机在不断嘶嘶地制造着声响，音波在裸露的墙面和地板之间不断振荡。

时间仿佛我们经手的死者躯干上的皮肤，随着一点点被剥离，事情的真相也随之像肋骨和内脏器官般暴露出来。在英国的首都伦敦发生了一起恐怖袭击事件，整个城市陷入一片恐慌之中。由于四枚炸弹被分别安置在了城市的不同地方，通信线路全部瘫痪，在长达好几个小时的时间里，人们完全无法确认亲友是否安全。这是我们这一代英国人从未经历过的大灾难。

在下午结束前，我接到通知赶往伦敦参与尸检工作，临时停尸房也作为警方"忒修斯行动"的一部分正在筹备中。所有四个炸弹设置点都要进行调查，所有残骸都要被运往足够容纳一切证据和受害人的中央停尸机构。同时，这一涉及面巨大的调查还需要大量专业人士的参与，包括 APT、病理学家、人类学家、放射线技师、DVI（灾难受害者鉴定）团队、SO13（当时的反恐部门），以及国际刑警组织等。在伦敦市中心一个兵营中，供不同需求使用的帐篷以及临时建筑，正依照制订好的突发事件备战计划搭建起来。各项设施在那个改变命运的星期四结束之前都已经着手准备起来，并预计在第二天就能全部投入使用。

我之所以会被招募，是因为此前我在一个对英国境内类似灾难提供紧急救援的小组中登记了个人信息。在美国，有个和我参加的小组性质相似的组织，叫作"D-MORT"①（停尸房灾情响应小组）。多棒的首字母缩写名称啊！甚至不需要了解每个字母都代表什么就能大致猜到这个小组是做什么的，而且听起来好像每一个响应召集的小组成员都会穿着 X-战警风格的炫酷制服似的。而我们在英国的组织叫什么呢？法医救援小组（Forensic

---

① 　mort：通知猎物已死的号角声。——译者注

Response Team），首字母缩写就是"FRT"。如果再在里面加入"解剖"（anatomical）一词，那我就可以为"放屁小组"（FART）提供志愿服务了。我真心希望它能改个像"D-MORT"那样既能反映工作实质又非常时髦的名字，或者至少换成其他什么名字。不过后来我逐渐意识到，有些人注定不会重视这些聪明有趣的双关语或首字母缩写，他们永远理解不了在谈论一个话题时，其快速吸引人们注意力的能力有多么强大。我只想说，当在错误的语境中以"技术专家"这个词自称，并为"放屁小组"工作的时候，我是感到颇为失望的。好在那时候的我更关注的是如何在专业上得到长远的发展，从而在未来参与到更多具有决策权的工作之中。

　　无论这种比喻恰当与否，被召集参与大规模死亡事件的调查，对我来说都和被吸纳入宗教团体有些类似。在选修法医人类学课程的时候，我曾学过一些大规模死亡事件以及大型合葬墓的相关知识，参加过"灾难应急"主题的讲座，作为"国际特赦组织"的成员出席过一些会议，并且对部分国际冲突的最新动态始终保持着密切的关注。我读过关于南斯拉夫以及卢旺达万人坑挖掘的纪实类书籍，因此也算是对APT可能有参与此类工作的需要提前做过一点心理准备。如今，忽然间轮到自己将理论化为实践，真正去做一些非常重要的事情了，我不禁因机会的降临而充满激情。我不想只守在电视机前，眼看着事件发生却无能为力。

能够让我用平时磨炼的技能，在最大程度上为有需要的人提供帮助，实在是一件值得欣慰的事情。

安德鲁在工作周结束后便前往气候温暖的地方度假，停尸房只剩下我和代理经理琼两个人。因此，我无比感谢她在这种情况下依然同意我前往救援。

我是在 7 月 9 日星期六抵达伦敦的，飞机从利物浦起飞，早上 7 点便降落在伦敦城市机场，比坐火车要快了不少。我在 8 点前就已经到达了荣誉炮兵连的营房，而将近一半的 APT——大多来自伦敦和南部城市——也已经就位。我随身带去了自己的工具箱，里面的东西包括对于我而言极其重要、在工作中已经完全离不开的面罩，我在日常工作中都会穿着的、上面写有我名字的白色护士用木底鞋，以及我的全套防护衣——以防万一需要用到。同时，我还带了换洗的衣服和洗漱用具，足够我在外生活上一段时间。虽然我们都被安置在了同一家旅馆，但是我完全没有时间将行李拿到房间里去。我听从指令将它们与角落里其他人的行李放在一起，然后就径直走到了一间临时用作更衣室的小房间，在换上统一提供的防护衣后迅速投入工作。

爆炸中的死伤者已经被陆续送来，而我则被整个救援系统运作起来时像上了发条的机械般的状态震撼了：每一组工作人员都仿佛其中的一个零部件，共同促成整套装置的完美运转。首先要对装着死者的运尸袋进行 X 射线扫描，以确保存在潜在危险的

（比如弹片）或者对调查起关键作用的（比如炸弹的部分零件）残片的位置能被准确记录，并随后小心地收集起来。整个过程都要保证在病理学家的监督下进行。当运尸袋和残片都被移除后，死者的衣服仍不能脱掉，还要在病理学家的监督下再经过一次 X 光扫描，将遗漏掉任何重要线索的可能性彻底排除。

随后死者就会被移交给 APT 们，同时病理学家也会加入进来，以一个小团队合作的方式分别在四个尸检区展开工作。一个团队由一位病理学家、两名 APT、一位摄影师、来自警方的物证采集员，以及一名 SO13 的成员组成，显然要比常规的解剖团队大很多，和法医尸检的人员设置非常相似。首先，由我们 APT 将死者的衣服脱掉，连同其佩戴的首饰也一起取下来交由摄影师拍照；随后，其个人物品会被进行 DVI 编号并妥善保管起来。只有在极为罕见的情况下，我们能够在这一步就获得丰富的信息，比如在死者的钱包里找到了确认其身份的关键证据，但在绝大多数情况下确认死者身份都是件费力的事。

或许关于恐怖袭击事件我不应再讲述更多的细节了，因为它毕竟还是一个很敏感的话题，很多失去了挚爱亲朋的人至今仍然徘徊在伤痛之中，另有不少伤者如今也依旧承受着伤痛的折磨。如果我继续把尸检中的诸多事宜讲述出来，那实在太冷漠也太残忍了。

那些在紧急救援小组度过的日子里，我们的精神始终处于高度紧绷状态。每天的工作从早上 7 点开始，一直持继到晚上 7 点或 8 点左右，但这还远不是一天的终点，因为我们还需要继续将整个停尸房清理干净，以备第二天的战斗。虽然我已经带了不少的行李，换洗的衣服也足够坚持几天，但没想到整整两个星期过去了，我依然还在那里。在高压的气氛下，我们这些每天密切合作的 APT 之间的关系变得格外亲近：我们住在同一家旅馆，共进一日三餐，一起在结束工作后展开"事后检视"——我指的是一起到酒吧里面喝一杯，就白天遇到的状况讨论一番，为彼此创造一个宣泄感情的出口。我就是在这里遇见丹尼和克里斯的，他们都是伦敦大都会医院的管理人员。他们俩的性格都很活泼、外向，并且在管理年轻的 APT——乔西和瑞恩——的方式上与安德鲁大相径庭。他们经常开些无伤大雅的玩笑，有时候还会聊起从前做过的一些令人捧腹的恶作剧。从解剖较大的尸块到开始检查较小的肢体残片，再到最终交由法医人类学家接手的整个过程中，他们总是有办法让我保持精神的振作。然后，终于到了该说再见的时候。

自恐怖袭击发生后，6 个月的艰难时光飞逝而过，我继续在市政停尸房工作，但在兵营中度过的那些高强度的日子将我置于了一个两难的境地：我无法确定自己是不是真的喜欢生活节奏重新变得缓慢起来，又或者说我有点怀念在一个快节奏的地方做着更有成就感的事情时，那股奔涌在心间的激情。忽然有一天，大都会医院开放了一个职位，招募具有认证资格同时工作能力强的APT。丹尼和克里斯想起了我们从 7 月起共事的那些时光，于是将信息转告给我，让我考虑要不要应聘。

我想过去伦敦生活吗？我想过在一家医院而不是在市政停尸房工作吗？我想做和我的学位相关性更强的工作吗？

所有的答案都是肯定的。我想，我想，我想。我猜这答案总算终结了我的两难处境。

我应聘了。然后，我得到了那份工作。

此刻闭上眼睛，我眼前依然能清晰地浮现出当年我下了火车，走出尤斯顿火车站，踏上伦敦的土地时的情景。与北方相比，伦敦的空气中凝集着一种压迫感，有可能是由于常年温度都比我以往生活的地方高 1~2 摄氏度的缘故，也有可能是太多的建筑物挡住了风，同时空气里还充满了汽车制造的废气——大名鼎鼎的伦敦烟雾。伦敦和拉斯维加斯完全不一样，但是却仍然让我产生了几乎被吞噬的感觉：潮湿，令人眩晕般的吵闹和明亮，汽油在道路上的水坑里制造出一道道彩虹，闪烁着不合时宜的光芒，一浪接一浪的人潮从街头涌过，所以我想要走成一条直线的努力总是以失败告终。我发现，对伦敦人而言，阅读是一种完全不一样的消遣。人们即使在奔波中也不会忘记阅读杂志、报纸，甚至还有书籍！

他们在走路的时候读书，在搭乘电梯的时候读书，虽然有些危险，但是确实在过马路的时候也有人手里拿着书。在搬到伦敦之前，我还从来没想过阅读也能是一件动态的事情。如今我仍然住在伦敦，并且开始渐渐喜欢上这个城市特有的怪癖：站在路灯下如饥似渴阅读的人们，"不要随意投喂鸽子"中"鸽子"（Pigeons）被人用"保守党"（Tories）一词覆盖住的红色警示灯，以及那些仿佛时时刻刻都有一个隐形的管理者在提醒着的规矩——"不要穿越黄线：请到站台后面等候"，"不要站在电梯左侧：请将左侧留给赶时间的行人"。唉，这里的规矩真是太多了！对当时的我而言，它们都无比陌生。我心里很清楚，尽管我已经搬到了大城市，开始逐级攀登事业上的高峰，但是却始终有种不安的感觉挥之不去，那是7月的恐怖袭击在我融入这个城市之前便投下的阴影。我希望这种不安不会持续太久。

作为一个初来伦敦生活的人，我有权享受NHS（National Health Service，英国国民健康保险制度）提供的住宿，虽然住宿楼在位置上紧邻着监狱、收容所以及墓地，完全可以作为拍摄恐怖电影的完美背景。住宿楼里面的环境也并不比周围好多少，实际上它更像是一座已经废弃多年的建筑，设施陈旧而脏乱，我简直难以相信那些在医院里为救死扶伤倾尽全力的人，比如护士，竟然就住在这种地方。毫不夸张地形容，它甚至和集中营有几分相似：残破不全的窗玻璃、厨房里公用橱柜中的老鼠屎、铁丝网栏杆等。因为还要穿过一个尚处于毛坯状态的住宅区才能到达我的住处，所以如果天黑后再回去的话，走在路上我觉得非常害怕。偶尔我会和朋友一起出去喝杯咖啡，但是当注意到太阳开始落山后，我就会像个现实版灰姑娘立即起身告辞，然后沿着大街一路小跑，全力赶在太阳彻底落山之前回到我的"集中营"。

　　黄昏或许是一天中最好的时光，但是生活在大都市中的人们有自己独特的节奏。作为 APT，我们需要每天早上 7 点到岗，然后从 7 点半开始，与病理学家辛格博士一起处理一例接一例的尸检。我虽然对于需要尽可能早地离开"集中营"甚至感到有些高兴，但是上班的第一天由于在医院建筑物间稍微有点迷路，还是比规定的时间迟到了一点。

　　"这是……？"第一天上班，我一进门就忍不住发出惊叹。当时，我被带到了一间小小的杂物间，里面有一台洗衣机和烘干机，以及一些我猜是用来放干净防护衣的架子。但是在上面，我并没有看到按照尺寸整齐叠放的防护衣。相反，倒是有很多都胡乱地堆叠在地板上。因此，我猜它们应该都是穿过后等待送洗的。

管理员丹尼对我说："已经有案子送来了，赶紧找到合适你尺寸的穿上。"

说得倒是轻巧——我一边想着一边上下打量起眼前乱糟糟完全不配套的一堆（它们有的是蓝色的，有的是绿色的），好在最后总算成功地从中刨出了几件"S"码的衣服和 5 号的惠灵顿靴子。很显然，这里并没有防护衣统一清洗的服务，APT"有责任"自己完成工作服的洗涤和干燥。想到自己是整个团队中唯一的女性，我隐约预感到从今往后这项任务可能就要落在我的头上了。

等进入验尸间以后，我再次不禁惊叹起来："这是……？"我的新工作场所一共有 6 张解剖台，每一张都在使用中。比起我在市政停尸房已经习惯的工作量，这里要进行的尸检数量明显要更多。不过，当看到有 3 名技术员参与其中，我觉得可能情况不会太糟糕。真正令我一时有些困惑的是，竟然一大早工作就已经如火如荼地展开了：每一张解剖台上死者的身体都已经被打开，取出胸骨后露出的内脏在验尸间充足的光照下闪闪发亮。还有克里斯，作为助理管理员的他在每一位死者的尸检中负责做切口和取出胸骨的步骤。随着身影不断轻巧移动，他那已经谢顶的光头在灯光下不断闪烁着光芒。

"很好，这就是我们要做的事情。"他很有威严地对我说。这时瑞恩也走了进来，身后跟着病理学家。"你在之前工作的地方一直采用的是Y字切开法吧？不过，我们这里的做法是切I字形，而且要确保切口足够低，这样死者家属就不会看到了。今天所有的尸体都还是先由我来处理，让瑞恩给你展示一下所有我们和你之前的工作不一样的地方。"

我点了点头。由于这时病理学家已经就位，随时准备好开始尸检，因此克里斯没有时间浪费在我身上，来指导我缓慢上手一些陌生的解剖技术，比如切开一条直线。

"瑞恩，你和卡拉一起去那边，把方法教给她。"克里斯一边大声下达着命令，一边用一把血迹斑斑的PM40解剖刀指着躺在第一张解剖台上的死者说道，那个男人的胸骨和肠子都已经被取出来了。

我感到有些紧张，要我学什么"方法"啊？为什么从一开始就都是各种硬邦邦的命令？我甚至还没来得及喝杯咖啡呢！

不过，瑞恩倒是一副对克里斯简单粗暴的行事风格早已习以为常的样子，以一种很轻松的姿态将我带到了第一张解剖台旁："基本上我们是把全部内脏分成几大块取出来的，所以我猜克里斯是想让你先在这些死者身上练习一下吧。我给你示范一下，也好让医生在我的基础上继续往下进行，然后由你来完成其他5个人的解剖。"

"你的意思是说，用冈恩的器官取出法，而不是莱特勒的那套总被人误称为罗基坦斯基法的多器官联合取出法吧？"我说这话的样子十足像个自作聪明炫耀学识的家伙，"你觉得我还需要你教我这个吗？"一边说着，我还一边把面罩拽了下来，从顶端边缘上直直地看向他，就像一个在找学生麻烦的老师。

他很显然对他们使用的技术非常熟练，但是对这些方法背后的历史却并不了解。于是他看着我，满脸的惊讶："嗯，接着说。"

"你们要脖子和舌头吗？"

"不要。那我去进行下一个了。"

虽然在市政停尸房的时候，我们通常都采用多器官联合取出法，把所有的内脏一次性取出来，但我也在其他停尸房工作过，无论是因为有人生病而过去临时帮忙，还是参加短期培训，当然还有伦敦爆炸事件之后的大规模支援。从中我学到的重要一点就是，要能根据不同的需求改变所采用的方法。

这里病理学家不想要脖子和舌头的偏好，让我的工作变得比较轻松。我朝向死者弯下腰，用已经磨合得相当默契的 PM40 解剖刀将死者的食道和气管在锁骨的水平层面横着切断。接着，我开始从死者肺部的后方施展起"刮舀"式的技术，拍击一阵来分离左肺，再拍击一番以分离右肺。随后，我所需要做的全部事情就是将位于肺部下方和横膈膜上方的食道、气管和主动脉切断，然后就能取出整块心肺区域，又或者说是广泛意义上的"内脏"了。这其中包含的都是对呼吸起至关重要作用的器官，最关键的当属肺和心脏，它们都夹在两层纵隔胸膜之间，与其他夹在两层中的器官和结缔组织共同构成了将左右胸膜腔隔开的纵隔。这样做的好处就是有利于病理学家迅速将精力全部集中于在死因鉴定方面起最重要作用的脏器——心脏的解剖上，而不必等到所有其他器官被依次取出之后。虽然每个人的死因各有不同，但是英国境内以及世界范围内的统计数据显示，仍以冠心病导致的心力衰竭或者心脏病发作为主。不过医学专家也表示，多数心脏病导致的早逝其实是完全可以避免的，吸烟、超重、高血压和（或）高胆固醇血症、酗酒以及缺乏运动等都会提高心脏病发作的风险。

　　我们为什么不能将保护心脏作为一种文化重视起来呢？这个珍贵的器官从其字面意思来讲就是我们生命存在的核心，而就其象征意义来看，也是无比重要的。古埃及人相信人类智慧（以及灵魂、人格、情感和记忆）的源头是心脏而非大脑，因此在制作木乃伊的过程中，只有心脏自始至终都安然地保留在其原本的位置上。公元前 4 世纪，古希腊哲学家亚里士多德将心脏认定为体内最重要的器官："一个分隔有三室的'仓库'，贮藏着人类全部的生命力、理性和智慧。"然而到了公元 2 世纪，我们医学界的"梅尔·吉布森"伽林 ① 则认为心脏与灵魂之间的联系最为紧密（我们如今依然秉承这一观点）。我喜欢的很多关于心脏功能的著名论述都源自他。"心脏是一块非常强健的肉，没那么容易受伤。"

_____

① 　伽林（Galen）是亚里士多德之后古希腊的一位医生和解剖学家。——编者注

他写道:"在硬度、张力、整体力量以及对外来伤害的抵御能力等方面,构成心脏的纤维都远远胜过其他所有存在,再没有什么东西能像心脏般耐力十足地勤勉劳作了。"无论是从物理层面还是从情感角度来讲,我都很喜欢他"勤勉劳作"的说法。我可以很有把握地说,每一位正在阅读这本书的读者都曾因为感情上的纠葛,让他的心脏经受过一番刻骨煎熬。但是最终,痛苦还是被渐渐留在了身后,心脏在苦楚的废墟上顽强重生。

在 12 世纪,中世纪宫廷爱情的风行引起了人们观念上的又一次转变。解剖学上的心脏、我们现在在情人节卡片上都能看到的心形(在几何学上被称为"心脏形曲线")以及浪漫的爱情三者之间的关系得到了进一步巩固,并且无论是在旗帜还是骑士的盾牌上,心形都象征着宫廷爱情。于是,尽管教会始终想实现垄断,将心脏作为圣母马利亚无玷之心和耶稣神圣之心的专属形象,但心脏的象征还是逐渐渗透到了大众文化和生活中的方方面面,并且在 1480 年左右,成了纸牌四种花色中的一种①。

在我成为 APT 之后的职业生涯里,几乎每天至少都会有一次将心脏捧在手中的机会,并且几乎每一次所做的事情都大同小异:先把它们拿到水龙头下用流动的清水冲洗干净,在上面颜色

---

① 考虑到心脏的形状其实还有一个相当淫秽的意象,教会曾经想要"拥有"其作为一种宗教标志的事实就会让我觉得非常可笑:心脏形曲线其实代表着外生殖器。它正着的时候是阴道的象征,而颠倒过来则隐喻着睾丸。

深且厚的凝血块打着旋被从排水孔冲走后，就可以移交给病理学家进行解剖了。虽然对于整个过程我已经相当熟悉，但是无论何时，在我看来，心脏都是一个奇迹般值得惊叹的存在：惊叹于它们看上去确实和情人节卡片上的桃心非常相似的形状；惊叹于它们的大小虽然和我的拳头差不多，实际上却蕴含着足以支撑体格两倍于我的人完成生命活动的生物电；惊叹于它们在特定的情况下，既能停止跳动也能再次恢复活力——每当我捧着一颗心脏的时候，所有这些念头都会在我的脑海里一一浮过。然后，我就会觉得在意识到自己的强大得到了赏识之后，我的心脏比以往任何时候都跳动得更加有力。在 20 世纪 80 年代的一部动画片《宇宙的巨人希曼》里，名为希曼的主人公曾将宝剑高高举起并呼喊道："赐予我力量吧！我是希曼！"随着话音的落下，宝剑大放光芒，而他也随即开始变身。我也很想像他那样做。我相信如果我将心脏高举过头顶，那么它就会像"耶稣圣心"那样发射出一道道光芒，然后我就可以大声宣布："我拥有巨大的力——量——！"

当然了，我肯定不会那么做的。

我并不是第一个认识到心脏权威地位的人。我现在经常会在博物馆教人按照我工作中使用的方法制作内脏器官标本。通常，我会给他们不同的选择：是肾脏还是心脏？答案是显而易见的，心脏是人们更愿意保存或"罐装"起来的脏器。他们试探着用手去戳做好的标本，出神地凝望着（一般都是情侣一起来做），然后在完成的时候互相交换，并说"亲爱的，我把我的心奉献给你"，诸如此类的话。

然而，心脏其实也只是一个脆弱的蛋白质结构，虽然在某种程度上确实如伽林说的那样，"再没有什么东西能像心脏般耐力十足地勤勉劳作了"，但是在一些特殊的情境里，心脏简直就像干花一般脆弱，稍不留神就会破碎。

可能我在不知不觉间已经走神了相当长的一段时间，所以克里斯突然朝我大声叫喊起来："别光站着发呆啊，姑娘！我们之间是有比赛的，看谁解剖的速度最快。最后一名要给所有人买午餐！"

和我过去工作的停尸房相比，这里的 6 张解剖台在数量上实在胜出了不少，所以按照轮班表的安排，我们每人每天需要解剖多达 5~6 具成人尸体，我也就再也没办法像过去那样避开肥胖死者的尸检了：在市政停尸房的时候，由于体型小巧，我在这一点上受到了同事的特别照顾。每周，都会轮流有一名 APT 专门处理文案工作，于是在那一周里，他只需要进行围产期死亡（婴儿）的解剖，而成人的案子则全部由另外两三个 APT 处理。因为我们的人手相对比较充足，每个人又都经验丰富，因此所有的案子都能在上午 10 点之前搞定，这也是令我感到颇为不适应的一点。按照市政停尸房的节奏，每天我只需要进行两台尸检，而相关的文书工作可能要一直到午餐时间或者下午一点左右才能完成。我也已经很习惯葬礼承办人在下午不断来来往往，从外面运送死者进来，或者将已经进行过尸检的死者送往殡仪馆。由于我在那里的"实习生"身份，门铃响了之后的应答自然也是我的职责，另外我在处理文书工作方面也被训练得格外得心应手。由于当时我每天的工作日常就是如此，慢慢地，我就像巴甫洛夫的狗[①]一样对所有"叮——咚"的声响建立起了条件反射[②]。而在如今的办公室里，多数时候都有专门的职员来负责此事，我再不需要时刻准备着去应门，并且门铃也被对讲机所取代了。

很显然，到了一个崭新的环境后，我需要相当一段时间去适应其中的不同。一件让我对伦敦（又或者可能只是对我所在的新停尸房）感到很不适应的事情就是对"傻瓜"这个词的使用。在英国北方，这个字眼简直就是语言领域的"伏地魔"（《哈利·波特》中的大反派），绝对不能公开说出来的。如果你不小心在与人争吵的过程中用它爆了粗口，那么很可能整个房间都会在瞬间安静下来。然而在大都会医院，它却像句子中的标点、食物里的

[①] 著名心理学家巴甫洛夫用狗做了这样一个实验：每次给狗送食物之前打开红灯、响起铃声。这样经过一段时间以后，铃声一响或红灯一亮狗就开始分泌唾液。——编者注

[②] 有时候，我和朋友一起出去吃饭，每当后厨通过按铃的方式通知服务生热菜已经做好了的时候，我的这种条件反射就会闹笑话，因为我也会应声从座位上跳起来。离开市政停尸房后，我花了相当长的一段时间才渐渐控制住这种反应。

胡椒一样几乎无处不在："傻瓜，给我拿杯咖啡来！"或者"先把尸体的围度测量一下啊，你个傻瓜！"上一句话里说，下一句话里还会接着说，每一句话里都在说、不停地说。

我绝对不会对这样的称呼做出任何回应。

我不知道生了孩子以后的生活会变成什么样，但我认为在大都会医院的工作经历让我对它的想象八九不离十。与为 7 月 7 日的爆炸而成立的临时停尸房中男女混合的性别状况形成鲜明对比的是，大都会医院的停尸房是一个全部由男性组成的团队，小小的空间里充满了雄性激素。在所有 APT 新人中，相对比较成熟的乔西会为整个环境增添一些贴心的敏感和通情达理的气息，而瑞恩则明显更自负一些。虽然我把其中的三个人称为"恐怖三人组"（我排除了乔西），但实际上他们四个已经彼此相熟很多年了，或是关系密切，或者根本两家就是世交。所以在他们之间有一条很坚固的纽带，让我始终觉得被排除在了一个小圈子之外，试图融入，却总是只能从远处眼巴巴地观望。

我认真回想了一下，在我的人生中还没有过哪个时期同时与这么多的男人如此紧密地联系在一起，再结合我刚刚才经历过一次重大的转折，因此问题最终的暴发也基本可算是在意料之中了。我的内心其实相当脆弱，虽然在大多数时候我看起来都很坚强，但是身处男人圈子里的我简直就像易败的花朵，那真不是一个适合我生长的环境。他们不停地吵架、不断搞恶作剧，那些无理的嘲弄会波及到每一个人身上，无论是否属于我们这个团队。因此，当后来回忆起在大都会医院和那些"闹腾的"男孩子度过的时光时，我总会尽力去想其中好的部分，而不让他们的顽劣成性成为往事的主旋律。

有个葬礼承办人不时会到我们这里来，比较特殊的是，他有一只手是残废的。我的两个同事经常跟他闲聊，虽然表面上看起来和正常无异，但实际上却心怀鬼胎，都狡猾地试图在对话中尽可能多说"手"这个字眼，并且暗暗比较着谁做到的次数更多。

"用不用我来给你搭把'手'啊？"其中一个说，并且在"手"字的发音上进行了一番过分的强调。

"不用吧，我看他能着'手'处理好的。"另一个一边说着一边还使了个眼色。

"如果你觉得需要我们帮忙的话就直说，我们'手'上现在都没其他的事要干。"第一个又说话了。

我能感觉到，其实承办人心里对他们俩戏弄人的意图一清二楚，只不过是不跟他们计较且尽量不受其影响罢了。但是作为被嘲讽的一方，想要做到这一点需要付出极大的艰辛。我过得非常不开心，倒不是因为工作本身有什么问题，而是糟糕的住宿条件、环境上的巨大变化，以及停尸房的整体氛围。生活开始变得像一杯由各种负面因素调制而成的鸡尾酒。或许，这是因为我就住在印第安人墓地旁边造成的？搬来伦敦一两个月之后，我在地铁站旁找到了一处合租房，距离停尸房大概有十分钟的步行距离。虽然迫于伦敦的物价，我不得不与陌生人分享同一个屋檐，但就生活质量而言，搬离"集中营"仍然是"必须中的必须"。相比起曾经拥有"玫瑰屋"的时光，我感到眼下的生活水准真的是一降再降。

我们与生俱来的力量会随着年岁的增长和学识的丰富而变得不断强大，但是我要毫不掩饰地承认，在那段时间里我并没有感到自己在变强。我只是一天天地周旋在孤独和寂寞的旋涡里，每天从早上 7 点就开始通过繁重的工作拼命屏蔽负面的情绪，而为了能晚些回到那所一个熟人都没有的房子中，下班后我还坚持去健身房锻炼，因此我的疲惫感越来越强。就连我异地恋中的男朋友，也察觉到我开始对于每晚的例行通话变得缺乏热情和积极性。虽然按照每天的惯例都要进行四到五台解剖，然后还要周旋于吵闹的男人之间已经让我在体力上相当透支，但是这些却没能阻挡我去健身的脚步。当每一个漫长的工作日总算结束的时候，我都会脱下防护衣，把它和其他人的一起扔进洗衣机里，再换上我自己的短裤和背心，到健身房耗尽最后一丝体力。令我感到挫败的是，我都已经这么努力了，依然有人说我变胖了："你每天都去泡健身房怎么反而更胖了？你是不是练完以后回家就开始狂吃啊？"考虑到提问的人本身长得其貌不扬，并没有什么取笑别人的资格，因此他的评论尤其令我感到不安，我开始不断反思自己：我为什么会变胖？这怎么可能呢？我完全无法理解，因为每天我忙得几乎连坐下休息和吃东西的时间都没有。所以，我开始把每天去健身房的次数增加到两次，除了照常每晚去休闲中心的那家运动之外，还会利用午餐时间到医院的健身房里运动上 45 分钟。

谢天谢地，我的体重增加是暂时的，那只是我新换的口服避孕药带来的副作用之一。然而，来自同事们讽刺性话语的攻击却从未减少。他们不仅互相冷嘲热讽，对我和其他的访客也全然不放过。小心提防着他们，或者时时刻刻都在猜着他们接下来会搞什么鬼把戏实在令人抓狂。有时候，可能他们也对自己制造的麻烦感到了厌倦，所以一到下午就拉上窗帘小睡一阵。每当这时候，一种得到解脱般的舒畅感就会将我环绕，难得的安静时光让我觉得自己就像是个为照顾孩子而疲于奔命的家长，总算得到了片刻喘息的机会。我会给自己泡上一杯茶，开始为获得学位埋头学习，并不时去接待一两位来访者。"嘘——"我示意他们放低声音，并小心把身后办公室的门关上，以防吵醒熟睡中的"孩子们"。

然而，"孩子们"最终还是会在 3 点左右自己醒过来，那么一直到这一天结束，我都在验尸间里不停地打转，哪怕所有的尸检都已经完成，清理工作也已经做完。我会通过清理工具的细节之处来打发时间，比如擦亮手术刀的把手、用镊子把堵在排水口的头发夹出来、整理抽屉和托盘、把我们所有人穿过的防护衣扔进洗衣机、将已经洗完和晾干的叠好、按照尺寸和颜色将它们一摞摞分类码放整齐等。为了保持忙碌的状态，我不断地给自己找事做。如果实在没有什么我能做的事情了，那么我就离开他们，到我在需要透口气时常去的地方，让那里安静的空气灵药般将我拯救。

就这样，我在大都会医院的停尸房度过了大量的孤独时光。

我当然没有社交障碍，不仅没有，而且还喜欢抽出时间和来访者交流，尤其是那些第一次运尸体过来或将死者送去殡仪馆的葬礼承办人。每周四下午，我还会在听与学位相关的课程讲座时与其他 APT 见面。在工作之余的时间里，我还经常和同事一起外出，虽然只是为了多交几个朋友，一起喝上一杯或者吃点东西，并没发生什么浪漫的剧情。在我看来，接受一个和我差不多年纪的同行傍晚约会的邀请，无论对方是男是女，都算不上什么值得大惊小怪的事情，尤其是考虑到我在陌生的城市中连一个认识的人都没有的客观情况。但是刚好那段时间和我一起工作的葬礼承办人和 APT 都是男性，所以是不是我的社交生活让停尸房的同事对我产生了不好的看法？会不会在他们眼里，我是那种在北方老家有个男友，到了伦敦依旧耐不住寂寞的类型？所以才会对我那么粗鲁？但实际上，我不想卷入和任何人的关系之中，甚至连他们的解剖也不想涉及，我严格地将与人之间的交往控制在工作范畴之内！我和远在北方的男友之间的关系正走向终结，在这种节骨眼上，我就更不想再往我南方的生活中引入什么新的纠葛。我连最起码的生活基础都还没有：我喜欢在其中消磨时光的家、贴心的女闺蜜、体面又靠谱的发型师，以及一家中意的咖啡馆。这些全都没有。我只是一个不断为了活下去而付出着劳动力的殡葬师。我渐渐开始享受起这种孤独感，于是与那些男孩子之间的隔阂越来越重。连工作的时候我都会戴上耳机听音乐，将他们所有的吵闹声屏蔽掉。我始终坚信，所有的死者都值得获得小心且细致的对待。

另外，我也不想因为被他们分心而失去一根手指。

另一件我必须全力守护的东西是我的心。但是脆弱和孤独感经常来势汹汹，迫使我不得不去寻找一个可以倾诉的对象——一个平日里会帮助我、向我传递友好和感性信号的人，给我的所有情绪一个释放的出口。我找到的那个人就是乔西，整个团队中最年轻的 APT，也是我唯一愿意与之交流心事的人。我究竟有多喜欢他呢？其实连我自己都不是很清楚。很有可能是因为我太不喜欢其他人了，以至于他成了我想要获得友谊和情感陪伴时的唯一选择：在我对"恐怖三人组"的好感度和对乔西的喜欢之间，似乎存在着负相关的关系。乔西细软的棕色头发和温柔的天性很显然对受伤的心灵具有天然的吸引力，比如说对我。在那时，我最需要的就是人与人之间的那种亲密感和友情，为了得到这种情感抚慰，我已经在寻寻觅觅间走了很远的路。

每当"恐怖三人组"睡着或者不在的时候，又或者一天的工作全部完成之后，乔西和我经常坐在一起，一边看电影一边等着停尸房对讲机忽然开始嗡嗡作响。

"什么？你竟然从来没看过《魔幻迷宫》？"有一次我们聊天时他惊叫道，然后表演了一句我猜是电影中的经典台词："我不为任何人改变星图！"

我一脸茫然地看着他。

"啊，这个是电影中的台词，明天我把光盘带来一起看吧。"第二天，他真的说到做到了。我们并肩坐在安静的办公室里，窗帘拉得严严实实的，其他人则在一旁打着瞌睡。当偶尔被一两个前来领取尸体的葬礼承办人打断时，我们就按下暂停键着手处理，不惊醒熟睡中的人。后来，再和他一起如此共度午后时光时，我在心底不由自主地生出了想给时间按下暂停键的愿望，这样我们就能永远停留在一切喧嚣吵闹都不存在的安谧中，安闲地彼此聊天作伴了。

我猜我的感情可能来得过于汹涌，但却不是一朵粲然绽放的玫瑰花，更似只能在夜晚、在错误和黑暗的时间里盛开的月光花。一旦感知到阳光的存在，它的花瓣就会紧紧闭合起来。考虑到乔西已经和女友交往多年，我猛然醒悟过来这样的关系和处境对我而言都是很危险的。我意识到就算我的感情需要一个出口，就算我需要去"沐浴阳光"，需要找到情感上的寄托来将伦敦变成有归属感的第二故乡，我还是找错了寄托的对象。虽然实际上我和乔西之间并没有真的碰撞出什么浪漫的火花，但我仍决定直面让我陷入困境的核心，并开始考虑找寻新的出路。我想我会永远对他心怀感激，因为在我最需要的时候，是他慷慨地赠予我最宝贵的友谊。

　　有时候，APT 会将不需要进行尸检的死者——也就是所谓的器官捐献者的心脏取出来。在这种特殊的情况下，如果捐献者已经彻底死亡的话，他的心脏便不能完全移植给另一位需要完整心脏的患者。一般而言，一颗心脏能够全部移植的前提条件是捐赠者已被确认"脑死亡"，但身体尚保留生命体征。在这种情况下，其家属往往需要做出一项艰难的抉择：关上呼吸机，将移植一颗鲜活心脏的机会留给接受者以及外科医生。与此相反，若捐赠者已经死亡一段时间后才被运送到停尸房的话，那么其心脏瓣膜则成了器官捐赠的关键，可以为需要进行瓣膜修复或移植的患者创造生机。在瓣膜移植手术中，死者捐赠的人类瓣膜被称为"同源移植"，除此之外，人工瓣膜乃至猪、牛的瓣膜也能应用于手术之中。虽然不像心脏的移植对时间有那么紧迫的要求，但瓣膜移植的手术也应该在捐赠者死后 48 小时之内完成，并且以死者在死亡后 6 小时内被送入冷柜为前提。如果没有冷冻的条件，那么移植时限就要缩短到捐赠者死后 12 小时之内。对于送到停尸房的死者，我们会在第一时间内将其心脏取出，小心谨慎地包好后急速送至相关的组织库，于是，另一位活着的患者就能从这颗已经停止跳动的心脏中获得宝贵的瓣膜，从而延续生命。

克里斯在心脏摘除方面有很丰富的经验，并且在有一天的尸检中对我进行了一番详尽的指导。公正地讲，虽然他身上有各种毛病，但却是我在大都会医院遇到的知识最渊博的APT，总能为尸检中出现的各种状况提供积极有效的处理方案。开始动手之前，他首先介绍了一下专门为移植而准备的各种器材，随后将其中一把特制的PM40解剖刀递给我："你就像平时那样先把切口做出来。"我接过来，按照惯例把死者笔直地切开，用同样也是特制的肋骨剪取出胸骨和肋骨。

"现在我来继续后面的。"他虽然嘴上这么说着，但却并没有像平时那样拿起我用过的PM40解剖刀。只见他打开了一个由英国国家医疗服务系统血液和移植协会（NHS Blood and Transplant Services，NHSBT）提供的心脏摘除工具盒，这套一次性的工具专用于从供体中摘除器官，这样可以有效地将交叉感染的风险降到最低。

"来，你看着。"他带着一副很有权威的派头开始工作，同时不忘给我进行讲解，"这和取出整个心肺区域的操作有很大的区别，你要用这种一次性剪刀把心包剪开。注意，一定要特别小心，千万不能让它的尖头碰到肺或者其他组织。"

心包，有时也被称为"心囊"，是包裹着心脏的一个由浆膜和纤维膜构成的双层膜结构，在其和心脏之间存在有浆液，对不断产生生物电脉冲的心脏起到一定的缓冲作用，使其在活动时不致因与胸腔间发生摩擦而受伤。

克里斯小心翼翼地剪开了两层心包，将被精心守护着的"珍宝"暴露出来：这时可以清晰地观察到心肌与众不同的水平纹理。

"现在，我们要用一次性解剖刀进行下一步了：切断心脏上方的血管。下刀的位置越靠上越好，因为越往上的话移植的成功率就越高。"解剖刀按照他所说的那样落下去。很快，他便以和希曼相同的姿势将一颗心脏捧在了手里。当然，他并不会因此而变成希曼。

"去拿两根拭子过来，在它的两个不同区域上分别采集一份样本。我帮你拿着，你来干。"我按照他的要求完成了采集，然后在拭子上做好标记，这是为了方便 NHSBT 在签收心脏后进行传染源的排查。

"下一步我们要用'哈特曼'（Hartmann）溶液把它冲洗一下。"他的话音刚落，我就难以置信地提出了质疑："'心脏人'（Heartman）溶液？你不是在开玩笑吧？"

他愣了一下，转瞬就意识到我闹了笑话："哈哈哈，不是。'哈特曼'只是一种和血液很相似的溶液的名称，就是你在打点滴的时候会用到的那种。"

"啊。"我知道他指的是什么了。"哈特曼"溶液是一种由 1898 年出生于美国的儿科专家 A. F. 哈特曼研制出来的等渗溶液。它和血液的渗透压极为相近，或者说它与血液有着几乎相同的渗透性或"液压"，于是经常被用于静脉内给药，即门诊中常见的打点滴，还可以用来补充各种原因导致的体液和电解质的大量流失。而在我们当前的情况中，它则被用来维持心脏在运输途中状态的稳定。

在经过一番清洗之后，这颗珍贵的心脏被放进了一个一次性使用的塑料包中。装好后，克里斯递给我一个聚苯乙烯的盒子，让我把装着心脏的塑料包、之前采集的两根拭子一起放入其中，并在周围放置了多达 1 公斤左右的冰。

"接下来就都交给你了，"他说，"去把它们打包好吧。"

非常巧合的是，也是在那天晚上，我又开始了新一轮的打包。不过这一次，打包的是我自己的全部行李。我并不会搬得很远，并且从某种程度上来讲，这次搬家对于我来说是一件好事。在我们的三居室中，住在最大的那一间的室友马尔搬走了。刚好我在参加国际特赦组织的会议时认识的一位律师朋友丹妮丝需要找一个新住处。于是，我便搬进了更大的那一间，而她则住到了我曾经的房间里。一时间，我的心里生出了一丝归属感。我现在和朋友住在一起了，还可以在上课的时候认识其他同行，幸运如今天，还学到了新的技术。

这一刻我相信，一度支离破碎的生活开始重新结合成一个整体了。

第 七 章

腹部：腌泡玩偶

伤痕累累的水果，
被迫提前绽放的花朵。
——涅槃乐队《风华正茂》

在前面的章节里，我曾经提到过维多利亚医学博物馆以及嘉年华表演中的解剖展览，其中集合了各个时代的古董：令人难以置信的"美人鱼"，虽然实际上只是猴子和鱼的骨骼的复合体，赤裸的或者满是文身的女人、众所周知的铁腕人物，以及由于天生残疾而呈现悲惨扭曲姿态的人体。除了这些以吸引人眼球为目的的陈词滥调外，真正来自人体的器官标本在不懂医学的人们心中激发起了一种敬畏之情，因为从中他们看到了自己身体里的秘密。另外，那些令人兴奋的解剖学"维纳斯"、蜡制的身体组织等，都吸引了大量的参观者。不过，其中最具吸引力的还当属"腌泡玩偶"——一个古老而讽刺的名称，专指那些被完整保存起来的婴儿标本。在当代的博物馆里，我们当然不会使用"腌泡玩偶"这样的字眼，因为它完全是一个时代的错误产物，而且也是不道德的。但是，就算如今我们有了更现代的方式将其应用于教学和展览，胎儿或者围产期标本仍然是一个极具争议的对象，尤其是在道德层面上，人们在观点上存在着巨大的分歧。

在停尸房中采用的另一种内脏取出法中，摘除心脏区域的器官后，APT 还要继续进行腹部的解剖，包括胃部、胰腺、肺部和脾脏等器官。紧接着，还有泌尿生殖区的肾脏、肾上腺、膀胱以及外生殖器等器官的解剖。

我永远忘不了第一次看到成年女性——虽然她已经死亡多时——的子宫和卵巢时的感受，哪怕这已经是很早以前我还在接受训练时的事情。"就这副模样？"我带着强烈的冲动喊叫出来，以至于房间里的其他 APT 和医生齐刷刷转头看我。我实在有些难以相信，它们居然只有那么一丁点大！多年来每到生理期，我都要饱受生理痛和经期前紧张症状的折磨，因此在我的想象中，子宫一定是猩红色、长满尖刺的恶魔嘴脸，在我朝它伸出手去的时候它还会用尖利的牙齿狠狠地咬我。然而实际上，它看起来就像颗小小的李子，两个卵巢则神似两颗饱满的杏仁。它们的样子看起来是多么的人畜无害啊！仅是震惊已经不足以形容我当时的感觉了，如此平淡无奇的外表下竟然蕴藏着令人痛苦难耐的巨大能量！当然了，后来我总算（勉强）习惯了这两个器官的颜色和尺寸，直到在一次尸检中，我真的遇到了比正常情况大很多的子宫。于是，我去向病理学家请教：

"医生，你能过来帮我看看这个情况吗？"我请求道，对下一步该怎么做有些不知所措。

他应声过来查看情况，轻轻进行了一番触碰，极为小心地在子宫上面划了一条长长的切口。然后，一个小天使似的依偎在死者子宫里的婴儿被取了出来。这简直和乔安娜·埃本斯坦的描述一模一样："胎儿安安静静地蜷曲在蜡制古董'解剖学维纳斯'的子宫内。""维纳斯们"的性别优势使其能够教导学生们理解生命的诞生、发展以及消亡的全部过程。

生命的源头，同样也可能是生命的尽头。

尸检当然也包括对胎儿和新生儿的解剖，虽然这个事实令人感到悲伤，但死亡的确也会降临在孕期、分娩中以及出生后等任意时间里。从文化传统的角度而言，我们尤其不愿意面对生命萌芽时期出现的夭折，以及所有为此而准备的东西："过家家"道具一般的微缩解剖工具、为胎儿及新生儿专门准备的解剖台、小小的矩形棺材以及停尸房需要成批购买的小号运尸袋。特别是给婴儿们用的那些棺材，其实都是从宜家买来的拼装纸板箱。于是，这就显得尤其别扭：它们一方面是不幸的父母装殓孩子尸体的棺材，而另一方面又是人们收纳鞋子的容器。我们对新生儿或者围产期死亡的胎儿的解剖怀有一种天然的恐惧，想到一个如此脆弱又无辜的生命就此凋零，还要到解剖台上经受一番折磨，就会不自觉地生出充满母性的悲悯之心。

悲悯之心对于殡葬师同样是必要的。

在大都会医院的绝大部分案例中，围产期死亡的胎儿的尸检并不是由验尸官来安排，而是全凭父母授意的。有 15%~25% 的孕妇会遭遇流产的厄运，而其中超过 80% 都发生在怀孕的最初 3 个月。在向震惊而又悲痛欲绝的父母们征求意见的时候，他们大多同意（甚至有时候他们会自己主动提出来）进行尸检，因为他们想知道究竟为何厄运会降临在自己身上。在下一次备孕的时候，有什么可能会导致胎儿死亡的原因需要加以注意？流产能够因此而避免吗？夫妻双方在遗传方面是否存在需要接受治疗的缺陷？治疗是否可以防止下一次怀孕再出现意外？

我第一次经历婴儿的尸检是在大都会医院，那和我已经习惯的成人尸检是一套完全不同的流程。我很乐于学习帮助我成长为合格 APT 的新技术，也很庆幸在所有具备婴儿尸检资格的男同事里，前来指导的是能总带给我安全感的乔西。他身上独有的温柔力量极大地缓冲了我在第一次面对躺在解剖台上的婴儿时受到的巨大震撼：他对此没有嘲讽，也不会耍小聪明，只对我表现出更多的耐心。而看着一个孩子被摘除内脏——无论是多大年龄的孩子，都是一件让人接受起来无比困难的事情。就算那时的我已经和尸体打了三年交道，并且在尸检过程中几乎什么都见过了，其困难程度也分毫不减。

我们的第一例胎儿尸检是个尚未娩出子宫就已经死亡的男胎，也就是说，他还没来得及长成一个婴儿的模样。只有 17～18 周的他皮肤非常纤弱（甚至可以称得上是相当"易碎"），由于被母体的羊水浸透并软化了的关系，他呈现出一种比粉色更加深重的红色。（在自溶性酶类的作用下，死亡的胎儿也会像成人的尸体那样出现组织的退化分解，但由于其所处的是一个无菌的液体环境，所以不会出现细菌引发的尸体现象，也就不存在常规意义上的"腐烂"。）从生理角度来看，他并没有正常足月婴儿的身量大小。他的头身比和成年人更为接近，同时四肢细长而柔软，并不像有着好闻奶香味的新生儿那般胖乎乎又粉嘟嘟。因此，与其说是一个宝宝，他其实看起来更像是个被烫伤了的成年人，部分皮肤由于液体浸泡的缘故而脱落下来。另外，他的外表还有点像爬行动物或者外星人。但即使他在某些方面看上去是那么不寻常，仍然可以辨认出人类的模样：在紧闭着的双眼上——这双眼睛还没来得及睁开，以后也再不会睁开了——已经长出了纤细的眼睫毛，而他的小手指上也已经令人难以置信地长出了称得上迷你的小指甲。即使已经停止了生长，但他仍不失为一个精巧的生命奇迹。我从来不是一个充满母性、容易多愁善感的人，但在那一刻，在面对死去的胎儿时，我的心里还是涌起了前所未有的强烈冲动。我真的很不喜欢新来的初级围产期病理学家对待他的方

式：拎着双脚将他放到了磅秤上，好像她是正在处理一条黑鲈鱼
的鱼贩子。难道所有的围产期病理学家都是这种风格？我不知
道——在当时我对此一无所知，并且在医生开始口述、乔西做起
记录的时候，仍然满心困惑。

在对围产期死亡的胎儿进行的尸检中会用到一些并不常见的词
汇，比如我第一次听说的"胎儿皮脂"和"胎毛"："胎儿皮脂"是
在新生儿身上能够看到的一层包在皮肤外面的白色蜡状物质（通常
是在电视中看到的，除非你有喜欢在妇产科病房外闲逛的习惯）；
而"胎毛"则指的是怀孕五个月时胎儿在子宫内开始长出的细小、
柔软的毛发，在怀孕 7~8 个月时就会脱落到羊水中。更有意思的是，
由于胎儿从羊水中获取营养，所以他们又会把自己的胎毛重新吃进
肚子。随后胎毛就会转化成粪便——新生命的第一泡屎。

这是一个怎样疯狂的新世界啊？我本来就认为婴儿是另一个
世界里的新奇物种——我没有任何与婴儿有关的生活经验，既不
想要孩子也不知道怎么喂养他们。而在一个小家庭中的成长历程
让我即使走到了外面的世界里，也不愿意听到或者闻到任何与婴
儿相关的气息——但是我依然发现，当他们死后，这种奇怪的生
物变得更加复杂。

在我全神贯注地观察整个尸检过程的时候，很庆幸有乔西在
旁边不断进行讲解。在围产期胎儿的尸检中，将小小尸体的身高
和体重测量并记录下来，据此推断出确切的妊娠期后，精细的解

剖就全部交由围产期病理学家进行了。我们 APT 这时候只需要在一旁协助做些记录数据、递送特殊的工具以及将极其微小的组织样本放入不同的采集容器中等工作。在这个过程中，只有病理学家对胎儿或者婴儿的器官比较熟悉，而在我们看来，它们的体积实在是太小了，以至于根本没法区分开来。实际上，在这种情况下，我们甚至都不需要像做成人的解剖那样将头颅打开。病理学家会亲自将胎儿头部纤弱的皮肤剥开，然后用剪刀将同样脆弱的头盖骨剪开。由于尚未开始骨化成为真正的骨骼，颅骨——尤其是头顶部柔软的未闭合间隙，也就是囟门——脆弱的骨质令常用的锯子此时显得非常多余。

我们的主要职责除了做记录之外，还要将胎儿大脑在福尔马林溶液①中进行一周左右的"固定"，只有这样处理后才能进行检验——未经处理的大脑实在是太柔软了，即使是病理学家也没法解剖。我找不出比"精致的粉色牛奶冻"更合适的说法来形容它的质感，上面还没有生长出我们印象中大脑应该具有的纹路。另外，我们还需要修复尸检完成后的尸体，因为此后父母们会很想再来看看自己的孩子。为了家长们能够尽早与孩子相见，我们会尽可能快地完成这项工作。

———————————

① 福尔马林溶液是用来保存器官标本的溶液，与甲醛并不是一回事，后者指的是一种气体。福尔马林溶液是将甲醛溶解在水中后制成的，主要用于停尸房或者组织学实验室等。

"乔西，说真的，我无法理解。"在第一次围产期胎儿解剖结束后我对乔西说，虽然在这场尸检中我除了在一旁看、提出无数个问题外什么都没有做，"怎么能今天下午就让家长看宝宝呢？宝宝的大脑被取出来了啊，并且还要在外面放上一个多星期呢！"我指着一旁数不清的"特百惠"罐子中的一个，福尔马林溶液中浸泡着一块放在专用的"大脑架"上的细巧而暗淡的物质。

"我们不需要让大脑留在脑袋里面。"乔西一边耐心地解释着，一边从一大卷脱脂棉中扯下一小块来，搓成一个和粉色的脑组织大小基本一致的棉球，然后小心翼翼地将其放到空荡荡的颅骨中。

于是，我开始有点明白了，但是却依然存有疑惑："但是如果我们现在就将切口缝合的话，那么下周是不是还要再拆线把大脑放回去？接着再缝合一次？他的皮肤岂不是会被搞得一团糟！"

乔西还是一如既往地耐心，并没有多说什么，只是取过一些氰基丙烯酸酯胶黏剂，就是俗称为"强力胶"的东西——我即将学到的关于它的用法是殡葬师们保守得最好的秘密，从这个角度看也确实符合它的名称——然后对我解释道："你看，他的皮肤太脆弱了，没法缝合的。"他说的是实情，胎儿的皮肤状态和刚下葬不久的死者相近，很容易被缝合线扯破。随后，我开始着迷地看着他的操作。只见他熟练地将病理学家留下的切口边缘合拢到一起，使它们对齐成为一条完美的直线，再沿着切口一侧的皮肤边缘均匀细致地涂上一层胶水，最后将另一侧边缘与之按压在一起，保持几秒钟的时间。两侧头皮的黏合线仿佛一根细长的头发丝，几乎看不出解剖过的痕迹。我定定地凝望着他，心里涌起一股崇拜之情。

但是，并没有多少时间留给我去表达赞美了，因为当胶水很快就干了之后，他便轻柔地将胎儿翻了个身，露出他空荡荡的胸腔。

"好了，接下来看你的了。"

轮到我了。摆在我面前的首要问题就是小解剖台上那一小堆都呈现出毫无生气的粉色的微型器官和组织。它们需要被重新放回到胎儿的体内，但是很显然我们通常使用的成人内脏袋并不适合眼下的情况。于是，我找出了一些聚乙烯膜。当我把它拿到手中时，乔西朝我点了点头，确认了我的想法是正确的。我撕下了一块有些难应付的黏糊糊的塑料膜，用一个小刀片将所有器官和组织刮落到膜上，将它们整洁地打成一个刚好可以填满胸腔的小包裹。然后，我也学着乔西的样子拿起了强力胶，采用同样的方式将切口黏合。在他操作的时候，一切看起来毫不费力，但是当我真正开始尝试的时候，才发现这简直比登天还难。不过，好在最后我也做到了，小小的躯体上除了中央一条不比绣线更宽的痕迹外，基本上恢复了最初完好无损的样子。我对此感到非常自豪，尤其是当看到乔西对我努力的成果露出微笑的时候。但是和刚刚一样，留给我享受成就感的时间也寥寥无几，我们需要立即着手完成下一项任务：

　　"现在，我们最好给他穿上衣服，好让他比较适合与亲人见面。"

　　一开始，我并没有反应过来乔西所说的"给他穿上衣服"指的是什么，因为这是我第一次参与"小人国"的尸检，我很怀疑是不是真的有那么小尺寸的婴儿服，还能拿来给尚未出世的胎儿穿。难不成我们要去买洋娃娃的衣服？后来我才知道，一直以来都有志愿者给胎儿们织一些粉色或者蓝色的小衣服，最常见的款式是帽子和开身毛衣。其中尤其以帽子最受欢迎，因为这既能有效地为外观看起来相对奇怪的胎儿增添一丝人性的气息，还能把他们头上的切口痕迹隐藏起来，虽然那已经被修复得很整齐了。

　　作为团队中唯一的女性（这有什么关系吗），我显然成了接手由治丧服务中心安排的父母探望的最佳人选。但后来我渐渐感觉到，我很乐意参与这项工作：我在乎每个孩子的衣服是不是正确地穿好了，也在意所有的玩具和照片是不是都根据父母的要求摆在了小婴儿床正确的位置上。对陌生的围产期世界开始渐渐熟悉起来之后，我相信在这样一个对于父母而言非常艰难的时期里，由我和他们交流要远比"恐怖三人组"合适得多。同时，这也让我在下午有了更多可做的事情，可以更加理所当然地与团队里的其他人保持距离。乔西经常会过来帮忙，我也很喜欢他的加入，因为他能够敏感地体察到父母们的需求。在着手围产期死亡胎儿的相关工作以及为取得学位而不断努力的过程中，我逐渐意识到，在停尸房里我也找到了自己要为之奋斗的目标，并且其中并不包括花费大量时间去适应不相干的人。

有了这番心理建设作为基础，我的状态渐渐走上了正轨。

为什么我们在允许父母来探望死去的婴儿前要大费周章做一番准备？这显而易见是个非常愚蠢的问题，因为他们是婴儿，因为他们的死亡是令人感到无限悲哀的巨大打击。很多人都遭遇过突然失去挚爱的不幸，可能是多年来朝夕相处的姐妹、家人或者亲密好友，他们同样值得拥有关怀与关注。但即使如此，婴儿的死亡仍需要投入更多的心思、准备得更为精心的另一个重要原因是，伴随死亡而降临的，除了巨大的痛苦之外，还有因新生命所代表的希望、所蕴含的无限可能，以及那纯真无邪的灵魂全部断送而生的深深悲哀。

在20世纪末的英国，发生了一件非法偷藏器官的丑闻——"阿德尔赫丑闻"。它的暴发起始于一位悲伤的母亲发现布里斯托一家医院竟然在她毫不知情的情况下，将她不幸去世的孩子的心脏偷偷地保留起来，用于进行医学实验（也就是说，她在全然不知的情况下安葬了孩子残缺的遗体）。随后的调查发现，利物浦的阿德尔赫医院也发生了同样的器官私藏，那家医院距离我曾经的工作地点很近。进一步的深入调查结果显示，有近 200 家医院及教学机构存在在未告知亲属的情况下偷藏器官的问题，而它们之所以敢如此明目张胆，是因为在 1961 年的《人体组织法》中，对保留器官是否需要征得许可这一点上存在未做明确规定的漏洞。大众对此群情激愤，媒体更是不遗余力地鼓动大众情绪，撰写诸如《毛骨悚然的医疗事故！》《掘尸人回归！》之类的耸人听闻的文章。但实际上，并没有发生那么严重的违法行为，罪魁祸首不过是有着哥特式①恐怖名字的、狡猾的病理学家迪克·范·费尔岑。由于他供职于阿德尔赫医院，目光便更多地聚焦到了那里，丑闻的名字也被人们简称为"阿德尔赫丑闻"。丧子的父母们自发形成组织，强烈要求修改法律。由于受到来自多方的重压，英国政府最终于 2005 年成立了人体组织管理局。该机构的主要职责是确认任何被保留下来的器官都有家属签署的"知情同意书"，并且对用于尸检、公众展示、移植以及其他各种途径的人体组织进行管理。这也是虽然如今大多数家长愿意对孩子的尸检情况做更多的了解，也基本上都同意我们保留其器官，我们还是要对每一步骤都谨慎对待的原因。对很多人来说，一旦涉及婴儿的死亡，就一定会联想到 20 世纪末那场被钉在耻辱柱

---

① 哥特式是文艺复兴时期被用来与中世纪区分的艺术风格，以黑暗、恐怖、绝望、孤独、颓废等为标志性元素。——编者注

上的丑闻。这种心理究其根源，既不全是源于对死亡的恐惧，也不都是担心下葬时由于种种原因而没得"全尸"，更多投射出的是古往今来人们对于尸体解剖从未消散过的恐惧。

这种情绪或多或少也影响了人们看待摆放在博物馆架子上的围产期解剖以及胎儿标本的眼光，虽然不会再有人像过去那样将其视为"腌泡玩偶"。为什么大众对此的反应要比看到成年人的器官标本时更强烈呢？是因为漂浮在防腐溶液中，或者躺在尸检台上的是一个完整的胎儿？是因为他们已经发育出眼睫毛、手指以及脚趾而具有更真实的"人性"？还是因为一个生命就这样未经绽放就早早凋谢了的事实令人们变得伤感，从而对围产期的死亡更难以接受？另外还有观点认为，在博物馆中展出围产期的标本，对于经历过流产或死胎的人而言是一种巨大的二次伤害。若从这个角度来看的话，那么女性病理学家、警方、社会工作者以及所有在人生中经历过此番痛苦的相关从业者该怎么办？她们难道就要从此结束自己的职业生涯了吗？难道所有的工作都要因此而停摆了吗？

我想说，不，并不是那样的。生活依然会继续。

从某种意义上来讲，我的生活确实向前迈进了。我看到伦敦的圣马丁医院停尸房发布了招聘公告，需要一名高级 APT，而我作为一名已经取得学位的技术员完全有资格应聘这一职位。从学历上来看，我和任何 APT 并无差别。圣马丁医院对我的面试还和从前一样，由一个 4 人组成的评审小组主持，但我已经对这种场面相当熟悉了，因此顺利发挥出了自己最好的水平。我对自己的能力非常有自信，更重要的是，我已经开始有意摆脱过去几年扎根在我生命中的负面因素。在过去长达 5 年的时间里，我不仅对尸体防腐技术相当熟稔，也对停尸房工作的方方面面进行了充分的体验，更参与了几乎所有可能类型的尸检：验尸官的、医院的、法院的，以及围产期的各类尸检。可能我唯一比较缺乏经验的就是对于"高危人群"——被确定或患有传染性疾病，或静脉注射吸毒，或曾接触过危险化学试剂及辐射性物质的死者——的解剖。这种"高风险"的解剖只有高级APT 才有资格进行。

我需要积累这方面的经验，并且也需要离开现在工作的医院。我已经是一名不错的 APT 了，但是还想变得更出色。很显然，圣马丁医院会是一个满足我深入学习之心的绝佳选择。我的热情以及想迎接挑战的迫切心情一定在面试中显露无疑，而我的个人简历肯定也有力地证实了我的能力，所以在面试结束后还没等我离开医院，其中的一位面试官就给我打来了电话。

我做到了——我得到了那个职位。我完全是蹦跳着离开医院的。

　　在圣马丁的生活是多么的不一样啊！各方面都和我之前待的地方存在着令人兴奋的差异。之前为了填满工作时间，我必须拼命给自己找事情做，而现在忙碌则成了日常的必需，每天我都像一只在停尸房里嗡嗡打转的反吐丽蝇（一种蓝翅蝇的学名）。这应该是我待过的最忙、最有效率的停尸房了。而且一个比较极端的巧合是，我才从一个由4个男人组成的团队离开，就进入了一个成员包括5个女孩和一名新来的女实习生的新环境，再算上我的话一共有7个女孩。在我过去供职的地方，充斥在封闭环境中的雄性激素对我构成了极大的困扰，如今我将面对的这杯由大量雌性激素调制的"鸡尾酒"又会味道如何呢？

　　时间会告诉我答案的。

　　不过，至少不时过来查看一下情况的总负责人胡安是个男人，多少给整个环境增添了一些男子气概。在之前7·7恐怖爆炸事件的临时设施中，我曾经见过他，并且对他很有好感。他有野心、有想法、为人温和，还很会鼓励别人——当然了，也只是在有需要的时候。我对能和他成为同事感到非常开心。

　　第一天去上班的时候，虽然心里已经紧张得快要发疯了——这可能是和四个简直像从《超现实大学生活》（一部英国电视剧）中走出来的男人一起工作过长达一年之久后留下的后遗症，但我还是尽量表现出很快就适应了的样子。当时的我正处于刚刚分手的节骨眼，心态上又已经做好随时进入一段新关系的准备，因此能够在一个全新的环境中加入一个热闹的女生团体还是很不错的。我最需要的就是彻底的改变。

当我们坐在一起，一边喝咖啡一边互相熟悉彼此的时候，我看到办公室的电脑旁边放着一本《马克西姆》杂志①："《马克西姆》？这不是给男人看的杂志吗？一定是胡安的吧？"我说完还挤了挤眼睛。

女孩们听到我的话都笑了，另外一个高级 APT，也是我后来最亲近的同事莎伦回答说："不不不，那是我们买来的，因为这期给和我们有密切合作关系的葬礼承办人做了个大专访，就是伦敦南部的那个安德森·摩根葬礼服务。"

"原来是这样啊。"说完，我饶有兴致地翻阅起来，发现其中关于安德森·摩根的内容有足足 6 页。那是一家非常有名的家族企业，曾经在一档电视节目中作为关注的焦点，也承办过不少极具知名度的名人葬礼。

翻到一半的时候我停了下来，被其中一页上的一名公司员工的特写深深吸引住了。画面里的男人有着相当好看的外表：棕色的头发、健壮有力的手臂交叉环绕在停尸房经典的绿色塑料围裙

①　《马克西姆》(Maxim)，美国男性杂志，为读者提供关于性、男女关系和日常生活等各方面的内容。——译者注

外面。然后，我仔细阅读起下面的说明文字，了解到原来他是个尸体防腐员名叫托马斯。想要和女孩们聊聊男人的八卦，于是我挑起话题："看啊，这个靓仔是谁？"包括停尸房管理员蒂娜在内的大多数女孩当时都围坐在小小的办公室里，于是我说完还把杂志张开——展示给她们看。

"那个'靓仔'是蒂娜的丈夫。"莎伦说完露出一个微笑。

"哈哈哈，别开玩笑了！"我嘲笑地挑了挑眉毛。我认为她们这是在跟我开玩笑，故意给新人制造一点心理压力。

"是真的，没开玩笑。"蒂娜说，脸上没有丝毫笑意，"那就是我的丈夫。"

我刚刚将我新领导的丈夫称为"靓仔"。

这可真是一个不错的新开始啊。

我刚才说圣马丁医院停尸房是个忙碌的地方，这或许只能算是个保守的说法。它本身就已经是伦敦最大的停尸房之一，同时还接收来自地方司法管辖内的案件，也就是说，我们既需要给在医院里过世的病人做解剖，同时还要接手外部的尸检。另外，圣马丁还是一个处理高危案例有口皆碑的"权威机构"——在我成为高级 APT 后主要从事的就是这方面的工作——因此它连布莱顿、伊普斯威奇等较偏远地区的传染性死者也会接收。可以说到了圣马丁之后，我没有哪一刻是不忙碌的。我们的工作时间一般从早上 8 点开始，一直到下午 4 点（除非需要值班的时候），但我总是会提前半个小时到，在一切开始之前先煮上一壶咖啡。相信我，接下来一整天的工作量会让这壶咖啡变得极其受欢迎。一周里总会有好几天，我都要一直干到六七点钟才能下班。

我的日程安排一般是先在早上进行两场高危死者的解剖，比如患有肺结核、艾滋病、肝炎等的死者，因为这些都是最常见的传染性疾病，所以在最开始阶段我会经常接手此类案件。我非常享受迎接挑战的过程。高危死者的尸检需要使用单独的空间和专门的仪器设备，他们不能与其他死者一起在主验尸间接受解剖，尤其实习生和持证者也都在那个空间里工作。圣马丁停尸房的主验尸间与大都会医院的大小相当，但是里面增添了围产期解剖台，并且在房间的后面还有专门放置 X-光设备的空间（并不是放在一个单独的房间里），另外还有供医学生观摩尸检的走廊，观摩也是他们课程实践的组成部分。在处理传染性案件的时候，我很享受那种仿佛有了自己的私人验尸间——高危房间——的感觉。我在里面可以按照自己的习惯做好准备，然后等着有趣又有才华、如谜一般高深莫测的阿洛依修斯·圣克莱尔教授来进一步检查。他总是戴着一顶与印第安纳·琼斯 ① 同款的帽子，在高危房间的更衣室里脱下私服换上防护衣的时候，这顶帽子总是要等

---

① 印第安纳·琼斯是电影《夺宝奇兵》系列的主角。——编者注

所有衣服都脱完之后才被摘下来。有一天我走进去的时候，刚好撞见他除了印第安纳·琼斯的帽子和平角内裤外什么都没穿的样子。然而，他只是自然地双手叉着腰，对我吩咐道："卡拉，我想这个案子我们可能需要比以往更多的标签，因为有相当多的样本需要采集。"在他说话的时候，我的目光在更衣室内不断游移，唯独不敢落在他赤裸的胸膛和脱下来的裤子上："好的，教授。"我害羞地嗫嚅着，随即飞快地冲出房间去打印标签了——谢天谢地，还有这个借口可用。

成为高级 APT 给我的工作带来的重大变化之一就是，我需要安葬死去的孩子们。这是我从来没想到的。

和大都会医院类似，几乎每家医院都有自己的治丧中心，但出乎我意料的是，在圣马丁，治丧中心与停尸房在工作上的交叉竟是如此紧密。举个例子来说，如果治丧中心堆积了过多的事情、有大量处理不过来的文书工作（还好这种情况出现的频率并不算高），那么我们中的一个就要上楼去给他们提供支援。这对我们而言其实是有利的，因为如此一来，就能深入了解在一位病人过世后有哪些需要处理的事宜，对相关的管理条例也会建立起一个比较全面的认识。

每家医院都有一笔专门的基金，用来给那些在其管辖范围内无人认领的死者举办最基本的葬礼。另外还有一种情况是，有些家庭实在支付不起亲人的葬礼，但他们的条件达到了政府给予经济补助的标准。成人的葬礼由楼上的治丧中心承办，而我要负责的，说起来有些难过，是给同样遭遇的婴儿在楼下停尸房或地下室里举行葬礼。最初我并不相信能有父母不愿意安排或者监管自己宝宝的葬礼，即使有，也应该只是零星个案。我和莎伦按照孕期进行了分工，24 周以上的胎儿归我，而她则负责不足 24 周的。事实证明，我的猜测实在是过于乐观了，每个月我平均需要准备 10~15 个这样的葬礼。我对此感到震惊的另外一个原因是，如今已经有很多殡仪馆减免了婴儿或者儿童葬礼中的不少费用，也就是说，举行同样的仪式其花费要比平均水平便宜很多，但就是在这种情况下，仍然有很多父母选择撒手不管，于是不得不由我代办。

　　办理这种葬礼需要准备大量的文书——其实停尸房中的每件事情也都一样，只是并没有拿出来专门讨论罢了；另外还要与安德森·摩根葬礼服务不断联系，因为它掌握有承办此类葬礼的自治区合约。我从治丧办公室拿到来自妇产科病房的葬礼申请表，然后去冷柜查看婴儿的尸体，对其尺寸做出粗略的判断。由于婴儿们要被暂存在临时的纸板箱棺材里送往安德森·摩根，因此我需要根据判断结果，为每一具小小的尸体选择合适尺寸的"棺材"。非常小的胎儿，孕期也就 18 到 19 周？那肯定要用 4 号"鞋盒"。新生儿或者足月胎儿？可能要 13 号的才够。宝宝的年龄越大，需要的"鞋盒"尺寸就越大，也就越发让我没法理解为什么他们的父母竟然会狠心抛下自己死去的孩子不管。实际上，每一次我都会通过信件或是通过电子邮件，给他们的父母发去详细的情况，告知他们葬礼的时间和地点以便他们出席。

　　每个月，都会有专门的人来统一将小小的尸体——我渐渐开始习惯性地称他们为"我的宝宝们"——接走，而我则会在一旁监督着整个过程的进行，这也是我能陪伴这些没人要的天使走完的最后一程。我把纸板箱和上面的身份标签一一核对，然后在登记表上的每个名字后面打上钩，后续的工作就全部移交给葬礼承办人了。"我的宝宝们"会被放到一个成人担架上，用柔软的织物盖好后运走。这时候，我会在心里默默跟他们告别。

　　葬礼承办人来领取成年人尸体时的程序也基本相同：先将他们领入停尸房，在一番简短的交谈后确定领取死者需要的各项文件均已准备齐全，然后协助他们将死者搬运到担架上，同样也用柔软的织物遮盖好。在这个过程中需要签很多字，当用白板笔写在冷柜门上的死者姓名被擦掉时，承办人就算完成任务可以轻松地离开了。有些时候，真的很难对他们所有人都保持一个友好的态度，尤其是对那些聊天欲望特别强烈的人。想象一下，当你手上的解剖正进行到一半，却不得不脱掉所有防护装备去应付承办人的事情——这是我在大都会医院并不需要做的。倒不是说我们对承办人怀有什么不满，只是当全部的精神都集中在手头的尸检上时，真的很不情愿分散注意力。

　　这也就说明了为什么有一天当蒂娜——她很快就原谅了我管她丈夫叫"靓仔"的荒唐事——带着一种看热闹似的神态朝我走来时，我会感到那么惊讶了。

　　"你认识塞巴斯蒂安吗？"

　　"不认识。"我回答道。我确实是不认识。

　　"不对，你肯定认识他啊。"她反驳我，"昨天你还跟他聊了好长时间呢，就是那个南方人。"

　　"蒂娜，事实上对于我而言，他们都是南方人。我需要知道更多他的情况。"

　　"上周三，这么说你总该有印象了吧？"

　　我稍微想了一下："啊啊啊，是的！我想起来了！他怎么了？"

　　"他让托马斯来问我，能不能把你的手机号给他。他想约你出去。"

　　我开始回想过去的几个月，自己确实和塞巴斯蒂安聊过很多次天。而且说实话，他这个人很有意思，在我们之间好像还真的悄悄地发生着什么化学反应。我还想到，他身上的味道很好闻。（能够闻到除了死者之外其他人的气味，于我而言总是一件值得开心的事情。）或许在大多数人眼中，在一间医院的停尸房里、站在尸体的旁边调情是一件极为古怪的事情，但在我们看来却并没有什么不合时宜的地方。爱情和死亡本身就是错综复杂地纠葛在一起的，只不过我们鲜少、也很难从这个角度去考虑问题。萌芽于死亡身边的爱情再正常不过了，它们恰好构成了一个完整而动态的生命轮回。另外，投入一段新感情也能帮我屏蔽掉工作和生活中的各种负面问题。但是我转念又想，我真的想和这样一个连自己来约我的勇气都没有的人出去吗？不过，能出去约会还是很开心……

我转念又想到了那天我第一次在《马克西姆》杂志上看到的蒂娜的丈夫托马斯，她是停尸房的主管，而他是尸体防腐员：他们就像是充斥着福尔马林气味的天堂里命中注定的一对。当下班回到家后，他们一定可以畅快地讨论白天发生在工作中的各种事情，并且能够毫无障碍地了解对方想要表达的意思。那一定是这个世界上最棒的夫妻关系啊！我忽然意识到，我对此也充满了渴望。共同语言正是我上一段破裂的关系里所缺少的，也是我之所以会格外珍视和乔西之间的友谊的重要根源。我希望能有个了解我的人，他懂我对工作的热爱，愿意跟我分享白天工作中遇到的点点滴滴。塞巴斯蒂安和托马斯完全不是一个类型，相比之下：他更安静，也更容易害羞；他更像是个小男孩，却总是能逗笑我。这样想着，我对和他出去约会并且发展起一段关系忽然充满了好奇和向往。

"好的，没问题。"我告诉蒂娜，看到她的眼睛里也闪烁起期待的光芒，"没问题，把我的号码告诉他吧。"

于是，我和塞巴斯蒂安开始约会了。然后，我们"在一起"了。到目前为止，我已经在伦敦生活了4年，也是该交一个男朋友的时候了。他和父母住在一起，还有一辆车，所以经常是他过来找我。有时候，我们也会在伦敦市中心找地方见面。我们出去吃饭的时候，他坚持要由他付账，去逛商场的话也总买礼物给我。他还经常陪我去看电影，并且时不时地，还会带着一大束鲜花出现在我家门口。年轻情侣们会做的事情，我们几乎都做遍了。

有时候我还在验尸间工作，当对讲机嗡嗡地响起来时，莎伦就会大声叫我："拉拉，你的另一半来了！"（她总是叫我拉拉，而不是卡拉。）多好啊，我还享有在工作时间去见男朋友的特权。这种新鲜感从没褪色：我有另一半了！于是从感情的角度来讲，我是一个完整的人了。我热爱我的工作，喜欢我的住处，现在又拥有了一段像蒂娜和托马斯那样浸润着福尔马林气息、充满着互相理解的完美爱情。我像迪克·惠廷顿①一样来到伦敦，除了包里的几件衣服、几本书以及一些梦想外一无所有。然而现在，当时的梦想都已经实现。

生活可真美好。

"我的天啊！"一天早上，打开冷柜门后我不禁发出抱怨：

---

① 迪克·惠廷顿是一个童话中的人物，是个贫苦的孤儿，去伦敦是为了发财。除了一只猫，他一无所有。——编者注

"护士们怎么老是这么干啊！"冷柜中一个死去的婴儿被包裹在
毯子里，但是她小小的脸颊却暴露在外面。

"怎么了，拉拉？"莎伦一边问着一边走过来，手里还拿着
计量尺。不过不用我回答，在她看到未完全包裹的婴儿的瞬间就
明白了我为何会忽然如此暴躁。

"死亡的尊严"是一个相对的概念，在我们的医院里，有很
多护士认为即使已经死亡，把孩子放进一个塑料袋子里依然是一
件让人无法接受的、"太可怕"的事情，并且还觉得把孩子蒙着
脸放进冷柜里非常不得体：她们希望孩子躺在托盘上的样子尽可
能像只是睡着了。她们没有受过 APT 的相关训练，所以不知道
这样做会带来很严重的问题，婴儿柔嫩的面部肌肤会被低温冻
伤，造成不同程度的毁容，让来看孩子最后一面的父母更加难以
承受。虽然在新护士入职的时候，我们会专门举办相关的讲座，
向她们普及这方面的知识，但还是有相当一部分人坚持让孩子们
的脸暴露在冰冷的空气中——这真可谓是出于对尸检中"保持尊
严"的执着而好心办的坏事。

"不过，这个的情况还不算太坏，"莎伦安慰我说，"没造成
什么太严重的后果。"

但是，我依然充满了一种全部努力都被无视了的挫败感。我
把婴儿的脸盖上，重重叹了口气后摔上了冷柜的门。不得不承
认，我用的力气稍微有点大。莎伦放下了手里的计量尺，追问

我："拉拉，你是不是出什么事了？"那一刻，她一定感受到了我情绪的败坏不只因为眼下的情况。

事实上，虽然我和塞巴斯蒂安在一起已经将近 10 个月了，但由于他经常出现一些奇怪的举动，我感到在这段关系里渐渐迷失了自己。我们基本上每天都会聊天，但总有那么两三天，他整个人音信全无，仿佛人间蒸发了一般消失得干干净净。我做手术的日子刚好还赶上过生日，可无论在当天还是第二天，我都没有得到任何来自他的关心：没有短信，没有电话，没有一点对我的手术是否成功的担心。他又一次的消失不见令我对他的全部怀疑变得无可辩驳，而我也再一次感到自己不像以前了，因为我不喜欢处于一个除了自怨自艾之外完全无计可施的境地。

不过，事情的后续发展已经无须我费心去判断和做决定了。一天晚上，我因为一通来自陌生号码的电话而彻底清醒了过来，虽然在我接听时，只是出于习惯地说了一句："喂，你好。"

然而，对方的回答则相当不友好："你就是卡拉？"是个女人的声音，说话的语气充满了恶狠狠的敌意。我瞬间紧张起来。在回答"我是"之前，我的心脏简直漏跳了一拍，并且当终于开口作答的时候，我的语气听上去更像是反问——仿佛本该质疑电话另一端粗暴之人的身份时，我反倒先对自己是谁产生了动摇。

"你能给我解释一下，为什么你的电话号码会出现在我老公的一个小本上吗？而且为什么他还把它藏到我们的床底下？就在我们的家里？在我们的孩子睡觉的地方？"

在挂上电话之前，我除了一阵呜咽外发不出任何其他声音。

那些他不见踪影的日子。

总是他来找我而从不让我去他那里的原因。

我手术当晚他的缺席。

所有可疑的碎片，终于拼凑出了一个完整的答案：我不是他的女朋友——我只是一段婚姻中的第三者。

在接到那个电话之后，我感到整个人的状态都不对了。毫不夸张地讲，在我的生活中还没有过哪一刻能比当时更令我难受。那种感觉就像是有人怀着满满的恶意将臭鸡蛋、剃刀刀片以及蛆虫之类的东西穿过肚子上的皮肤直接桿进我的胃里。血色一点点从我的脸上消失——毛细血管中由于失去了那种性命攸关的重要液体，而在皮肤上造成了因缺氧而出现的寒冷和刺痛感。我四肢的血液好像也被抽空了：先是我的手指和脚趾都感受到一阵被冰冷的针尖戳刺般的痛楚，随后这种感觉沿着我的手臂和双腿向上蔓延，最后抵达我的腹部——那里冷得简直像个冰窖。我低头看了看自己的手脚，指甲全部开始发紫。随即我感到一阵眩晕。我的血液都跑到哪里去了？它们可能会流到什么地方呢？我是不是把它们吐出去了？不，不会的，我胸口处的那种强烈的压迫感让我相信我的血液全都集中在心脏里，但马上我又开始担心起这个像伽林形容的那般坚韧又脆弱的器官，会不会在承受了太多血液的压力之后再也跳动不起来，并且最终不受控制地崩裂开来？而且好像除了胸腔外，我的肚子那里也出现了很强的沉重感。沉甸甸的感觉变得越来越强烈，以至于我不得不用手去试图托住它。

我跌跌撞撞地冲进浴室，在镜子中看到了一张和我平时在验尸间面对的死尸毫无差异的脸：苍白的脸、蜡一般质感的皮肤，凹陷的双眼，以及蓝紫色的嘴唇。在我的记忆中，我还没有晕倒过，但是由于看到过很多其他人如此，因此对于这究竟是怎样一番状况还是比较了解的。我向镜子更近地跌了过去，于是我的瞳孔一直在扩大，以至于我的眼睛看上去就像是黑色的。我凝视着镜中自己的双眼，却没有在里面找到自己的倒影。相反，我看到了其他东西，一个好像是"血腥玛丽"的被困在镜子里的人影。我已经站不稳了，于是用双手撑在镜子上，一眼看过去我嘴唇上方成串的冷汗特别乍眼；最后，我终于还是支撑不住了，身体开始不断下滑，在镜中那个我的身上，我看到了一片血污。那片深红色的血迹，在我毫无血色的面容前仿佛燃烧的火焰般耀眼——这就是我在彻底失去意识前看到的最后的画面。

我彻底倒下了。

我失去了我的孩子。

我不知道在浴室中躺了多久，在我随着意识的时有时无而不断游离于生死之间的时候，那块廉价的浴室地毯给了我唯一的抚慰。我不认为失血过多是造成我晕倒的唯一原因。在很大程度上，也是我自己不愿意醒过来。

至少在那一刻，我完全不情愿。

我的室友丹妮丝是名律师，她每天的工作时间要比我长很多，而当她终于下班回来的时候，发现我仍以胎儿蜷曲的姿势躺在那块小地毯上。

"我的天啊！卡拉，你怎么了？"

"我流产了。"我回答的声音很微弱，"我不知道怎么会……我甚至都不知道我怀孕了……"我的声音衰减下去，因为实在没有力气把话说完了。

"我们现在要赶紧去医院！"丹妮丝一边跪到我的身边，一边尖声叫道。

到医院大概有 10 分钟的路程——我之所以这么清楚，是因为我曾经在那里工作过。我在那里给别人的宝宝做过尸检。

我知道，我不得不去。

之后，我休息了一段时间，并且在回归正常生活的过渡时期中，一直在服用抗抑郁药、止痛药、安眠药以及抗生素。它们在我的胃里就像一只只跳着舞的火精灵，因为虽然医生嘱咐我要在进食后服药，但我却总是空腹将整把药片一起吞下。我完全不想吃任何东西。

在药物的作用下，我一般睡到下午才醒过来，躺在床上透过拉开的窗帘看着外面。我尤其喜欢看夕阳西下的景色：视线里所有的一切都仿佛被一张黯淡的毯子遮盖住，渐渐变得越来越暗，直至最后全部消失不见，只剩下天边的一轮明月——这个变化的过程总能给我带来莫大安慰。也是在同一时期，我开始转而向一些过去从没有认真考虑过的事物寻求慰藉，比如宗教。我并不是以一种非常虔诚的方式，只是喜欢将乌钢石玫瑰念珠贴在脑门上的那种冰凉触感。然后，我在黑暗中摸索着又找出一片安眠药，随着我渐渐沉入药劲儿带来的昏睡中，手中已经变得温热的念珠被松开了。在再次遁入无边的黑暗之前，我又看到了那片由于流产而制造出的血污，好像它依然存在于我的身下，沾染在我的指间。

第 八 章

头部：我失去了理智

我不想知道你的秘密，

它们是我头脑里的沉重负担。

——李察·艾希克罗《用色彩驱散暗夜》

我开始完全活在当下。每一刻我唯一能控制自己做到的，就是专注。专注于手头正在做的事情，一分钟紧接着一分钟地将时间填满。我已经将躺在解剖台上的女性死者的头发浸湿，正在用一把梳子把她脑后的头发水平地分开——细长的缝隙里露出雪白的头皮，将左右两侧的耳朵相连。还是用同一把梳子，我将分好的两部分头发一半向前盖住死者的脸颊，另一半向后梳，盖过她的脖颈——此刻它被一个橡胶头部座架从解剖台上支撑起来。我将手里的梳子换成一把解剖刀，将刀片沿着刚刚梳理出来的缝隙用力切下去，于是狭长的头皮就随着刀片的移动而迸裂开，露出如蛋壳表面般的颅骨；此刻她的后脑出现了一条相当大的切口，不过等对尸体完成修复之后，这条切口基本上是看不出来的。我一只手抓住她上半部分的头皮，几乎用尽全部力气将其越过她的头顶朝着面部拉扯。随着我的动作，响起一阵阵撕裂的声音，而且我不时要因为白色的结缔组织使皮肤附着在了颅骨上而停下来。这个时候，就需要解剖刀轻巧地发挥作用了，然后我再继续用力拉扯她的头皮，直至颅骨的前额部能够完整地暴露出来。这个女人的头很容易打开，并没有在耳朵后面扩大切口进行一些"额外处理"的必要。有些人的开颅则要更费力一些，这也让我想起以前有个来自英格兰中部地区的很可爱的 APT 说过的玩笑话："我们要是能生来就没有耳朵，并且在脑袋上安装个拉链就好了。"

对所有成年人的头颅，我们都采用这同一套方法打开。脑后的巨大切口在尸检结束后会被整齐地缝合起来，然后再将死者的头发进行一番精心梳理，缝合线就几乎看不出来了。但若是死者发量稀少又或者是光头的话，我们就将切口的位置做得尽量靠后，这样就能利用枕头把痕迹藏起来。我们从来没有采用过明显更简单省力的方法，比如在前面提到过的那部电影里制作人想通过道具尸体展示给所有人的那样，直接从前额切开……

用同样的方法，我继续从切口处将死者后脑头皮的下半部分剥离至脖颈——这个做起来要简单得多——然后用手术刀在颞肌附近沿 V 字形进行切割，颞肌在颅骨两侧的两个横纹肌岛上清晰可见。这些肌肉都需要从骨骼上切除，然后失去支撑的头皮被整理平整——这些都是为了给下一步要用到的工具——开颅锯创造施展的空间。

在尸检中用到的电动开颅锯有一个震荡式的刀片，因此它虽然能够锯开坚硬的头骨，但却对皮肤和其他柔软的组织束手无策。事实上，它和人们在骨折痊愈后，取下石膏时用的工具是一样的。使用电动开颅锯会制造大量的残渣，这些残渣可能是颅骨的碎片，也有骨骼的粉末。因此，在它上面通常还会安装一个有罩头的真空抽吸管，这个吸管可以将绝大多数可能会被 APT 吸进肺里的危险微粒物质处理掉，但这样做时会发出极其巨大的噪声，并且令锯子操作起来相当笨重。当然，我们也可以戴一个纸质的面具作为防护替代。

"教授，我能进行开颅了吗？"我站在一旁问道，手里已经准备好了开颅锯，模样活像是持着一把来复枪、时刻准备着的女王卫队成员。在进行这一步前，一定要记得先获得许可，因为这同时也是在提醒医生你马上将要启动开颅锯了——考虑到他现在正操作着非常锋利的解剖刀，而电锯忽然炸响的轰鸣声很可能会吓得他在毫无准备的情况下伤到自己，因此这一声询问非常关键。

"可以了，卡拉，已经可以了。"圣克莱尔教授回答说。

他和我在小小的高危案件专用验尸间里已经建立起了非常默契的合作关系，但是我们依旧严格按照程序来完成工作。还没等他的话说完，我便接通了锯子的电源。随即，空气中响起一阵如牙医用的电钻般呜呜的声音，以及好像真空吸尘器般的轰鸣声。我操作着这个因为罩头而显得笨拙的工具从死者前额的正中沿一条直线锯到左耳，然后又在右侧进行同样的操作。随后，我在颅骨的背面又重复了一遍：先从中间锯到左耳，然后再向右耳。于是，我便有了一块椭圆的、"眼睛形状的"头盖骨，不过这时它还没有彻底脱落。还有很重要的一步没有进行：使用一件T字形的金属工具，也就是我们平时称为"开颅凿"的东西。我将T字形工具的底部插入由电锯造成的骨缝中，用一个木槌轻轻敲打，随后改用T字形工具的头部向右侧一扭。这样一来，头盖骨很快就能与其下一层叫作硬脑膜的组织分离开来，同时发出一阵类似于爆裂和撕扯的声音。颅骨的顶盖——头盖骨——此时便可以很轻松地取下来了。我将其放在了解剖台上死者头部的旁边，于是死者的大脑便被暴露了出来。

怎么说呢，大脑看上去实在有点太过于……朴实了。那副样子很难让人相信它拥有上千亿个神经元，并且是我们全部人格、记忆乃至自我的发源地。大脑呈淡淡的粉色，还闪烁着一点柔和的光泽，是一个令人感觉相当愉快的器官。因为它的构造非常精密，所以为了将其从颅骨中取出来，我用一只手稳稳地持住，另一只手操作解剖刀将位于颅骨底部中央的颅神经切开。然后，我将解剖刀伸进枕骨大孔——大脑通过这个孔洞与脊髓融合到一起——将脊髓横着切断，这样，大脑就能够从颅骨中取出来了。我将托着大脑的手稍微向左侧倾斜一点，以便把靠近颅骨右下方的一层薄薄的连接组织，也就是解剖学上所说的小脑幕切开。同样，完成右侧后还需要对左侧进行相同的处理。这一步完成后，位于大脑下面的两个小脑半球就全都能取出来，构成一个完整的小脑了，我将整个脑组织小心地放进了磅秤的不锈钢大碗中。在尸检过程中，每一个器官都要称重，这一步骤通常都是随病理学家的解剖而进行，不过大脑这部分由我来负责。我在书写板上记下了"1349克"的数据——对于大脑的重量而言，这是一个很正常的平均数值，一般人的大脑都在1300~1500克之间。随后，脑组织便会被放到教授旁边的解剖台上。这时已经可以比较明显地看出来，它在渐渐失去原有的形状，并且开始不断变小。

我觉得我的大脑也在经历同样的变化：不断萎缩，变得又扁又平。但我相信那并不是我原本的性情问题——肯定都是抗抑郁药的副作用。尽管状态不佳，但是每天平淡无奇的节奏反倒令我感到颇为欣慰。有两件事让我对重新回来工作产生了一定的畏难情绪。一是始终存在与塞巴斯蒂安再见面的可能性。虽然在我们的停尸房，每个人都表现得好像什么事都没有发生过，就好像我只是因为得了流感而请了一段时间的假。另外一件则是我还要继续做安葬宝宝们的工作，死去的婴儿在我的生活中简直变得无处不在。我有了更充分的理由去关注他们的死亡：如今我自己也成了统计数据中的一员了。但是幸亏有抗抑郁药在起作用，面对困难我更多的感觉只是麻木。如果没有这些药片的话，我很难想象痛苦的折磨会是多么强烈。每一天，我所想要的无非是按时上班、完成任务、下班回家。我过得仿佛行尸走肉一般。每天傍晚

6点左右，我就会服下安眠药，然后在第二天早上5点准时醒来，起床去上班，开启又一个行尸走肉般的日子。不过，我应该勉强算得上是个功能良好、工作勤奋的行尸走肉了。又或者说，至少，我是一个好的行尸走肉。

可能正是我本身的生活状态驱使我更多地关注大脑的吧。

教授将我从无边的遐想拉回到现实之中，这时他已经开始用一把长长的、无比锋利的解剖刀来切割那团粉色的物质了，切好后的薄薄的脑组织在血迹斑斑的解剖台上变得更加扁平，就像一摊苍白的奶油冻。经过检查，他发现没有任何异常情况。这种检查在我们接手的高危案件尸检中是非常典型的，根据死者生前有静脉注射用药的习惯，顺理成章的推断就是如果他们使用了一些有问题的针头，就有可能染上艾滋病。而在眼下的案例中，虽然死者也是死于药物过量，但以目前检查的结果，我们只能说疑似"某种毒物"导致了死亡。所以，在教授开口之前我就知道他要说的是什么了，并且已经将注射器拿在了手里。

"卡拉，我们需要采集一些玻璃体。"教授的话证明了我是正确的。说完，他将手上的乳胶手套扔进了一旁的黄色医疗废物桶，然后在尸检记录表上开始埋头写起刚刚的发现。

虽然采集玻璃体是很多APT最讨厌的操作之一，但它却是一件我很喜欢做的事情，因为想要完成好这一步，在技巧上需要格外高的精确度。我走到冰冷的解剖台旁，开始操作起手上的注射器，这样一来我便与死者面对面了。当注视着她满是皱纹的脸时，恍然间我想到了自己，想到了所有表面上强撑住的坚强是如何在一天的工作结束后在到家的第一时间就被眼泪冲垮的。我感到我所失去的，远不止最初我以为的仅仅一段感情那么简单。

　　我赶紧在脑海里刹住了车，将精神集中。我把她的头皮拉回原来的位置，重新遮盖住已经打开的颅骨，这样一来，不仅她的模样重新变得完整，我也能接触到她的眼睛了。在用一只手将她的眼皮尽量宽地撑开后，我的另一只手将注射器倾斜着扎入了白眼球的部分——专业术语叫作"巩膜"。由于进针的方向是水平的，所以我可以清楚地看到针头穿过她清澈的晶状体进入眼球，接着看着它从下方滑过瞳孔。确认好位置后，我开始拉注射器的活塞，抽取了2毫升左右澄清的胶状液体，也就是我们刚刚说到的玻璃体。玻璃体只是眼球中的成分之一，除此之外还有房水，那是一种相对来说均一性更好的液体。眼球中的房水处于一个不断补充的动态平衡中，但是玻璃体则保持恒定，因此如果有药物或者其他物质进入玻璃体的话，就会一直被保留在里面，除非专门人为地将其清除。这也就解释了为什么对于毒物检测而言，玻璃体具有相当的重要性。另外，与其他体液相比，玻璃体对腐烂进程的抵抗能力更强，甚至在死者已经进行过防腐处理后，其玻璃体仍可为尸检提供各种有效的信息。我换了一只新的注射器，在死者的另外一只眼睛上重复了一遍上述操作，采集到的玻璃体将连同其他体液，如血液、尿液等一起被送给毒理学家进行化验。只有在得到了毒理学家的检查结果后，我们才能最终确定死者体内是否充满了某种未知的毒物。

我在大学修毒理学的时候，学的全部都是关于毒药的知识。实际上，只要用对了剂量，任何物质都有可能成为毒药，甚至看起来完全无害的水也一样。早在16世纪，帕拉塞尔苏斯①就得出了这一结论，并且在后来的流传过程中，他的话经常被精练为一句拉丁文短语"sola dosis facit venenum"，意思是"剂量造就毒药"。不过，当我们想到毒药或者毒物的时候，大多数人的第一反应还是化学物质的滥用或者像阿加莎·克里斯蒂的经典小说中写过的那些恶棍喜欢用的东西，比如士的宁（马钱子碱）、砒霜或者氰化物等。伴随着此番联想而生的，是无情的、效果直接而猛烈的粉末或液体在瞬间控制住中毒者的身体，然后一点点释放它们邪恶的力量，直到死亡降临。

若是按照这种表现来看的话，那么我也正在被毒害。

几乎每天晚上，我都会受到来自塞巴斯蒂安妻子的凶恶诅咒，她不断地对我讲着他的秘密（虽然我从没接过她的电话，但她会在语音信箱留言）。虽然理智上我知道不该再去听任何关于

---

① 帕拉塞尔苏斯（1493—1541年），一位欧洲医生、炼金术士。——编者注

他的事情，但情感上我却完全控制不了自己——那就像是一种见不得人的瘾头。她滔滔不绝地讲着他们家庭度假的种种，无意中也解答了我对他所有消失不见的日子产生的怀疑。而且从她的话中我还得知，在我生日那天他们一起去看了演出——他本来说是专门为了我才买的演出票。这就很容易理解为什么在我做手术的那一整天，他都没有跟我联系过，而且更过分的是，当他知道我要做手术而不能去了的时候，就找了她来替代！她不断说着塞巴斯蒂安实际上有多么爱她，还给她买了蒂凡尼（一家美国珠宝品牌）的项链。但是当她开始描述那条项链的样子时，我便意识到那和他给我买的一模一样。一时间，除了恶心外我再没有任何其他的感受。她的话直勾勾地刺入我的耳朵，像一团黑霉一样在我的脑袋里四处蔓延，它不断饥渴地向我粉色的大脑伸出菌丝，而一旦让它得逞，我就再没有半点招架之力。

每天早上，我近乎机械似的工作着；到了午餐的时间，完全没有心思吃东西的我就会像一个苍白的幽灵那样悄悄溜进医院的小教堂，躺在长凳上给自己1个小时的疗愈时间。我在那里寻找着安静，以及一种心灵层面的安宁。某些时候，我真的能够获得安宁。我和这里的爱尔兰牧师帕特里克因为宝宝们的葬礼有过一些工作上的接触，有一天，当我正攥着冰凉的玫瑰念珠，将其紧紧抵住额头躺着的时候，他注意到了我非常糟糕的状态。

"你还好吗？"他温柔地问，"我知道，这是个很愚蠢的问题。"

我很喜欢帕特里克。他是个穿着皮夹克、骑摩托车的牧师，这让他在我书中提到的男人里面显得很酷，至少是在外表上。

我以问作答："你有没有过这种感受，就是由于和一个人过于亲近，以至于让他磨损了你的心智，让他的罪恶变成了你的一部分，并且你好像还永远没办法把受到的玷污清洗干净？"

我并不期待他会回答我，但是他在沉默了片刻后开口了："在上帝的帮助下，所有的罪恶都能得到救赎。沐浴着上帝的恩典，你的心灵就能重新得到净化。"

我思索了一阵他的话，然后没再多说什么，只是把玫瑰念珠重新放回防护衣的口袋里，就径直回到停尸房了。

也是在那天晚上，我几乎强迫性地洗着澡。我真的无法相信，有朝一日我还能再次感到纯洁。

说起来比较讽刺的是，我成年后的几乎全部时光都是与死亡共度的，并且我也知道在很多文化中都存在着各种"死亡的禁忌"，因此那些和死者有过接触的人，在某种程度上都被视作"不洁"的。西格蒙德·弗洛伊德曾经分析过这种现象，认为这种观念的形成是基于"对死者的灵魂会重返人间的恐惧"，但是所有禁忌早在弗洛伊德之前便已经长久存在着了。在《圣经》中，《民数记》第11篇讲道："一个人只要碰触过尸体，他就会在接下来至少七天的时间里是肮脏的。"在第13篇中也有类似的句子："任何人，只要与尸体接触过，那么他就弄脏了神赐的圣洁。"《哈该书》第 2 章第 13 篇中对此也有细致的描述："如果一个被尸体玷污了的人，碰触了其他的东西（面包、酒、油），那么这些东西是不是也就变得不洁了？"对此，牧师的回答是："是的，它们也是肮脏的。"

而且存在禁忌问题的还不仅仅是与尸体在物理层面上的接触：像生活在撒哈拉的图阿雷格部族，对亡魂会从阴间返回的恐惧甚至到了一旦有人死亡，就会另选他址重新安营扎寨的地步，而且死者的名字永远不会再被提起。他们在死者离世的地方将尸体清洗干净，用树枝将其遮盖起来，然后在未来的几个月里，这一地点就被视作坟墓。因此，在他们眼中，哀悼者和寡妇身上也都沾染着晦气：活着的人无论如何都要避免与他们接触，以免招致死亡或者其他厄运的降临。甚至到了 2015 年，在孟买，有大约 25 名从事着包括管道工人、商人等不同职业的帕西人①志愿提供抬棺的服务，因为现有的抬棺人中罢工的越来越多。对此，有评论文章写道："考虑到与抬棺工作紧密联系在一起的耻辱，这一现象实在令人惊讶——很少有帕西人愿意与抬棺人结婚，在正派的人看来，抬棺人是'该被唾弃的贱民'。"

与这些根深蒂固的信念完全相反的，是我面对死亡从来都感

---

① 帕西人是侨居于印度的古代波斯人后裔。传统上，至少在孟买和卡拉奇，死去的帕西人被送到寂静之塔，在那里尸体很快会被秃鹰吃掉，因为帕西人认为火和水都是神圣的，不能被死者所玷污。——编者注

到心平气和的态度——死亡并不会给我带来伤害。而与一个活生生的人之间建立起的关系，反而让我深受屈辱。

我感觉和团队里的其他同事相比，蒂娜更能理解我当下的处境，但是她有一天问我的话还是令我吃了一惊："你愿不愿意离开一天去别的地方学习一项新技术？""当然。"我肯定地回答道，同时心里想着：只要能让我从这里、从所有这些事情中解脱出来，任何事情我都愿意做，哪怕只有短暂的一天也好。

"是在伦敦北部进行的摘除术课程。"她继续介绍着，"我知道你很喜欢采集玻璃体的操作，所以觉得这个课可能刚好对你胃口。"

所谓"摘除术"就是将眼球取出来的技术，虽然在大多数组织管理库中有专门指定好的摘取眼球的专家，但是有些停尸房的技术员还是会学习这项技术。蒂娜的想法一点没错，我非常着迷于采集玻璃体时对操作精确性的挑战，而拥有一项自己的独门技术绝对是一件能带来相当程度优越感的事情。当以后再遇到器官捐赠者时，就能运用摘除术帮助其实现赠予角膜给需要帮助的人——比如由于反复感染或者穿孔而视力不断衰退的人的心愿了。

于是几天之后，我启程前往位于伦敦北部的亨顿。在课程学习中，我使用了一种叫作OSILA的相当逼真的塑料模型，来练习摘取眼球的技术：模型脸部有橡胶质地的仿真视神经和各种不同的斜肌、直肌，甚至还有果冻状滑溜溜的眼球和结膜，这些全部看上去和真实的一模一样。就像一名"后备的"女童子军那样，我渴望着得到认可，并且我总算在课程结束的时候得偿所愿地"通过"了。掌握这项技术是一件多么美妙的事情啊，我可以非常骄傲地将它添加到我的个人简历上——或许在晚餐派对上拿出来炫耀有些不合时宜？假如 APT 也有绶带的话，那么我们都会因为取得的成就而获得奖章！而我刚刚得到的，就是"眼球奖"。

眼睛上会出现一种非常有趣的解剖学现象，拉丁文中将其命名为"tache noire de la sclérotique"，也就是"眼睛上的黑斑"的意思，我们通常将它简称为"黑斑"。如果死者的眼睛没有完全闭上，巩膜（也就是白眼球）就会由于氧化以及水分的不断流失而出现不同程度的变色，这种现象一般在死后 7 到 8 小时的时候最为明显。不过，除了黑斑之外，暴露在外的巩膜上还会形成一条棕红色的线，这说明这个脆弱的结构受到了暴露性角膜炎的侵袭。作为一名受过严格训练的专业人员，对这条呈铁锈颜色的直线要尤其予以重视，如果对其背后的原理缺乏理解的话，就很容易将其误判为外伤或者出血。如果是物理性创伤造成的红线的话，除非受到损伤的只有巩膜，而角膜仍保持完好，否则角膜移植就不能进行。而若只是暴露性角膜炎引起的，则依旧可以进行移植。所以，这也是在死者离世后，需要将其眼睛完好闭合的重要原因之一。据说在一些文化中，会将硬币放在死者的眼睛上，这样既防止他们继续在阳间徘徊，又能替他们支付给阴间摆渡人的钱，也是有一定实用性的。

我拼命克制着不让私人问题造成的情绪波动影响我的工作，并且在圣马丁停尸房尽量让自己保持一种无头鸡般东奔西跑的状态，完全不给自己喘息的余地。忙碌的节奏似乎是唯一能够使我保持理智的方法。

不过说到无头鸡，曾有个存活了一年多的无头鸡的著名案例。在 1945 年的美国科罗拉多州，农民劳埃德·奥尔森在妻子的要求下准备杀一只小公鸡作为晚餐，但是由于他在砍下鸡头的时候出了一些问题，这只鸡的头没有被砍掉，部分颈静脉以及大部分的脑干仍然保持着完整。因此，这只后来被取名为"麦克"的小公鸡依然可以笨拙地行走，在栖木上保持平衡，甚至还能继续打鸣——虽然那声音实际上只能勉强算是一阵咕噜咕噜的可怕噪声。奥尔森用小颗的玉米粒喂养麦克，还用眼药水滴管喂它牛奶和水的混合液体，以保证麦克能够好好地活下去。在麦克"活着"的 18 个月里，奥尔森带着它到各种嘉年华上进行展览，并因此赚得盆满钵盈，但是可怜的麦克还是在一天晚上被一颗玉米粒呛到后不幸死去了（或者说总算有幸死去了，这要看你怎么定义它那种可怕的生存状态）。

　　我常常会被问到是否曾经给身首异处的死者进行过尸检，以及人在遭遇断头之灾后是不是情况正好与麦克相反？很显然，人类若没有了头是不能生存的，但这一简单的结论并不能终结人们所有的好奇，比如在头被砍下的一瞬间，人是否还有理智存在——哪怕只是稍纵即逝的一刻理智？

　　1792 年 4 月的巴黎，在经过了几个星期拿动物以及尸体进行的实验后，臭名昭著的断头台正式投入使用。断头台（guillotine）以约瑟夫·伊尼亚斯·吉约坦医生（Dr Joseph Ignace Guillotin）的名字命名——虽然他并不是绞刑架的发明者。在此之前，很多已经投入使用多年的断头装置都是以发明者的名字命名的，比如意大利的"Mannaia"（断头台）、苏格兰的"Maiden"以及哈里法克斯的"Gibbet"（绞刑架）等，而吉约坦的名字之所以会被使用，则是因为他坚信斩首是一种更为人性化、瞬间即可致死的处决方式，并且全力支持断头台的使用。后来，斩首逐渐成为执行死刑的主流方式。而在大革命前，法国采用的绞刑确实存在着各种问题。虽然在行刑时有各种不同的方式和标准，但是在英国，"长距坠落"，或者又叫作"测量坠落"逐渐由于其被认为最符合人道主义原则而成了标准方式。和早期的方法不同的是，长距坠落在行刑时将死刑犯的身高以及体重因素也纳入到了考虑范畴之中。也就是说，绳子的长度能够保证犯人被快速且准确地吊起。然而具有讽刺意味的是，所有这些调整并没有提高行刑的致死效率。因此，相比于高风险、常让犯人饱受漫长窒息之苦的绞刑，更快带来死亡的斩首显得更为仁慈。

然而，在断头台投入使用 3 年后，著名的德国解剖学家塞缪尔·托马斯·冯·梅林写了一封信，在这封随后发表于《巴黎通报》(*Paris Moniteur*) 上的信中，他做出声明：

你们知道吗？根本没人能够确定死刑犯在断头台上身首异处的那一刻，他的感觉、人格以及全部的自我是不是也随之立即消亡……你们难道不知道吗？大脑是我们所有感受和感情的源头，这个意识的发源地即使在血液循环被切断，失去了血液供应之后，仍然能够保持一段时间的正常运转。因此，只要大脑一刻保留其核心的功能，死刑犯就会一刻对其处境保持充分的感受。已经有可靠的证人向我证明，他们曾经亲眼见到过一颗刚被砍下来的头在咯咯磨牙。

随着这种令人不安的故事在大众间野火般迅速传播，医疗团体陷入了一阵忙乱之中。夏绿蒂·科黛由于将革命者让·保尔·马拉暗杀于其浴室中而被处以死刑，行刑后刽子手拎起她的头颅狠狠地扇了几个耳光，并高举示众。有目击者称："当刽子手把她的头举起来后，她的脸红了，并且露出非常难为情的神色。"（我想如果换成是我也会一样，因为刚刚被扇完几个耳光，很难不像蛋糕上的樱桃那般脸色通红。）另外还有一个传说，讲的是两个死刑犯在被处死后头颅放在了同一个麻袋里。由于二人生前在国民议会是死对头，于是其中一人狠狠地咬住了另一个的鼻子，用力之大，以至于人们根本无法将其分开。

虽然在斩首之后，血液中的溶氧量能继续提供大脑 12 秒左右的氧气需求，但是这并不能作为判断死者还存有清醒意识的理论依据。曾经一度有人试图通过对动物或者犯人进行可怕的实验来对其进行系统研究，但是始终没人拿出可信的证据，向人们证明一颗头颅在离开了躯干之后还有咬其他人的能力。如今科学家们相信，断头后大脑中骤降的血压会令犯人在几秒钟内失去意识。因此，希望几秒钟的时间对于受刑者来说算是足够迅速的。

有件事情想来很有意思，如今对普罗大众极具吸引力的杜莎夫人蜡像馆正是基于断头台的应用而建立起来的。在 18 世纪末，由于缺乏传播媒介，影像资料并不像如今这样随处可见，这也就意味着蜡像成了向人们展示新闻等的重要手段。所以，当天赋过人的玛丽·杜莎凭借其在艺术上的精湛技艺而逃过上断头台的命运后，被迫开始为遭到斩首的王室成员制作蜡像。后来，终于从法国成功逃亡出来的杜莎夫人带着她的蜡像作品开始了巡回展览，并最终在贝克街建立起第一个永久性展览。

　　实际上，纵观整个人类历史，不仅仅是模型和蜡像，就连头颅本身都曾经一度成为交易的商品，其中典型的例子包括最常见于亚马逊人①的干缩人头工艺等。19世纪早期，新西兰出现了一种引起巨大争议的头颅交易，而那正是欧洲人向这片土地大举入侵的时间。在当时，一些毛利部落的成员——男人和女人都包括在内——都有"黥面"的习俗，这种整张脸的文面被称为"moko"。Moko独特的花纹样式可以用于部落成员的辨认，尤其是当他们遭遇了断头的厄运时。而相应地，如何在死后保存头颅也成了毛利人丧葬文化的重要组成部分。他们会把死者的眼睛和大脑都取出来，然后将头上的所有孔窍都缝合起来，经过蒸或煮的一番处理后，再通过在火上烟熏、在太阳下暴晒的方式令其充分干燥，其结果就是头颅会彻底木乃伊化，并且moko会被非常完美地保留下来。这种毛利人口中名为"mokomokai"的干缩人头会被妥善安全地保存起来，只有到了重要的场合才取出来。后来，入侵新西兰的欧洲人对mokomokai产生了浓厚的兴趣，甚至试图用步枪与毛利人进行交易。此后不久，由于其复杂精细的工艺以及奇异的美感，mokomokai成了西方游客们趋之若鹜的旅行纪念品。Mokomokai的意外走红很快就造成了真正的头颅供

---

①　亚马逊人本出自希腊神话传说，是一个女性部落，居住在今土耳其黑海沿岸附近，欧亚大陆的交界处，大概位置在土耳其北部的特尔莫冬河附近。这个部落和亚马孙河没有关系。——编者注

不应求，于是，交易市场上制作干缩人头的生意应运而生。不幸的是，对于很多奴隶而言，这是他们唯一能获得 moko 的机会：有专人给他们黥面，留出充分的时间让伤口愈合，随即他们就会被斩首，头颅经过上述的方法处理后冒充部落首领的 mokomokai 卖给深信不疑的收藏者们。

一场颇为引人发笑的交易被弗雷德里克·曼宁记录在了他的游记《旧新西兰》(Old New Zealand) 中。当时他认为自己落入了一个毛利人的包围圈中，并且包围他的人还不断朝他点头示意。然而，很快他便反应过来，原来那些"人"都是些插在包裹着织物的棍子上的 mokomokai。一阵清风拂过，干缩人头便随风上下振动起来，一副点头打招呼的样子。正当为此震惊不已的时候，他听到身后传来了一个人的说话声：

"在看'老袋'①吗，先生？"
"是的。"我回答着，转过身去的反应比平时敏捷得多。
"'老袋'可一直很稀缺呢。"他说。
"我想也是这样的。"我说。
"我们已经好长时间没有'老袋'了。"
"你们这些魔鬼！"

---

① 老袋：脑袋。——编者注

"他们中有一个疼得很厉害。"

"我倒更愿意相信他们每一个都疼得很严重。"

"不，只是他们其中的一个。"他说道，"他的头骨裂开了，没用了。"

"天啊，那是谋杀！现在我明白了。"

"'老袋'可是非常稀缺呢。"他一边说着，一边摇了摇他自己的"老袋"。

"啊。"

"他们需要提前给奴隶刺青。然后，有个恶棍逃跑了，刺青都偷走了。"

"什么？"

"可以砍头前跑掉了。"

"也就是说，他偷走了自己的脑袋？"

"正是这么一回事。"

"这是重罪！"我惊呼道。

后来我就离开了，想来还是非常明智的。"这是一个对脑袋的看法非常随意的国家。"我一边走一边对自己说。

虽然这只是一段颇具喜感的对话，但当有众多无辜的生命为满足人们的收藏癖好而惨遭杀害的事实公之于众时，这股一度受到追捧的"审美"风潮迅速沦为一个大众丑闻，并且恶劣程度与现代的"阿德尔赫丑闻"不相上下。1831 年颁布的一项法令将这种令人反感的交易判定为违法，目前英国境内的博物馆仍在想方设法将可怜人流落他乡的头颅送回故土。

在奥斯卡·王尔德根据《马可福音》中一则圣经故事创作的戏剧《莎乐美》中，傲慢自大又暴躁易怒的公主莎乐美要求将先知施洗者约翰的头颅放在一个银盘上呈给她。莎乐美之所以会有如此残忍的要求，是因为约翰拒绝亲吻她：施洗者约翰是一个圣洁的人，不愿被莎乐美不洁而渎神的性欲所污染。因此，砍头实际上就是莎乐美的报复。她把施洗者约翰被砍下的头颅捧到面前，大声宣布道："啊！你不愿意让我亲吻你的嘴唇，施洗者约翰。那好！现在我就要亲吻它了！"在随后的情节发展中，王尔德创作了大量情感丰沛、富有性挑逗和讽刺意味的台词。

我之所以深信这段故事纯属虚构，是因为在莎乐美生活的那个时代，三头肌撑体或二头肌弯曲等训练肯定不会被纳入年轻公主们的生活日常。所以，莎乐美一定不具备将一个男人的头颅长时间捧在面前，并且说上大段台词的上肢力量。

对手持人类头颅的负重感，我可谓是深有体会。

那还是很多年前在市政停尸房工作的时候，我和杰森花了一些时间到当地一家医疗机构去接受法医尸检的培训。那里的停尸房比我们的更大，而且还有一些为特殊事件而专门准备的仪器设备，比如可供警方督查尸检过程且不会被"污染"的走廊、为了取证而安装的监控系统等。当我们在下午两点左右抵达现场的时候，现场人数之众令我感到无比震惊：正和高级调查官（SIO）及其他警方人员一起仔细查看犯罪现场录像和照片的病理学家，正在进行设备调试的摄影师及其助手，正在为艰巨的尸检记录工作做准备的记录员以及所有其他在场的人员。当运尸袋被打开时——这一步必须在有证人在场的情况下进行拍照记录，以建立起完整的证据链——更令我吃惊的一幕出现了：死者没有脑袋。不对，我要更正刚刚的话：经过一番更仔细地查看之后，我发现他是"有"脑袋的，只不过并没有连接在身体上，为了防止断头在运尸袋中到处滚动而将其夹在了两腿之间。这种做法非常合乎逻辑，但是当被一个人从他的生殖器下边瞪视的时候，那种体验实在奇怪极了。我的心里涌起一股强烈的冲动，想要冲上前捧起这颗头颅并将其放回到解剖学的正确位置上。但是我克制住了自己，因为在每个人都为尸检做好准备之前，我不能碰任何东西。

在法医解剖中，病理学家在做完外表检查之后，后续取出内脏的步骤也是由他来完成。尸体表面及内部的任何东西，都要由一名具有法医病理学资格认证的医生详细记录，作为日后出庭作证时的依据。虽然这些都不包含在 APT 的职责范畴内，但从颅骨中取出大脑的操作还是由我们来进行。不过在这个案子中，我认为已经完全没必要了。这个男人显然是被谋杀的——凶手用一把利刃砍下了他的脑袋——后面只要等待警方将凶手缉拿归案就可以了。凶手落网以后，病理学家会再被法庭传唤，当庭向陪审团展示他在尸检中的发现。

然后，就可以宣布案件圆满结束——至少我以为会是这样。

所以，可以想象，当科林·詹姆森医生说"好了，伙计们，现在轮到你们打开他的脑袋了"的时候，我有多惊讶。

我看着杰森，大睁着的眼睛里充满了慌张，一个问题在脑袋里不断盘桓着："我们在这个鬼地方要怎么工作？"就像读懂了我的想法似的，杰森非常镇定地对我说："来吧，你去拿锯，我来帮你固定。"

我向杰森更靠近了一些，悄悄对他耳语说有这么多人在一旁围观，我觉得自己紧张得根本没法操作那把笨重的锯子——毕竟我当时还只是一名实习生，并且还只习惯于处理连接在身体上的脑袋。

"没问题，那你来帮我固定，我来锯。"他随后又补充道，"不过，你可要用力控制住啊。"

于是，我从杰森身边走开，捧着一颗沉重的人头走到解剖台的另一侧，在确定将它放到了正确的位置上后便尽力使其在不锈钢台子上固定住。我要特别留心不能让手指偏离过死者耳朵的位置，否则它们很可能就要断送在杰森的解剖刀下了。所以非常诡异的，我必须像对待恋人那样以一种双手捧住脸颊的姿势捧着这颗人头。为了更便于发力，我将身体向前探出去，并且靠双肘撑在不锈钢台子上保持平衡。如此一来，我的目光便直直地看进了断头的眼睛里，感觉我就像是要去亲吻头颅的莎乐美。在我摆出这一奇怪又亲密的姿势时，旁边有 12 双眼睛齐刷刷地将目光聚焦在我的身上。仿佛嫌画面不够难堪，为了维持这一状态，我还必须把屁股高高地撅向空中。要不是停尸房的环境背景相对阴郁严肃的话，那么眼下的情景简直就是喜剧中的一幕了。

事实证明，杰森的提醒非常明智。当他切开并剥头皮的时候，我觉得自己完全可以胜任将头颅稳稳固定的任务。但是，等到他开始锯颅骨的时候，我意识到我的力气差得不是一星半点。在机械强劲的冲击力下，我根本控制不住开始歪斜的头颅，以至于杰森完全没法锯成一条直线。所以最终，我们还是不得不交换回了最初的安排，由他那健身达人充分锻炼过的手臂来固定头颅，而我则负责将颅骨锯开。最后，我们总算是成功地将颅盖锯了下来，取出大脑放到了天平上。大大松了一口气的我已经是一副脸颊通红、满头大汗的模样，但是却有种经受住了某种考验后的畅快感觉。后面的修复过程也许会有趣些吧……

和平时相比，另一件做起来会有些奇怪（说得好像现在的处境还不算奇怪似的）的事情是摘除脖子和舌头等器官，或者用我们的术语叫作"咽部"——也就是通常说的嗓子。完成这一步骤的方法有很多，当我在一具用橡皮块支撑起来的尸体上做出常规的 Y 字形切口时，在整个脖颈区域就会形成一个三角形的皮瓣，三角形的"顶点"大致位于锁骨的中间。你可以用手感受一下自己的锁骨，在其中心有一块凹陷进去的地方，叫作胸骨上切迹。我会用手指或者带齿的手术钳夹住三角皮瓣，拉向脸部的方向，同时另一只手持解剖刀切断皮瓣与颈部的胸锁乳突肌（SCM）之间的白色结缔组织，就和处理头皮时是一样的。这个步骤非常省力，借由解剖刀锋利的刀刃，只需羽毛般轻柔的一点力气就能完成。我继续着手上的动作，直到死者白且大、形似如愿骨[①]般的下颌骨和颈部肌肉全部暴露出来。然后，我换上一把PM40解剖刀，将刀刃滑向下颌骨的底部（一直伸入口腔——我能看到刀片上闪烁着若隐若现的光亮从牙齿后面掠过），并沿着它从一侧切割到另一侧，以便我把舌头向下拉到下颌骨下方。然后，我会把嘴的后面切开，将包括舌头、喉头、气管以及胸锁乳突肌在内的所有颈部结构一齐从骨骼上拉下来，如此一来，藏于其后的脊椎便呈现在眼前。

然而，若是做竖直的或I字形切口，那么切口就会在胸骨上切迹处停止，这无疑给后面的操作增加了难度，因为实际上我看不到任何具体的情况。由于不能剥开皮肤，所以我只能通过PM40解剖刀在皮下一点点试探着向前"突破"，用刀刃去定位下颌骨的位置，然后以骨头为向导进行切割，自始至终都看不到自己究竟在切什么。在整个过程中，我都要时刻小心防止将颈部的皮肤刺穿，否则就会令做I字形切口的初衷变得毫无意义。（不过，我之前提到过的超强力胶水在万一不小心刺穿皮肤——我们

---

① 如愿骨是指鸟禽胸部的叉骨，两人拉着叉的两边同时拉扯，扯开时得到较长一段者可以如愿。这是西方的一种习俗。——编者注

把这种创口称为"扣眼"——时能施展扭转乾坤的魔力，它可以将伤口几乎毫无痕迹地黏合在一起，或者仅仅留下宛如一条皱纹般自然的痕迹。）

但是，眼下的情况我们要怎么做？毕竟这个可怜人的舌头以及一半的咽部在脑袋里，而另一半则留在了身体中。

鉴于当时颅骨已经完全打开了，于是我只对杰森说了一句："别忘了还有身体。"便任由他一个人在所有目光的注视下去和一颗断头苦苦纠缠，努力取出只剩下一半的咽部。

取出舌头和咽部会成为我们尸检中的常规程序，是有多方面原因的，毕竟停尸房是不会无缘无故浪费时间做无用功的。首先，我们需要进行口腔检查，以确保其中没有食物或者其他可能引起窒息的异物残留。但很显然，只很浅表地做一番检查是远远不够的。在取出了咽部之后，病理学家要切开食道和气管，进一步确认是否存在被食物团块卡住的情况。举个例子来说，有旁观者目击了一件在他们看来像是心脏骤停的意外事故，然而尸检中发现的证据却显示死亡是由"咖啡馆冠心病"引起的。这是一种在精神兴奋状态下由食物造成的窒息，正常的呕吐反应由于血液中酒精的作用而被抑制住了。（所以，你现在应该能大致明白为什么在我看来食物和死亡几乎是相伴而生的了吧？它们之间能建立起联系的地方实在是太多了！）同样，对舌头上的一些人为痕迹也要仔细检查，比如咬痕：如果死者咬伤了自己的舌头，那么死前很有可能经历过癫痫发作。喉头精细的软骨和舌骨在被人扼住的时候遭到破坏的可能性极大。而另外一项很典型的检查则是通过气管来判断受害人在火灾中的生命状态，如果他还活着的话，那么呼吸就会把乌黑的沉积物带到气管里。所以，对于不了解尸检的人而言，根本想象不到在身体里还有这么一个小小的组织，可以为调查提供诸多重要线索。

其实若是仔细思索一番的话，或许在停尸房中工作最重要的一点就是需要时刻保持清醒①，以专注于最奇怪或者最折磨人的死亡事件。对有些案件，光是读到其相关的文字档案，想象一下受害人的家属以及相关从业人员在面对这样的死亡时受到的创伤将是何其严重，我都会感到心痛不已。一直到我的职业生涯后期，我才逐渐感到自己在两个深渊之间摇摇晃晃地勉强维持住了一个平衡：悬崖的一边是倾注了太多感情后敏感的神经终于崩溃掉，而另一边则是投入得太少，渐渐变得疏离且麻木不仁。不过，最近发生在我生活中的种种事件让我开始反思自己的工作。我感到自己不再有十足的把握，在面对不断来袭的压力时保持平衡。实际上，我感到我正在逐渐丧失理智。

___

① 原文为 "keep your head"，文中有 "保护住你的脑袋" 的双关意。——译者注

第 九 章

碎片遗骸：“Bitsa”

Bitsa 这个，Bitsa 那个。将它们拼在一起，
然后看看你得到了什么？一块块和一片片，
一块块和一串串。将它们拼在一起，是多有
趣的一件事。

——Bitsa（儿童电视节目主题歌）

南部非洲有一种传统的医疗形式,有时候也会在普通民众中出现。那实际上是巫术的一种,其中包含了欺诈的伎俩以及一种被称为"Muti"的传统医疗巫术。由于要求以部分人体作为药引,因而据传相当有效。一直到现实版的"医疗谋杀案"登上新闻头条的时候,所谓的"Muti"才为现代社会的主流人群所知晓。比如发生在2001年的邪恶的"埃姆斯躯干事件"(Torso in the Thames),一个无头、无四肢的小小躯干在伦敦著名的泰晤士河中被发现,当时在他残余的大腿根上还穿着橙色的短裤。意识到这个残肢的主人还只是一个孩子,并且不愿他就这样无名无姓地从世界上消失,因此调查人员给他起名为亚当。为了查明真相,多名专家采用了各种分析及调查技术,其中,一项针对亚当骨骼中矿物元素含量的分析结果显示,与生活在英格兰地区孩子的平均水平相比,亚当骨质中的锶和铜含量要高出2.5倍之多。

根据这一结果，法医地质学家逐步将亚当的生活范围缩小到西非，并且认为极有可能是尼日利亚。随后，法医调查工作被移交给英国皇家植物园的植物学家，他们鉴定出在亚当的肠道中发现的是一种非常罕见的植物提取物，该种植物只生长在尼日利亚南部埃多州首府贝宁城一带。虽然调查花费了好几年的时间，但是亚当的身份最终还是基本得以确认：他的真名是帕特里克·埃尔哈伯，并且除了躯干以外，他身体的其他部分也陆续被找到。调查人员表示，这个年幼的男孩是被作为一件重要的"祭品"专门从尼日利亚交易到英国的。

这起案件引起了人们对面目可憎的 Muti 的注意。此外，还有发生于 2009 年的 10 岁南非女童被绑架谋杀案，犯罪者行凶的目的是将她身体上的一些部分卖给巫医——一种传统形式的医疗从业者。这一案件激起了大众要求禁止巫医活动的呼声。

大概两年前，在一头扎进新一天的工作之前，我差点在浏览晨间新闻的时候把咖啡打翻，头条新闻的标题竟醒目地写道：陈尸所惊现生殖器盗窃！读完具体报道后我了解到，原来在南非德班的一家陈尸所，两名比较年长的女性死者的胸部以及阴唇被偷走了，而文章的作者推测这一案件可能与 Muti 有着重要联系。根据另一篇文章的报道，"通常比较柔软的身体组织，比如眼皮、嘴唇、阴囊以及阴唇等，最易成为盗窃者下手的对象"——很显然，涉及人体的巫术仍继续存在。

我开始在停尸房工作后，经常面对的都是留有全尸的死者，或者说都是些完整的尸体。并且在英国境内，很难经历涉及碎片遗骸的案件，虽然这类案子可能在世界上某些地区尤其高发。所以在我的经验中，对人体碎片的认知相当有限——直到那天早上我打开圣马丁停尸房最远端的冷柜，发现里面有个巨大的、亮黄色的塑料桶。那个桶大概有两英尺（约 0.6 米）高，宽在 3 英尺（约 0.9 米）左右。

"怎么会有个这么大的锐器箱！"我朝着莎伦喊道，"把它放到冷柜里干什么？"

锐器箱是一个亮黄色的塑料容器，专门用来回收用过的手术刀、PM40 刀片、注射器针头以及一些破碎的玻璃制品。一般这类容器的功能都会用醒目的黑色字体直接标示出来，但是很快我便意识到在这个巨大的"锐器箱"上并没有任何说明文字。这时，莎伦走过来查看我大惊小怪的原因。

在她终于开始用那悦耳的伦敦腔解答我的疑惑之前，她那沙哑的笑声在室内环绕了很久很久："你以为这是什么呀，拉拉？它不是锐器箱！"

"好吧，那是什么？"

"是一个肢体箱。"

眼下的情况刚好可以解释为什么我喜欢在不同的停尸房工作，因为无论你觉得自己对这一行的了解有多深，总不断有你不知道的新事物冒出来，比如说肢体箱。我后来了解到，这是暂时存放外科手术中截下来的残肢的容器——也就是说，它最常出现的地方是医院。在实际生活中，截肢发生的概率要远比你想象的高很多。比如事故给一个人的手或胳膊造成的损伤，其严重程度超过了医生所能修复的极限，又或者糖尿病人由于外周动脉病变（PAD）而出现了足部及小腿供血不足，最终导致溃疡和坏死的发生①等，这些都需要截肢。虽然患者并不会因为截肢而死亡，但是截下来的附肢也并没有什么其他的用处，因此它们在被放到成人担架上、盖上一层白色的床单后运送到停尸房来。当负责这一奇怪任务的搬运人员向我们展示担架上究竟是什么的时候，经常会表现出一种卖弄似的兴奋，就好像他们是在一家豪华酒店里为汉尼拔·莱克特②提供客房服务。

"我能打开看看吗？"我问道，同时想象着里面的内容物可能和弗兰肯斯坦博士保存在他角楼实验室里的东西差不多。于是，我脑子里呈现出的画面就是一堆乱七八糟混杂在一起的胳膊和腿，手脚彼此错落地纠缠在一起，其中可能还零星地掺杂着几根手指和脚趾。我的耳边仿佛已经响起了约翰·古德曼在《谋杀

---

① 根据慈善机构"糖尿病英国"发布的数据，由于糖尿病并发症引起的截肢已经以每周 135 例创下了有史以来的最高纪录。

② 由托马斯·哈里斯创作的悬疑小说系列中的虚构人物，他沉着、冷静、知识渊博而又足智多谋。以该角色为主角的小说，多次被好莱坞拍成电影。
——编者注

绿脚趾》中的台词："你想要个脚趾吗？我可以给你搞到脚趾。"

"当然可以了。"莎伦说着打开了盖子。

我从箱子顶端朝里面张望着，就像一个在探索玩具箱的孩子那样，但是感到有些失望。当然，我很清楚不会出现萨德侯爵 [①] 小说里写的那种四肢乱扑腾着的噩梦般的场景，但也没想到它们都被非常整齐地包裹好了，看起来更像是摆放在邮局中等待寄出的小包裹。莎伦告诉我，一旦这个箱子装满了，所有的残肢就会直接被送去焚烧处理掉。听到她的话，我的第一反应就是："真是巨大的浪费啊！"虽然发出了这样的感慨，但对于能将残肢作何他用的问题，其实我并没有什么头绪。以弗兰肯斯坦博士的方式创造一个怪兽显然是非常不现实的——在英国也没有足够多的雷电来促成其开端——并且我认为它们也并不适合用来给实习医生做解剖练习之用，因为上面的伤痕和损伤实在太严重了。最近，确切地讲是在 2016 年，有人提出了一个关于如何利用残肢的天才构想。

在英国，我们缺少研究法医埋葬学的相关设施，通俗来讲就是所谓的"人体农场"（法医人类学家比尔·M. 巴斯在美国田纳西州建立了世界上第一个，也是最著名的"人体农场"）。此类设施对于获取尸体不同腐烂方式的数据非常重要，通过分析相关数

---

① 萨德侯爵，法国情色作家。——编者注

据可以精确地判断出死者的死亡时间，从而为嫌疑人提供或推翻其已有的不在场证明。由于当时英国的法律不允许建立"人体农场"，因此我们做实验都用猪来替代。

但毕竟人不是猪。好吧，有些人就是猪，但也不是指生理上的。田纳西"人体农场"在一项研究中，将人与猪的尸体腐烂过程进行了对比，发现两者的速度并不相同——实际上，它们之间的差异比想象中要更大。这显然给世界范围内使用从猪身上获得的数据作为庭证的国家造成了相当大的负面影响。于是很自然地，我们不能再用猪作为人类的替代品进行包括尸体的埋葬、腐烂以及保存等在内的法医埋葬学研究。所以，权威的法医人类学家安娜·威廉姆斯博士以及她的学生——研究狗尸体的专家洛娜·艾里什提出了一个非常具有启发性的设想：是否可以用人们在手术中截掉的四肢和取出来的内脏建立一个"人体农场"，而不是仅仅将它们装在肢体箱中付之一炬？它们的腐烂速度可以用来丰富研究数据，而尸体及受害人搜救犬也能够用实物进行训练。

我经历过很多次面部的手术。我患有一种罕见但没有生命危险的皮肤神经性疾病：帕罗综合征。也就是说，需要从我的大腿肌肉以及颞肌中分离出部分肌筋膜（一种围绕在肌肉周围、富含胶原蛋白的连接组织），移植到脸上萎缩的地方。如果在上述的手术过程中从我身体中取出的多余组织能被用于科学研究，而不是直接烧掉的话，那么说实话，我会觉得那是一个更好的选择。虽然我是一个为了法医学的进步而不断奋斗着的科学家，但同时，也是一名患者。和所有人一样，我的身体也由骨骼和皮肤构成，而为他人提供帮助是我为它们选择的最佳归途。

一篇关于这一提案的评论文章中写道："这个关于允许人们在截肢等手术后捐献部分身体组织的提议可以看作是一个'折中方案'，并且科学家一致认为其将会在极大程度上促进法医学的发展。"一方面，它能推进将完整遗体用于科研的发展进程；另一方面，也能在一定程度上破除始终笼罩在以死者为对象所进行的研究上的禁忌。文章作者还进行了一场民意调查，数据显示94%的调查对象认为这是一个非常好的提议，并表示愿意支持其实行："如果那些是身体多余出来的部分，为什么不让它们发挥一点余热？"只有6%的调查对象表示对此感到非常"厌恶和恐怖"。或许因为是遗骸而不是一个完整的人体，削弱了人们联想到器官私藏或者阿德尔赫丑闻的可能性，所以它更容易被接受？

实际上，在谈论到截肢的话题时，"容易接受"① 单纯从字面上讲是一个很不合时宜的表达。我在病理学博物馆讲授自17世纪以来制作人体器官"罐头"的历史时，都会讲到最初被用作

---

① 　easier to swallow，容易被吞下。——译者注

防腐剂的物质——乙醇，它更通俗一些的说法就是酒精。往事带着我和学生们一起踏上了一段穿越到加拿大育空地区的传奇之旅。那是在道森市一家名为"黄金国"的酒吧，去喝酒的人如果有心参与"酸脚趾鸡尾酒挑战"的话，那么无论他点的是什么酒，其中都会有一根真正的脚趾。挑战的规则是："你可以大口豪饮，也可以细酌慢饮，但是你的嘴唇要保证与脚趾的接触！"

　　故事要从 20 世纪 20 年代的酒类走私犯兼矿工路易斯·李肯讲起。当时，他的脚趾因为冻伤而不得不截肢，于是你应该已经猜到接下来发生的事情了：他决定用酒精将截下来的脚趾保存起来。很多年过去了，到了 1973 年，育空当地一个名叫迪克·史蒂文森的人发现了路易斯的脚趾，并由此想到："为什么不用它制成一款酒，然后发起一波挑战呢？"你可能已经又一次猜到了接下来发生的事情：酸脚趾鸡尾酒就此诞生，并且从那以后所有成功喝完一杯酒的挑战者都会得到进入"酸脚趾鸡尾酒俱乐部"的资格认证。然而好景不长，在 1980 年的一次挑战中，由于挑战者所坐的椅子在其饮酒的过程中忽然向后倾斜，脚趾被他吞了下去。对此，留下的专门记录表示：第一号脚趾一去不复返。

　　幸运的是，酒吧开始不断收到人们捐赠的脚趾。（一个到处是脚趾的国度？）其中，有的是因为糖尿病而不得不截肢的，有的是因为生了无法手术治疗的鸡眼，还有一个被浸泡在一罐酒精里匿名寄来，只附有一张字条表达了捐赠者的心声："在草地上行走时，不要穿露脚趾的凉鞋。"听说，第九个脚趾又被挑战者吞了下去——并且看上去似乎是故意的，哪怕这样做的挑战者要被处以 500 美元的罚款。酒吧方面为了确保后备的第十个脚趾不再像它的九个前任那样消失不见，将罚款提高到了 2500 美元。

总而言之，在我看来，与其将患者多余的身体组织统统付之一炬，又或者用来作为饮酒助兴的游戏道具，倒不如将它们用于推动法医学的发展。

有时候，死者会以支离破碎的死状被送到停尸房，其原因可能是发生了可怕的事故，也可能是由于自杀等原因。其中，最常见的就是公路交通事故、铁路事故，又或者叫作"纵身一跃的自杀者"。

给我留下印象尤其深刻的是一个跳地铁自杀的男人，伦敦地铁将其隐晦地形容成"铁轨上的人"。一旦发生这样的情况，站台上候车的乘客就会被广播告知"由于有人出现在铁轨上，所以列车将出现严重的延误"。这听起来好像只是有人想要到铁轨上躲藏一阵，又或者只是想在那里享受野餐的乐趣。很显然，死亡对于伦敦交通局而言还是一个禁忌，以至于无法直白地告知大家

"出现了死亡事故"。

从打开运尸袋的那一刻起，我们就要直面自杀者身体支离破碎的真实惨状：死者左上方的头盖骨已被彻底撞毁，两只手只靠零星肌腱和些许皮肤勉强连接在手腕上。他的身体更是从中间就被撞得断裂，导致本应是背侧的部分直接翻转到了正前方。于是，在我的目光一路从他碎裂的脑袋看到破损的躯干后，紧跟着闯入视野的就是臀部。他的生殖器应该在身体背侧的某处，此刻被压在身下（出于为他好的角度，我真心希望是这样的）。脚的情况比双手更糟，有一只已经从踝关节处完全断了，另一条腿也从膝盖以下就整个折断了。此刻，这两处残肢都在运尸袋中被摆在了正确的解剖学位置上——我只能说我猜应该是这样，因为甚至连他两腿的方向都是反着的，所以很难分辨准确。最严重的是，我们可以清楚地看到受损严重的胸腔和腹腔内大多数的器官都已经不见踪影。不过，在运尸袋中还另外装有多个塑料物证袋，根据我们的初步推测，里面装的应该是被英国交通警察局（BTP）以及回收队从事故周边区域搜集到的器官以及其他身体组织。

总而言之，死者的状况简直是一团糟。但无论怎样，我们的尸检还是要照常进行的。

首先，我们需要确定究竟丢失的是哪些器官。有些器官，比如两侧的肾脏，由于位置靠近身体的背侧（腹膜后区），并且被一层厚厚的脂肪所环绕，因此与其他器官相比得到了更周全的保护，都还完好无损地保留在体腔内。不过在地铁巨大撞击力的作用下，也像两个帽贝似的贴附得紧紧的。与此情况截然相反的是脾脏，此时已然踪迹全无。脆弱的脾脏往往是此类事故中最先受伤或者最有可能被完全损毁的器官之一，相信很多人都听过"肝脾破裂"的说法，形容的就是这种情况。我猜他的脾脏已经在铁轨的某处路段被列车碾碎，只留下一道阴郁的深红色血污。

我把每一个小物证袋中装着的组织一一进行筛选，看到了他的大脑、心脏，以及相当一部分混杂在一起、完全无法将其分清的组织，不禁深深叹了口气："教授，我需要您过来看一下这些袋子。"我说话的同时感到一阵强烈的挫败感，好像在面对一个复杂的拼图游戏却始终理不出头绪。我摘下手套用手捋了一下眉毛："我觉得在判断有些残骸究竟属于哪里这方面，您的眼神比我强多了。"实际上，仅凭我自己的力量最终应该也能完成得八九不离十，但是这样做的话会唤起我很多不愉快的回忆。

碎成一片片的人体，对我而言完全不是什么新鲜事。

7·7伦敦爆炸事件发生后，我在临时停尸房中的绝大多数工作就是处理破碎的人体残骸，并且越到后期心情就越沉重，因为随着救援进入尾声，送来的更多是装在小塑料袋子中的、从各个爆炸现场刮取的未知物质。袋子里装的除了受害者的身体残骸外，还有在救援队看来疑似人体骸骨的动物遗骨，这其中既包括死在下水道中的如老鼠、鸽子等动物，也包括被丢弃的肯德基快餐中的鸡肉和骨头，甚至还有些与动物组织完全无关的东西，比如一些蔬菜之类的东西。另外，其中还混杂有同样在爆炸袭击事件中殒命的恐怖分子的身体残迹，并且有相当大的可能性与受害者的遗骸混为一体。

这种情况简直想想都令人脊梁骨发冷：受害者不仅被炸得死无全尸，并且遗骸还要和日常垃圾以及凶手的身体成分混合在一起。

这是多么令人发指的罪行！

工作中，我们穷尽了一切人力以及技术上所能实现的可能性，将每一个袋子中的内容物仔细筛查，鉴定出其中属于人体的组织和骨骼，并将其中我们没有太大把握的部分进一步转交给人类学家及相关专家继续检测。我们将分离出的每一样组织分门别类做好标记后送去做 DNA 分析，再将所得结果与已确认死亡或仍处于失踪状态的受害者的家庭成员进行比对。

对于这类事件，无论是听别人讲还是参与到讨论之中，都是一件令人难受的事情。我当然可以在书中记述下更多的细节，但是出于之前已经提到过的原因，此刻我依然不能那样做。但尽管如此，仍需要强调的是，专业人员重组身体残骸、确保任何一位死者死后的安宁不受异己之物搅扰的工作需要耗费大量的时间，人们对此的理解和包容是非常重要的。此类犯罪——尤其是恐怖袭击背后一个很残酷的现实就是：恐怖分子充分利用了人们对死无全尸，又或者说是对死后没有遗体可供后人凭吊的那份亘古不变的恐惧。

在充分活动过手指并做了一番深呼吸后，我又戴上了一副新的手套，将注意力重新集中到眼前的地铁自杀男子身上。他的死因已经很明显了，借用病理学家的总结就是"大量严重的钝力损伤"，而造成死亡的方式则是自杀（与此相对的还有意外事件、自然因素、谋杀或者未知原因）。在英国，死亡方式通常在这一阶段由一位司法官员，比如验尸官来裁定。

我感到无比庆幸，圣克莱尔医生告诉我不用再去将他的头颅"打开"了，因为我们已经能够将颅内的情况看得一清二楚了，并且他的大脑也已经被"取出来"了。这无疑也为我随后对尸体的修复提供了一定的便利。医生很快就把相应的表格填写完了，于是他摘掉手套，带着表格径直回到办公室去继续写报告。此刻，只剩下我独自一人面对地铁自杀男，陪伴我的只有全部沾染着血迹和人体组织的解剖台、切割板、水槽、墙壁，以及各种解剖工具。我接下来要做的工作中最首要的就是确保血污不会在所有表面上干涸结痂，所以我先把每一小片碎肉和死者的其他器官一起都收集到一个钢碗里，对于极其微小的碎片，我甚至需要用医用镊子一点点小心地夹起来。在随后的修复过程中，它们都会被妥善地处理好。在验尸间中，我们用连接在解剖台上的软管来进行清洗，软管带有喷雾嘴，可以通过触发手柄来控制水流的大小。我拿起软管开始冲洗所有的表面，出于自嘲般的黑色幽默，觉得当下的情况像极了一个关于我个人生活的隐喻：我被独自留下来收拾别人制造的烂摊子。

其实我心里很清楚，对于我一团糟的感情生活以及这段关系给我造成的巨大负面影响，我自己在一定程度上也是负有责任的。记不清究竟是从什么时候开始，"都是我的错"的念头开始在脑海中盘桓不去：为什么我没能更警醒一些？到底是哪里出了问题才让我成了最后一个认清状况的人？对自己的质疑不断拉扯着我的内心，一点一滴地蚕食着我的生活——但比这更糟糕的是，我一直对它们的侵蚀抱以一种放任的态度。我决定与其一边逼迫自己对所发生的事情变得麻木，一边又不断任自己沉溺于"悲痛"或者其他各种不好的情绪之中，不如像戒毒一样彻底摆脱对药物的依赖，靠着自己的力量撑过这段时间。我开始不断用温斯顿·丘吉尔的名言鼓励自己："如果你正经历地狱，继续前进。"我觉得事情已经不可能变得更糟了，所以只要保持前进就对了。"再见了，百忧解①。时间会冲淡一切。"

---

① 百忧解是一种抗抑郁症的药物。——编者注

一天早上，我打开冷柜，想要确认一下在我给婴儿们筹备葬礼的文书上面是不是犯了错误。我以为我要为一个两岁半的孩子准备一场葬礼，但实际上他们好像说的是两个半月大？在打开小小的白色运尸袋的瞬间，我被深深震撼到了：我从没见过这么漂亮的男孩！他的金发卷曲在大理石一般的额头上，就像波提切利①画笔下的天使；紧闭着的双眼上长长的睫毛仿佛在亲吻他饱满脸颊的黑色精灵。我涌起一阵想亲亲他的小脸蛋的冲动。巨大的悲伤充满了我的内心，如此可爱的孩子竟然会因为一些尚不清楚的原因被抛进死亡的深渊，而来自我这个陌生人的"照料"，究其本质竟也只是为了将他"处理"掉。我抑制不住啜泣起来，在冰冷的空气中制造出一阵回响，在经过每一扇白色柜门的反弹后，传回我的耳朵里的声音听起来无比陌生。

"我没哭，"我默默否认着，"我有我的工作要做。"但当我将身躯已经冰冷且僵硬的婴儿从冷柜中抱出来的时候，即使依然在脑海里反复强调着同样的话，眼泪还是不受控制地往下掉，在他淡蓝色的婴儿服上洇出一圈圈深蓝的泪痕。

我想我可能同时也在为上百种理由哭泣。我将他紧紧抱进我温

---

① 波提切利是 15 世纪末佛罗伦萨的著名画家。——编者注

暖的怀抱里，为不知道如今他的父母或是其他家人在哪里、为什么不愿意为他举行葬礼而哭，为我见到的那些被新来的初级围产期病理学家像在熟食柜台出售的商品一样直接扔到磅秤上的"鱼宝宝"而哭，为在过去几年里我进行过的每一次围产期尸检而哭，同时也为一个我没能照顾周全的孩子而哭——那是我自己的孩子。

一旦你开始从事与死亡打交道的工作，就会很快明白为每个案子都掉眼泪会显得非常没用。在内心要修筑起一个完美的防御机制，直到某一事件突然发生，并且告诉你："好了，是时候了：现在可以统统哭出来了，然后再回到正轨上。"

当时，我所处的正是这样一个关口，所以我的情绪彻底崩溃了。

我开始为解剖过的每一个死者哭泣，也为他们的每一位亲人和朋友而流泪。我相信我同时也是在为自己难过：因为在每一个漫长的工作日里，为了在传真和电话开始作响、其他人以及所有喧嚣吵闹出现之前赶完文书工作，我都要至少提前1个小时来上班；也因为生活在一个至今仍显陌生的城市中，每一个周末都备感孤独；还因为完全感受不到来自同事们的支持——那些每天都和我在一起的姑娘依旧对让我心碎，甚至身体上承受巨大伤痛的男人非常友好。我痛哭着，因为我在戒断对药物的依赖，并在相当长的一段时间里第一次感受到了强烈的感情冲动。我还因为——谁知道还因为什么而哭？也许我就只是需要哭出来。

我放任着自己的悲伤，直到最后再无泪水可流，于是我用白色防护衣的袖子擦了擦脸，将怀抱泰迪熊的天使宝宝重新放回冷柜。我将他的脸遮盖起来并且拉上了运尸袋的拉链，这样他完美的脸颊就不会被冷柜里的低温冻伤了。这只是再平常不过的一个举手之劳罢了，但对那一刻的我而言，这一小小的举动却仿佛一并包裹起了我的全部悲伤。然后，就像我曾经会做的那样——就像我们每个人都会做的那样——继续前行。

我当时的我完全不敢去期待后面的生活会慢慢好转，更预料不到我职业生涯的随后几年会在病理学博物馆中度过。虽然在博物馆的每天都被破碎的身体残骸所包围，但我内心的感受却始终都是完整的。轨迹的改变完全不在我曾经的职业规划之中，但是冥冥之中，命运之神已然为我安排好了将会遇到的人、将要经历的事，而职业角色的转变也让我对死亡有了更多的思考和更深入的探索。

从那些已经保存了 100 年甚至 200 多年的身体残骸中能够学到的东西远比我以为的要更多，因为它们的制作方式与我之前解剖过的，或者为了进行组织学分析而截取的残肢完全不同。在巴斯病理学博物馆采用的标本制作程序，或者说"罐装"方法，是非常古老并且变化多样的，这也就意味着我能更多地专注于解剖技术及陈列方式的历史，而不仅仅是像一直以来那样严格按照"红宝书"中写到的或人体组织管理机构提出的指导方针那样做事。

另外，我也没想到会不时去另一个校区的解剖室担任示教解剖员的职务。示教解剖与普通解剖是两个完全不同的概念，普通解剖的目的是对人体内部构造进行研究，在医学生的学习生涯中占有相当重要的地位，解剖为他们开启了探索未知知识的大门。而示教解剖则通常是由一位经验丰富的解剖学家将一具尸体或者尸体的某一部分切开，以向学生们展示某一特殊的解剖学结构。每个解剖室还会向学生提供一系列人体结构的示教解剖三维图谱，供他们在捐赠的遗体上实际解剖时参考。示教解剖的对象包括呼吸循环系统、头颈部以及四肢等不同部位。那些来自遗体捐赠者的货真价实的人体"雕像"清晰地展示出肌肉、肌腱、筋膜、血管以及其他组织结构的分层，它们被完好地保存在诸如福尔马林等防腐剂中，在未来多年的时间里持续不断地将知识传递给学生。对于未来的医生们而言，他们的学习对象并不一定要是"完整的"，局部的残骸可以起到与整体相同的作用。

对我来说更有意思的是，在习惯了不得不在充分防腐、灰暗且坚硬得如同煮过头的金枪鱼一般的尸体上进行解剖后，我终于在获赠的用于教学的遗体上见到了"软固定"的新型防腐技术。其中一种叫作"蒂尔法"，是以开创这套方法的奥地利解剖学家沃尔特·蒂尔的名字命名的。有一天，他去肉铺买东西，无意间想到比起他们在格拉茨大学经过防腐处理的尸体，湿制的火腿在更大程度上保留了肉质的弹性，于是一个"灵光乍现"的瞬间降临了。几年后，他将自己发明的新技术进行了优化，将无色且几乎无味的盐溶液、防腐硼酸、乙二醇、防冻液以及相当低剂量的甲醛等混合使用，经过防腐处理的尸体出乎意料的逼真和柔软。新技术的应用令医学生们在学习解剖时获得了更为真实的体验，也让我产生了又回到了最初的起点——验尸间——的错觉。

　　我第一次去巴斯病理学博物馆的解剖室是在一个暑假，那时大部分学生都已经放假回家，而另外一些家就在伦敦的学生则到解剖室担任实习示教解剖员，那里天赋与才干并重的解剖学老师卡罗尔问我是否愿意加入他们。由于我在解剖学上的学习和工作背景，她希望我能一起为新学期做一些示教解剖的准备，而我当然很乐意抓住这个机会。为了准确定位自己最擅长的领域，我想充分体验各种类型的身体残骸解剖。当我拿到只剩下躯干和头颅的解剖对象后，便从颈部的肌肉开始进行解剖，计划首先暴露出胸锁乳突肌——就是我们 APT 在做 Y 字切口时也会涉及的那块肌肉。

　　"别一上来就直奔 SCM。"卡罗尔忽然说道，于是我手上的解剖刀停留在了半空，"先处理颈阔肌。"

　　"什么是颈阔肌啊？"我问她，感到十分困惑。我与人体打了 10 多年的交道，却从没听说过这个名词。

　　卡罗尔对我的反应倒是相当理解："那是一种非常浅表层的肌肉，就重叠在 SCM 的上方。"她给我解说道，"你在停尸房中一般不会见到这个结构，它的作用就是给下嘴唇的肌肉一个向下的拉力，让嘴角形成表现出悲伤、惊喜或者恐惧等情绪的弧度。"她一边说一边指了指自己的下颌骨："不过造成颈部细纹以及下巴皮肤松弛的罪魁祸首也是它。"

　　"也就是说，它会让我们变得越来越像《加冕街》①中的迪尔德丽·巴罗了？"我问。

　　"哈哈哈，完全正确！"

　　随着卡罗尔开始进行的解剖，我概念里的人体拼图中最新的一片初现端倪。然后，她将解剖刀递给我，让我继续把后面的解剖完成。颈阔肌至多也就两毫米厚，颜色呈淡淡的橙黄色，与旁边的黄色脂肪组织在一起很难区分出来。但是我耐心细致地一点点处理着，最终还是成功将其完整地分离了出来。这时我的耳边忽然响起了卡罗尔赞许的声音："我就知道你肯定擅长这个！"

　　我的脸上也堆叠起笑容。这种由工作生出的满足感相当难以言说，不过现在，我也为学生了解颈阔肌的位置和功能创造了一份教学标本，这样知识就能不断传递下去。

　　后来，我又参与了很多有趣的示教解剖。解剖室的氛围充满

———————————————

①　《加冕街》是 20 世纪 60 年代英国出品的电视剧。——编者注

着尊严感，甚至还令人感到有些快乐。因为我们面对的死者都是出于自愿的遗体捐赠者，因而他们中多数的死因也都是自然死亡。即使从其他解剖员无伤大雅的玩笑之中，我也能学到 APT 时期并不了解的东西。比如有一天，加文走到我的推车前，指着我的捐赠者被移除胸骨后暴露出的肺部说：

"看，这个肺上有'小舌头'。"

再一次，我为一个从没听过的解剖名词感到迷惑。

注意到我的表情后，他继而解释道："那是一个很小的、舌头状的结构，有时候会从左肺上叶的下部伸出来。"说着，他用戴着手套的手指轻轻地弹了一下"小舌头"："看到了吗？它看起来多像一只小狗吐出来的舌头。"

"嗯，确实。"我仔细观察了一番后附和道，并且猜测其命名（lingula）的拉丁词源是 lingua。我又想了一下，然后说道："但是我觉得比起'舌'来，它真实的本质应该是'唇'。"

我的话音刚落，他就发出一阵大笑："你是在说阴唇吗？"

这时刚好卡罗尔从旁边经过，于是惊叫着加入我们："是谁在讨论阴唇呀？"

我忍不住大笑起来："是加文！是他先挑起的话题！"我指着加文回答道。随即，我们都陷入狂笑之中。

唇 / 舌。

阴唇 / 小舌头。

西红柿／番茄。

古老的拉丁文可真有意思。这也令我想起在上大学的时候，和我的微生物实验搭档宝拉一起按照拭子上的操作说明从对方的小舌上采集样本："接下来，宝拉，躺到地板上，然后脱下你的裤子。"我说着，摆出一副将"小舌"（uvula）理解为"阴门"（vulva）的样子。当她看到我真的手持棉拭子靠近过去的时候，不由陷入了慌张。好在很快她便意识到我是在开玩笑，又重新放松下来。实际上，"小舌"是喉咙的后面垂下来的一小块水滴形的肉，经常会被误称为扁桃体，是一个能够采集到大量用于分析的微生物，并且毫无限制级色情意味的组织。不过，当时宝拉脸上的表情真的非常好笑。

哪怕只是取走了尸体上极其微小的一部分，死者的状态也会变得截然不同——这是我在从事全职 APT 工作的时候从没意识到的重要事实。又一次，我有幸参与录制一部关于尸检过程的教育纪录片。影片中，我会和一位著名的病理学家一起展示将获赠遗体的内脏取出来的过程。而在几天的录制里，我们进行的每一步都会有三台摄像机对着我们拍摄。在早期的制作会议上，我们便已经很明确地获悉在整个拍摄和播放的时间安排上，最大的困难来自在英格兰有限的范围内，很难找到合适的遗体捐献者。对于在拍摄中所需用到的设施，我们已经与美国的一家公司签订了供货合同——它主要经营供外科医生练习使用的四肢——因此，对于整个团队而言，在寻找遗体方面继续与这家公司合作显然更为明智。然而，这里面存在一个很大的障碍，那就是为了拍摄而从海外进口完整的尸体违反了英国的法律。对此，唯一可行的办法就是将尸体的一部分摘除——比如一只手或者一只脚等。如此一来，遗体就会被海关分类为"人体的一部分"而得到放行。而在拍摄过程中，只要选对角度，这些遗体看起来仍和完整的尸体无异。于是，问题的难度就降低到摄影技术的层面上了。

然而，在距离拍摄仅剩一周的时候，一天早上，我接到了制作人打来的电话。"卡拉，"电话里她的声音听起来非常慌张，"尸体已经送来了，但是两条胳膊都被砍了下来，简直惨不忍睹——她看起来就像只火鸡！"

"他们究竟为什么要那么……"我还没有来得及问完就被她打断了："但是他们把她的一条胳膊同时寄了过来。我不明白为什么要将两条砍下来，然后再把其中一条寄过来。不过，你有什么办法吗？"

"你说的办法是，让我过去把她的胳膊重新缝上吗？"我问道，"如果是这样的话，那么没问题的。"

"真的吗？我的天啊！你简直就是我的救星！这样的问题我实在问不出口——我觉得这听起来太奇怪了。"

"我被问过的问题里有的是比它更奇怪的。"我虽然是在安慰她，但说的却也是事实。我经常会被问"你能不能帮我给死去的猫咪做个防腐处理"，或者"如果我的妻子死了，你能把她做成木乃伊吗"。如果她死了？对于这个问题，我的回答就是："告诉你，在她活着的时候好好珍惜，比死了以后做什么都强。"

于是，几天后我出现在一个相当高端的外科手术及尸检套房中，准备给可怜的遗体捐赠者重新接上她那条实在无法理解为何会被砍下来的胳膊。

"你确定没问题吗？"制片人问道，"切口边缘全都是参差不齐的，他们到底知不知道自己在干什么呀？"她显得异常焦虑不安。

"放心，"我镇定地答道，同时回想起所有经手过的碎尸重组案例，尤其是那名跳地铁自杀的男子，"我已经不止一次做这种事了。"

当胳膊被缝合回去以后，可以想象接口处的样子看上去肯定相当吓人，但是我又在上面包覆了一层肤色的绷带。如果你稍微眯起眼睛或者向后退上一两步，就基本上很难分辨出那已经不是她本身的皮肤了。紧绷着的空气明显缓和了下来，警报解除。

维多利亚时代，人们对悼念祭祀的讲究和执念尤其强烈。其中，最出名的传统就是将死者身体中的某一部分用于珠宝的制作中——主要用的是头发，但有时候也会用到牙齿或者骨骼。不仅如此，他们还会用同样的方式向活着的人表达心中的爱意。第一次世界大战之后，这一传统开始遭受冷遇，不过进入新世纪后似乎又有回暖的迹象。2015 年，卢卡斯·昂格尔用一枚由自己的智齿打造的戒指向女友卡莉求婚。而在更早的 2011 年，根西岛的梅丽塔和马克·派利特走入了婚姻殿堂，据说马克用来求婚的戒指上除了钻石之外，还有来自他被截掉的腿上的一小块骨头。所以，维多利亚时代的传统仍然保持着活力，而让我感到非常有趣的一点是，很多曾经一度被视为死亡祭奠物的古董物件，竟然是讴歌爱情的信物。

人们坠入爱河，进而在爱情中得到永生——因为从理论上讲，孩子是父母生命的延续。但是如果没有死亡的阴影作为背景，那么爱情的宝贵以及我们对它出自本能的渴望就会失色不少。

我还没有生过小孩，但是经历过一次流产后，我开始对此深有体会。我的生活完全被倾覆了，没有一件事在正确的轨道上，整个人都处于崩溃的状态：我就像是一个"空洞"（hole），而不再是一个"整体"（whole），曾经一度敏锐地感知到了生命的意义，现如今却变成了一无所有。那时候，在停尸房度过的所有时光里，无论我如何拼尽全力去尝试，始终难以摆脱负面情绪对我的控制。幸好后来我学生时代的一个好友，吉娜，给我带来了救赎：她邀请我到法国南部度假一周。那无疑是个绝好的机会，让我远离阴霾的英国和停尸房日益令我感到受困于其中、透不过气来的墙壁。并且由于住宿是免费的，我需要自己支付的只有机票，于是我立即答应了她。

事实证明，这次旅行正是我需要的。夜晚的海边有我从没见过的灿烂星空，我们就在漫天繁星下交换着心事。那些将我的心脏反复刺穿的尖锐的痛苦，在当地美味又便宜的红酒的安慰下舒缓了许多。随后的几天虽然每天阳光都很灿烂，但我却总是提不起精神，还喝了太多的酒——这次喝的是我们骑了5分钟自行车到当地的葡萄园挑选的两升装冰镇白葡萄酒。吉娜参加了一些远足活动，她的法语相当流利，同时又对冒险充满兴趣。和她相反，我却只想躺在阳台上，任自己被法国的太阳暴晒。我对阳光是否能把所受的屈辱全部烧成灰烬仍存有一丝侥幸的好奇，在此之前，为了对抗受辱的感受，我还做了诸如拼命洗澡之类的无用功。我觉得我喝得太醉了，感觉非常糟糕。

一天晚上，我们一起去了游乐园，那里喧闹的人声、音乐以及灯光都令我感到眩晕。光影中我像是在做梦一般，没有半点真实感。在经过了相当长一段沉淀悲伤的忧郁时光后，那些噪声像暴风雨般席卷了我的脑海，不过也带给我一种迎接挑战般的兴奋。我渴望体验些新鲜的东西，想要从中获得与之前迥异的心情。因此，我恳求吉娜和我一起去玩那些游乐项目。我们时而水平旋转，时而又竖直升降，有时还会像个钟摆被甩动起来。在把这一切——体验过之后，我告诉她我想坐过山车。或许一股汹涌而来的肾上腺素能够刺激内啡肽的分泌，让它们冲进我的大脑并填满它？东倒西歪就要散架似的游乐设施看上去一点都不安全，然而我却一点都不害怕。

随着过山车接连不断地转弯、上升、下降以及上上下下地俯冲，我做了一件之前从没做过的事情：在飞驰的过山车上，我松开了双手。

第 十 章

修复：国王呀，齐兵马

你可以看到一个茶杯从桌子上掉下来在地板
上摔成碎片。但是你绝对看不到这些碎片重
新聚合在一起复原成一个完好的杯子，然后
再跳回桌子上……随着时间增加的无序熵或
将过去和未来区别开来。

——史蒂芬·霍金《时间简史》

我当然活着从过山车上下来了——幸亏系了安全带。不过那天晚上，我的心情确实焕然一新，而且我明白是时候将阴霾驱散了。我必须大步向前走。

　　我不知道究竟是什么驱使我的地铁自杀男冲向了一辆疾驶中的地铁，不过对于他的精神状态，我能够隐约感知一二。无可辩驳的事实是：一旦他跨出了第一步，就再也无法回头。时间从不倒转，车站里的目击者们不可能看到他在一阵粉色和红色的弧光爆炸中重新聚合，然后完整而安全地重新回到站台上。其实我很想知道，在跳下去的那一瞬间，他脑海中闪过的究竟是什么？他是否对自己的决定感到后悔并且充满恐惧？还是在为即将到来的安宁以及终于获得了解脱而满心感激？又或者在他与列车冷硬的钢铁发生碰撞前根本来不及产生任何念头？

　　我有大量的时间可以消磨在无边无际的猜想之中，因为为了彻底修复好这个自杀的可怜人的遗体，我花费了好几个小时的时间，使尽浑身解数来将每一个碎片归位。由于死亡方式的特殊性，验尸官从没想过安排他的家属进行探视。不同于尸检时的简短，整个修复过程长达 4 个小时。不过，当听到电话另一端对我做出的声明的惊讶反应——"等一下，你刚刚说什么？"——时，我觉得每一分钟的付出都很值得。

"我是说，他的家人可以下午过来看他，或者明天也行。"

"等一下，我觉得我有点糊涂了。"验尸官的困惑很明显。"我记得他已经完全被撞成碎片了，BTP 和回收队的人都说他的状况简直惨不忍睹。"

"他确实'曾经'是破碎的，"我解释着，"但是我们的一部分工作职责就是尽量让死者的遗容体面而有尊严。以这个案子中我们所做到的程度，安排亲属来见他完全没问题。"

"好吧……"她说，语气里是毫不遮掩的怀疑，"你最好先仔细跟我谈一下。"

引用《矮胖子》① 里"国王呀，齐兵马"的句子并不是为了

① 《矮胖子》是《鹅妈妈童谣》中的一首儿歌。——编者注

制造一点诙谐的气氛。就像那本极其荒谬的《爱丽丝梦游仙境》被认为包含了诸如"极限""反比关系"之类的数学概念一样，《矮胖子》也可以用来阐述热力学第二定律。在前面的章节里，我在讲述尸体的腐烂过程时曾经讲到过热力学第一定律，说的是能量既不能被创造也不能被毁灭，它只能从一种形式转化成另一种形式。而热力学第二定律想要告诉我们的则是，一个独立系统的熵会随着时间的推移而不断增加，在这个语境中，"熵"的含义就是"无序"和"混沌"。在《矮胖子》这首童谣中，当不幸的鸡蛋"矮胖子"从墙头掉落下去并摔得粉碎之后，"国王呀，齐兵马，破蛋难圆没办法"在把可怜的矮胖子先生恢复原样这件事上的无力感，就是热力学第二定律的最佳脚注。

热力学第二定律同样也极佳地概括了尸检之后所展开的修复过程。APT和尸体防腐员之间还是有区别的：我们不用化妆品和高科技手段去修复死者的容貌，我们的方法是从最内部着手，将遗体视为一个碎得彻底的鸡蛋，然后穷尽一切手段使其重新变得完整。

在用软管将解剖台以及各个表面清洗干净后，我会再分别将一桶热水和消毒液淋到不锈钢台子上，让它在液体中浸泡一阵。

然后我就将注意力重新集中到我的地铁自杀男身上。在清洗尸体的时候，我们虽然用的是同一根软管，但要十分注意控制水流的轻柔，避免把血液和其他组织微粒冲溅得地板和仪器上到处都是，也防止其形成气溶胶被吸到肺里。尸检所用的托盘在死者头部一端的角度上略高，所以清洗时水流就顺着托盘直接从位于死者脚边的出水口流进水槽里了。这个场景看上去可能会显得有点奇怪，让人觉得死者和待洗的车子或者餐馆后厨的脏盘子没什么区别，但实际上，一边冲水一边轻柔地擦拭，并不是什么搅扰死者并让人感到不安的事情。我一手以持枪的方式握着软管的触发器，另一只手中则是一块浸满了泡沫消毒剂的海绵。在尸检时，我一直很注意随时擦拭溅出来的血迹，不仅仅因为那是停尸房中的标准操作，并能在很大程度上维护死者的尊严，更为了防止血液凝固在皮肤表面，给后面的清理过程增加难度。血液和皂水混合在一起后会形成一种粉色泡沫，它们顺着死者的四肢滑落，在出水口处形成漩涡。对于这种粉色的泡沫，我实在是太熟悉了，不仅每天在工作中常见到，当我下班回家后洗头发时，浴缸中也充满着粉色的泡沫，并且它们打着旋从出水口消失的样子和停尸房里如出一辙。所以偶尔在浴室里，我会产生又回到了停尸房的错觉。

　　在清理遗体的过程中，最令人感到不安的是进行到头面部的时候。哪怕是最细小的水流，当它流经死者的嘴和睁着的眼睛时，我都会不由自主产生退缩的冲动，很害怕死者会忽然闭上眼睛或者转过脑袋。不过谢天谢地，我的担心从来没有变成现实。水流只是从半露出的眼球飞溅起来，然后滴入死者张着的嘴巴里。我非常讨厌的一种情况是混合着组织残片以及黄色脂肪组织的小血珠卡在死者的牙缝里，或者黏在牙龈上。这种时候，不能单纯靠调大水流来处理——那样做是完全不行的。唯一可行的办法就是，用一把合适的牙刷给死者刷牙。

我不知道我的同事里有谁也在尸检中注意到了这样的细节。

当对死者的初步清理进行完毕之后，我便可以开始着手修复。首先处理的是头部，因为头发还是湿润的，因此用和我在做切口前同样的方式——一半的头发向上梳盖住脸颊，另外的一半往下梳到脖子的后面——很容易梳理。和围产期胎儿的尸检不同，成人的大脑不像胎儿有着相对身体比例而言巨大的尺寸，因此成人死者的大脑不再放回到颅骨内。另外，大脑是一个非常柔软的组织，将其重新放回去也是不现实的——我在前文中曾经将大脑的质地形容为"慕斯"——而头面部又有太多的孔窍，所以这样做既不卫生也不安全。我用蓝卷吸水材料将颅骨的底部擦干，取一大团纯净洁白的棉花塑造成与大脑无论在大小还是形状上都极为相近的样子，然后将其放到空荡荡的颅骨腔内。这样做的好处主要有两点：首先，它能够填充起正常脑部的形状，在此基础上我就能把颅盖放回去，并确保其在正确位置上的稳定；另外，材料吸水的特性使它能将任何从窍孔中渗进去的或者我在擦拭时遗漏掉的液体吸收彻底。在准备缝合的时候，我先将颞肌平滑地放回原来的位置上，然后再将切口两侧的头皮拉起来，让它们在后脑处会合，中间只剩一条窄窄的缝隙。这时，就轮到我提前准备好的针和缝合线上场了。我会沿着之前做出的切口方向——从右向左——开始缝合：先将 S 形缝合针从上皮瓣下方扎进去，下针之处正是黄色的皮下脂肪组织和毛囊所在的地方，随后再将针从下皮瓣同样的地方扎下去，如此上上下下地不断重复着，直到整齐地完成一条与棒球上的线类似的缝合线。实际上，我们也确实将其称为"棒球缝合线"。

在完成了头部的作业后，我要用更多的蓝卷吸水材料或者干净的海绵将体腔擦干净，将更多纯净洁白的棉花放到骨盆里。这些棉花取代的是膀胱及其他骨盆处组织器官，并且也能在残留水分经由身体的孔窍泄出之前将其吸收完全。出于同样的考虑，我在其颈部填充了更多的棉花，不仅使脖颈恢复了原有的形状，有时还能够为男性死者塑造出一个喉结的轮廓。死者所有的器官并非直接放回到原位，而是先装进由生物可降解材料制成的干净内脏袋里——我们从不使用普通的垃圾袋或者医疗废弃物袋。待所有的袋子都整齐地扎好并放回空旷的体腔中后，就把最先被移除掉、靠近心脏和肺部的胸骨重新放回到原本的位置上。这样一来，死者的外观形状看起来就非常自然了。我把 I 字形切口两侧的皮瓣拉拢，用与缝头部相同的方法从上到下缝合起来，形成一条同样整齐的棒球缝合线。

　　如果根据验尸的需要从眼球中取过玻璃体，那么在修复的时候还要向其中注入生理盐水，通过恢复眼压来维持眼球的正常形状。如果之前取出了死者的假牙，那么此时就重新将其戴好。在尸检完成之后，死者的遗容看起来都会比之前平和不少。这时，我还会再将死者完整地清洗一遍，用洗发水把头发上沾染的油脂及体液等洗干净。有时候，我会连指甲也一起清理，如果还有褥疮、溃疡或者医疗介入后的创口等在化脓的话，就用可吸收的绷带把它们包扎好，或者用一大块膏药覆盖在上面。用毛巾擦干后，再给死者穿上一次性寿衣，其状态基本就可以算得上干净、完整并且安宁平和了。

　　但是，热力学第二定律的作用还是会凸显出来的。采用缝合的方法也就意味着我们无法将所有零碎的组织和器官像完成一幅拼图那样严丝合缝地归位，也不可能再用死者的血液将动脉和静脉重新填满——所有的血液已经流进了下水道，并和全市所有的生活废水一起消失于污水处理系统。非常直截了当的结论就是：我们也没办法让"矮胖子先生"完好如初。没有人能做到。

　　唯一能倾尽我们之所学去尽量实现的，就是让死者在经过修复之后看起来比刚刚送来时的状态更好些，在走过了尸检的程序后呈现出一副得到了精心照料的模样。

相比其他案例，我的地铁自杀男的情况更为复杂一些。我不得不用棒球缝合线将已经断裂的或者几乎断裂的残肢重新缝合上，包括两只手（在手腕处断开）、一条腿（沿着膝盖断了）以及一只脚（在踝关节处断裂）。由于他的躯干被从腰部斩成了两截，我还要用同样的方法修复他的身体。当这一切总算完成的时候，出现在我眼前的十足就是个粗糙版的弗兰肯斯坦的怪物：好像我刚刚从一个装满身体残肢的容器中挑出了需要的"零部件"，然后将它们和脑袋、躯干等缝合到了一起，制造出我自己的"亚当"。不过，当我用肤色的绷带将所有缝合接口包起来后，那些彰显着暴力伤害和死亡的痕迹就被很好地隐藏起来了。这时候，他的样子看起来就让人觉得舒服多了。

我在电话中把所做的事情一一讲给验尸官。

"花了不少时间吧？"她问道，语气里依然带着一丝怀疑。

"大概4个小时吧，不过主要是头部的修复比较耗时。"

实际上，仅是往颅腔内填充大量的棉花，再用强力胶将部分颅骨的碎片黏合到仅能凭感觉判断"正确"与否的解剖学位置上，就用了将近1个小时的时间。完成之后，我用白色的绷带将他的头部包扎起来，并且令其略微向左侧倾斜，以挡住大多数的伤口。

"他现在看上去和'莽撞先生'[①]有点像，你觉得可以吗？"

---

① 罗杰·哈格里夫斯的《莽撞先生》中的人物，他总是会不停地发生各种各样的小事故。——编者注

我提醒验尸官，"不过完全是可以和亲人相见的状态——基本上能很清楚地辨认出他的脸来。"

"不可思议，我马上通知家属。"她说。

我为他和他的家人感到高兴，但是我的各种思考并没有随之停止。他那一旦付诸行动就再也没法回头的决定，它对我产生的深刻影响，以我目前的处境碰上这样的案子是多么宝贵的一课等念头，仍在脑海中久久盘桓着。

通常 APT 在介绍自己的工作时都会说自己所做的一切是为了死者的家人，当然这种说法没有任何问题，这很好地解释了自己为什么要选择一份为大多数人所不理解的特殊职业，甚至令一切都显得正常且符合常理。在停尸房参与修复遗体的工作能令 APT 付出的辛苦得到积极的反馈，也是一个获得他人感谢的机会。无论从事什么行业，人们总是需要被鼓励的。

然而让我觉得奇怪的是，很少有人提到自己的工作其实也是为了死者的福祉。当我在为厌食的牙医进行修复的时候，没有人来看他最后一面，连他的遗体都无人认领，但是我仍然一丝不苟地完成了整套修复程序，并且完成度之高甚至超出了停尸房的规定。在做这些的时候，我完全没想过要从谁那里听到一句："谢谢，他看起来好极了。"虽然在很多案子中，比如地铁自杀男的案子，我确实得到了很多这种类型的褒奖。一般而言，所有 APT

都很享受在工作中竭尽全力的感觉，我们中的大多数都愿意尽可能为死者家属多做一些事情，并且我们工作的最主要目标就是让死者享有最大程度的尊严，体面地走完在人间的最后一程。

既然如此，为什么还会有那么多的 APT 总是对自己的工作秉持一副讳莫如深的态度呢？比如在看到媒体上对尸检写实的报道，或者由苏·福克斯、凯瑟琳·埃特曼等艺术家发布的验尸主题的摄影作品时会眉头紧皱；又比如总是想避免让人们看到任何停尸房内部的情况（除非在一些实在迫不得已的情况下）；再比如始终将自己的职业委婉地解释为"为活着的遗属服务"。如果连他们自己都不愿意承认工作中实际包含了什么，都认为其中的种种是需要严守的秘密，都不愿意向外界做出姿态，即使从事着与死亡相关的职业，即使是严谨的病理学技术专家，但他们同样也是活生生的人，也具备着同样灵动的幽默感，那么可想而知，不明真相的大众对这个行业将会有多深的误解。这就好像是从业者自己在不断给自身制造关于死亡的禁忌。

我曾研究过各个与死亡相关的职业的私密性和透明度的问题，其中包括停尸房的工作、丧葬服务、骸骨挖掘、人体标本展示等各个方面。

虽然我目前担任着病理学博物馆技术馆长的职务，日常所关注的对象多为不完整的人体残骸，但是也始终都在跟进关于死亡提醒效应（即我们对死亡的理解）、死亡理论等的研究进展，以及不断变化中的死亡相关法律的修订情况。而在更早的时候，就是我人生中的那段艰难时期，我需要有一些可以让我把全部精神都沉浸于其中的东西来打发掉漫漫长夜。于是，我开始大量读像恩斯特·贝克尔的《拒斥死亡》（*The Denial of Death*）、杰西卡·密特福德的《美国式死亡》（*The American Way of Death*）等旧版书及经典名著，同时在社交媒体上和那些持有"死亡不应该成为一个关起门才能谈论的隐秘话题"的观点的人们建立联系，还参加了由一位富有洞察力并且非常幽默的美国殡葬师凯特林·多蒂发起的名为"积极死亡"的运动。她希望能像过去那场推动了性文化发展的"安全性行为"运动一样，通过"积极死亡"运动改变人们对待死亡的态度，让人们从此开诚布公地讨论相关话题。

当我逐渐了解到坦诚直接地就死亡展开交流的好处后，我开始形成自己的一套观点。在这个行业中，毕竟过于隐晦的态度曾一度导致如器官私藏一类的丑闻，而"除了必要的信息以外尽量少说"的行为方式也在实践中被反复证明其实会惹来无数麻烦。我到不同的城市去参加会议，在会上见到了很多在网上有过交流的朋友。在其中一次会议中，我听到了一个名为"打破隔离的尸骨"的研究报告，非常精彩，这个报告几乎涵盖了所有我想向社会大众呼吁的观点。简单来讲，这项研究就是先让一队考古学家在挖掘现场周围立起一圈屏风，将随后展开的尸骨挖掘工作完全遮挡起来。他们的举动引起了当地居民的强烈不满：人们很好奇在屏风的后面究竟发生着什么。而由于专业知识的匮乏，人们所能想象到的都是些极其糟糕的情景，于是便坚信考古学家是在亵渎死者，并极力要求立即停止进行中的考古作业。颇具讽刺意味的是，当地居民们的反应其实也并不难理解：如果不是在做什么见不得人的坏事，那么为什么要遮遮掩掩的？经过了一段时间后，研究进行到第二阶段，研究人员不仅撤掉了所有的屏风，还允许普通群众进入挖掘现场并向考古学家提出疑问，在一些特别的情况下，他们甚至可以亲自接触尸骨。事后的调查问卷结果显示，人们普遍对屏风撤掉后的考古挖掘满意度和接受度更高：当人们对正在发生着的事情有了更多的了解后，相比起被冒犯的感觉，好奇心反而会明显地占据上风。

这项研究为我打开了看向另一个世界的大门，在那里不仅我的技术有用武之地，而且还可以无所顾忌地与人讨论与死亡相关的问题。虽然我还不清楚为此我能具体做些什么，但是当有了一个愿意专注于其上的目标后，我感到自己支离破碎的状态总算结束了，我再次成为一个完整的个体。我已经对在工作中总是听到"除了长期的合作伙伴或者家人以外不要跟别人讲太多，更不要跟任何人讨论工作日常和细节"之类的劝解感到厌烦，也已经厌倦了由于担心酿成下一个"阿德尔赫丑闻"而在每天的工作中本能似的担心出错。我甚至连听到"阿德尔赫丑闻"这个词组都会觉得不耐烦！

　　虽然文书工作越来越多，但是我觉得它们根本没有触及问题的核心，它们并不能推进我或者很多 APT 目标的实现。我本该去参加每一季度的 APT 见面会，并且为我们的组织——英国解剖病理技术员协会（Association for Anatomical Pathology Technologists United Kingdom，AAPTUK)——做出更多的贡献，然而却一直忙于监督包括所有医生在内的整个病理学队伍是否按照《操作手册》和健康安全培训行事。另外，我还一直在从事临床管理工作。

　　当然，我将所有做过的事情视为"经验"的一部分。我虽然更长时间地加班，但仍开始感到难以全部掌控。随后，我还意识到我之所以更愿意处理地铁自杀男的案件，心甘情愿花费大量的时间去修复他的遗体，还存在着另一方面的原因：我想尽量多待在小小的高危验尸间中。在那里，我所做的事情正是从我还是个小孩子的时候起就一直想做的，虽然它很少出现在其他 APT 谈论职业意愿时的话语中——我更愿意跟死者打交道。

　　想清楚这一点帮我做出了最后的决定：该离开了。

　　在开始找其他工作的同时，我还是尽可能保证在停尸房有足够的工作时间。从像圣克莱尔教授这样已经退休的病理学家，以及其他根据值班系统的安排会来处理当天案件的病理学顾问身上，我还有太多的东西需要学习。并不是所有停尸房对工作时间的要求都是一样的，所以我只要确保自己在临时代理 APT 的人才库中登记在册，就可以利用年假以及不同工作任务的间隙时间去到其他的机构中做事。同时，我也在关注别的停尸房是否有管理职位的空缺（尤其是地方政府管理的停尸房），因为停尸房规模的缩小意味着文书工作没有那么繁复，管理人员也就相应地有更多的时间参与到尸检当中。当然了，就像谚语"条条大路通罗马"所说的那样，一个人想要通向自己内心的道路也不止一条，我对其他与死亡相关的工作也保持开放的心态。我将这种渐渐从容起来的状态视为我不断变得深广的自我探寻的一部分。

一天下午，蒂娜接到了一个电话。当她听着电话线另一端的人讲话的时候，我看到她的神色变得越来越绝望。

"蒂娜，出什么事了？"她刚一放下电话听筒我就马上问道，"紧急情况还是其他什么事？"

"不是，是组织库打来的。有个皮肤和骨骼的捐赠，他们希望能在今天下午进行。"

"这有什么问题吗？"我好奇地问，在此之前我还从没见过皮肤和骨骼移植。

"因为这个过程超级漫长。"蒂娜的话几乎是挤出来的，"这周虽然是我值班，但我都计划好了要和胡安以及临床管理队的人一起去参加一个会议。组织库的人过来时不能没人在场监督，至少办公室里得有人在，随时在有需要的时候出入验尸间。"

"那让我留下跟他们一起吧。"我主动提议。我想我肯定不会一直待在办公室里，因为我想进入验尸间观摩学习。

"真的吗？你愿意留下？"蒂娜问。

"当然了！我挺想看看他们是怎么做的。别担心了，安心去开你们的会吧！"和我相比，蒂娜确实更适合从事临床管理方面的工作。

于是，1个小时之后，我满心期待地和来自NHSBT的技术员们一起在验尸间中就位，开始听他们讲解起将要进行的操作。他们每个人都非常开朗！一头棕色头发的约翰尼身材丰满，30岁左右，对我提出的所有问题都很乐于解答。和他一起过来的年轻姑娘名叫桑娅，是他在带的实习生，从我们的讨论中她也能学到不少新东西。

"所以你们必须赶在今天把这件事情做完——不能推迟到明天？"我一边把捐献者的遗体从冷柜里取出来，一边问道，"你别误会，我没有别的意思，今天完全没问题，我就是有点好奇。"

在把捐献者推进验尸间的时候，约翰尼给我们解释道："其实我们只要在48小时之内完成所需器官的摘除就可以了。但是一旦捐献者勾选了表示同意的框后——"他一边说着，一边指了指文件上一个特别的位置："那么我们就会特别希望能尽快完成摘除，甚至想尽量把时间压缩到24小时之内。毕竟我们切除得越快，移植成功的概率就越高。"

　　"切除"的说法在这一背景下，是一个用来专指从捐献者遗体上摘取器官或组织的过程的技术名词。在这次的案件中，他要切除的对象是皮肤和骨骼，而任何人都可以在相关文件上勾选希望在死后捐献的组织器官。（肌腱以及心脏瓣膜的捐献要求捐献者年龄不得超过 60 周岁。）但是，和其他任何器官一样，自愿进行捐献并不意味着该器官就完全可用，还需要根据其具体的状况进行评估和判断，例如是否携带传染性疾病、是否损伤过于严重等。当然了，尸体的腐烂程度也是一个要考虑进来的重要因素。这也就是为什么我们所需要的遗体捐献者数量，要远远超过对器官的实际需要量。

　　"很多人都不知道，其实即使他们还活着，也是可以捐献皮肤组织的。"约翰尼补充道，同时穿上了防护服，"你可以想象一下，比如有人减去了大量的体重，然后通过外科手术的方法把松弛的皮肤切除掉了。那么，那些被切下来的多余皮肤该如何处理？"

　　这个问题是我之前完全没有想到过的，因为一直以来，我都将全部的精力倾注在了死者身上："这真是很棒的想法啊！我从来没往那个方向想过。"我一边看着他打开带来的"切割工具箱"，一边回应道。

　　他取出的工具看起来有点像是大号的不锈钢剃刀，只是上面的刀头显得更笨重一些。工具的尾部连接有电线，他插上了插头。

　　"这是一把皮刀——有点像大剃刀，不过它的刀片是振动式的。"他讲解的同时也在不断对死者进行着判断，找出最适合切割的皮肤。显而易见，切割位置的选择会在很大程度上决定后续的修复过程，而捐赠者的大腿是极佳的选择。

皮刀发出了蜂鸣声，并且由于它的电动设计，约翰尼能够很轻松地保证切割的每一块皮肤组织在大小和薄厚上都具有相同的尺寸。不会像他讲的过去使用的那些手动皮刀那样，得到的每一片皮肤都多多少少在形状上存在不规则的问题。

看着他从死者身上摘取大片皮肤的时候，我感到实在有些不可思议，那些皮肤上的汗毛依然清晰可见，并在灯光下反射出亮闪闪的光芒。约翰尼将取下来的皮肤递给桑娅，由她将其在一个特殊的包装中保存好。

"它们会被用来做什么？"我好奇地问道，已经完全被迷住了。

"经过初步处理后，这些皮肤会被放到一个啮合装置上，进而被变成网状结构。"

我们看到的皮肤遭受了严重损伤的人所移植的皮肤，就是这些皮肤网。它们最常应用的情况包括烧伤、皮肤感染、无法愈合的褥疮或者溃疡等。我的厌食牙医如果逃过了败血病这一劫的话，那么很可能下一步也需要进行皮肤移植。

约翰尼一边给我们解说一边进行着手上的工作，整个过程经由他的介绍，再配上他的电动工具，话语中不时冒出的"冷藏保存""辐射""抗生素孵化"之类的字眼，显得特别时尚。然而实际上，皮肤移植的技术早在 2500 年前就在印度诞生了。

　　死者的皮肤还有另外一个用处，那是我在几年前才知道的。在前面的章节中，我曾经讲过我的脸部饱受一种罕见疾病——帕罗综合征的困扰。我并不介意谈起它以及我的其他健康问题，因为我希望人们能够明白，即使从事着与病理学相关的工作，也并不意味着我就拿到了一张从此没病没灾的"特赦金牌"；我们都是普通人，都会受到疾病喜怒无常天性的侵袭。如果我的职业选择能够为我带来与死神签订黑暗条约的机会，保护我和我爱的人免于疾病以及死亡的吞噬，那么我简直要喜出望外。然而现实却是，从来不会有这等好事发生。这真的是非常令人遗憾。我倒是一直都很期待这份工作中包含一些戏剧性的部分，比如用鲜血在一卷羊皮纸上签名……又或者那不是羊皮纸，而是一张用地狱里的古董剃刀剥下来的人皮？永远也不可能有答案的。

　　话说回来，我所患的帕罗综合征也叫作面偏侧萎缩症，是由于外伤造成而非与生俱来的，而除了许多更严重的症状之外，它最直接的影响是让我的脸变得不对称，有一侧脸颊的肌肉不断地发生着溶解。每隔一两年，就像汽车需要进行年检一样，我也要到医院做手术来恢复面部结构的正常状态。主治医生曾尝试过将我自体的筋膜和脂肪用于治疗，但是它们在被移植到我脸上之后不久就会溶解掉。于是，在谈到下一步的治疗计划时，他带着些许严肃的神情暗示我可能需要使用"人造真皮"了——其实就是来自死者的皮肤。他一边介绍新方案，一边小心翼翼地观察着我的反应，好像在等待我发出惊恐的尖叫。

"没问题。"我只是很平静地回答道。

"这样一来效果可能会比较持久。"他很快又补充道，我猜他也许是担心我会改变主意，"我本该早点告诉你的，但是我怕这个方案会吓到你。"

"天啊，我善良的医生，我是在停尸房工作的！我才不会介意有那么一小片死人的皮肤出现在我脸上呢！"

于是，我便成了"弗兰肯斯坦的新娘"，承蒙捐赠者的慷慨和善意而成功进行了局部的移植手术。

再回到我们的验尸间里，此刻组织服务机构的人员正在努力从捐赠者体内取出腿部的股骨、胫骨、腓骨等骨骼。这一步骤需要在腿上制造远比我们 APT 进行尸检时所做的深得多的切口，并且需要将筋膜切断。在一旁观摩的我感到非常震惊，因为虽然我腿上有将近一半的筋膜被移植到了脸上，但是我从来都不知道它们长什么样子。在被取出的骨骼原本的位置上，会用与其尺寸相同的硅胶棒作为替代品，以保证腿部不会因此而变得"绵软"。"你知道吗？在硅胶出现之前，人们用的都是截短了的木头拖把柄。"约翰尼告诉我。这听上去非常合理，过去的很多东西都是用木头做的。

这一步的操作实际和 APT 切开死者小腿腓肠肌检查是否有深静脉血栓（DVT）形成很相似，很多人对深静脉血栓的了解都是基于其与飞机旅行之间的关系（虽然它的形成更多与长时间缺乏运动有关）。如果凝结块或者说血栓开始在腿部的血管内形成，那么一旦出现脱落，就有可能随着血液循环进入身体各个器官，在到达肺部后就会引发致命的肺栓塞。如果病理学家在死者身上看到了肺栓塞的迹象——也叫作 PE，那么接下来就要对腓肠肌进行检查，以确定血栓的来源。有时候，出现 DVT 的小腿会有明显的肿胀，于是仅凭肉眼便能做出判断，但是也有很多情况我不得不进行深度肌肉解剖。我们和来自组织库的技术人员在操作上的主要区别就是，APT 切开腓肠肌是为了在血管中找到血液凝结的证据，因而并不需要深入骨骼。除了在切口深度上的区别外，约翰尼修复切口所采用的方法和我们一模一样。

"啊，你们看，他还捐献了眼睛。"桑娅提醒道，似乎很高兴自己注意到了表格上的这一点。

"我会摘除眼球！"我兴奋地叫起来，就像一个坐在教室前排积极发言的孩子一样，"我还得到了资格认证的证书……不过，实际上我还没有真的操作过。"随后，我又不得不承认。

"那你想试试吗？"约翰尼提议道，"不过桑娅是只能在一旁看着了，她的课程还没进行到这一步。"

"哦，天啊，不，我甚至都想不起来我应该怎么做了。"

"那么我先取一只，你在旁边看着，然后由你来取第二只，怎么样？"

我感到非常震惊："你相信我能行？万一我搞砸了怎么办？"

"你已经成功地把死者全部的内脏都取出来了，对不对？"他特意强调了一下我做的前期工作，"所以，我相信一只眼睛对你而言不成问题。"

听起来相当有道理。

所以，在观摩约翰尼熟练地取出捐献者的左眼，看着它随着一声柔和的"噗通"声落入放置在冰上的无菌溶液中后，我拿起一把新的解剖刀，开始我的第一次眼睛摘取。为了实现这一目标，我必须先像他那样用金属牵开器撑开捐献者的眼睑，呈现出的画面带有一丝颇具戏剧性的凄惨感，令我不由想起了电影《发条橙》①。这样一来，我就能接触到他的眼球，用一次性解剖刀切断结膜的肌肉和视神经的手感就像用刀子切黄油一样轻松。几秒钟之后，右眼便也保存在了无菌溶液中，连同左眼一起准备被送往英国最主要的两个组织库之一。在那里，它们可以被保存长达38天。我将一团棉花塑造成和眼球具有同样尺寸的球形，填入捐献者空洞的眼窝中，再在上面盖上一个光滑的塑料眼盖，以在外观上制造出自然的弧度。当把所有衣服重新穿好后，捐献者的模样与刚推进验尸间时几乎毫无差别，完全看不出来已经从他的身体中切割掉了那么多的组织——他被很完美地重新修复好了。

① 《发条橙》是 1972 年由斯坦利·库布里克所执导的影片。——编者注

那些尸体已经严重腐烂的死者——也就是所谓的"腐尸"，也同样会经过与其他死者无差别的修复过程。但有所不同的是，他们的状况是完全不适合让家人来见最后一面的——西方国家对于腐尸本能的反感尤其令探视的可行性几乎为零。在一些极个别的情况下，家属坚持要求看望他们已经腐烂的亲人时——这里我所说的"坚持"指的是在没有看到尸体之前拒绝离开医院——有些停尸房会让他们先签署一份豁免同意书。同意书上明确指出停尸房方面已经将死者的情况充分告知家属——包括尸体的颜色、气味，以及其与记忆中活生生的人相比已经彻底面目全非的事实——并且家属一方也接受了所有的劝告，对将要面对的情况做好了充分的心理准备。

如果尸体腐烂的程度过高，那就无须再对其进行防腐处理了。状态已经无比脆弱的静脉血管绝对承受不住强力化学试剂的作用，而且无论再采取什么措施，像我在前文已经讲过的那种伴随腐烂而生的颜色变化是无法逆转的。不过，此处我要说的重点并不是这个。虽然防腐已经失去意义，但我们依旧要对腐尸进行修复，这不是为了活着的人而做，而是为了死者本身。因为即使已经腐烂，这些死者依旧有权得到与其他死者相同的对待。我们会将已经呈浆状的内脏器官放到内脏袋中，同时也会用棉花填充空荡荡的颅骨并将头皮重新合拢。另外，对于已经呈现木乃伊化的死者那皮革一般的皮肤，我们仍然会尝试着将它们重新缝合起来，不过由于皮肤干燥和收缩的缘故，两片皮瓣之间会留下一条缝隙。然后，我们往运尸袋里撒上干燥剂和香粉，拉上拉链，通常还要另外再在外面套上两个袋子。如果有人为他们支付葬礼费用的话，那么无论最终选择土葬还是火葬，都还会举行一场盖棺仪式。

对死者的修复不可能做到完美，而或许问题的关键也正是在这里——本就不该对其抱有完美的期待。虽然大多数西方人只在恐怖电影或者电脑游戏中看到过腐烂的尸体，但需要说明的是，实际情况并非如此。

13 世纪，佛教徒们以展现人体各阶段腐烂过程的艺术品为基础展开了著名的"九墓地冥想"，也就是所谓的"念死修习"。那些绘画，通常被称为"kusozu"，以直观的视觉体验为佛教徒们的修习提供了充分的帮助，让他们对死亡的各个阶段深入冥想，并且一直流行到 19 世纪。前一段时间，我经常遇到前来咨询的佛教徒，他们想知道是否可以出于修习的目的参观我们博物馆中的身体标本。进行"念死修习"的最主要目的是学会以欣赏的视角看待死亡，并接受世间万物均处于不断变换之中的事实，最终实现正念的提升。在那些为修习所作的绘画作品中，尸体在腐烂之前都是貌美的妓女，这么做的主要目的就在于传递出哪怕最初的外表是非常美丽的，但还是会像其他所有生物一样腐烂的启示，并且无形中也在佛教徒的修习过程中强化了保持贞洁的思想。

我从所有的腐尸中也学到了同样的一课。当我在面对一具腐烂的尸体时，诚实地讲，很难不对每一天、每一分钟是否真的重要、真的有意义产生怀疑。佛教徒试图传递给人们"无常"的概念，在他们的观念里，所有的存在都是转瞬即逝的，又或者说生命中唯一的永恒就是不曾间断的流逝。在肉眼可见的尸体变化出现之前，无常就已经存在——它根植于一个阈限的空间中，既不仅仅意味着死亡，也不单纯是生命的象征。它的存在是大自然最了不起的标尺。古希腊和罗马人为了从死者身上获得启示，会睡在陵墓之中。而在西方国家，同样的生命教育则通过中世纪艺术传授，无论是绘画还是雕塑作品中，都出现过爬满被当时的人们称为"蠕虫"的昆虫以及其他尸虫的骨架。胡安·德·巴尔德斯·莱亚尔所画的《死亡寓言》就是那一时期此类艺术作品的典型代表。画面中描绘了正处于后期腐烂和干燥遗骸两阶段之间的尸体，不仅全部的内脏都耷拉在歪斜着的身体表面，而且有大量的甲虫正在啃食暴露在外的腿骨。用艺术的表现手法塑造出的腐尸模型正因为象征了"生命轮回"——在凋敝腐烂的同时亦在不断滋养新生，因而在中世纪时期尤其流行，被称为"transi"。这种

transi 既可能是和真人一般尺寸的石雕，也可以是以象牙为原料雕刻而成的微小塑像，但无论哪种形式，其都是一种死亡的象征，不断警示着世人一切生命均有其终点，而腐烂是生物体共同的归途。

在 17 世纪末的欧洲，在冥想时对坟墓中尸体的腐烂过程进行尽可能详细的想象是一项极受推崇的精神训练法。大概在 1667 年，耶稣会作家丹尼尔罗·巴托利在其撰写的一本名为《濒死之人》的手册中指出这是一个认识死亡的绝佳手段。其中专门有一章指出："坟墓是一所甚至能教疯子学会理智的学校：我们进入其中，聆听关于道德和基督哲学的教诲。"诞生于 18 世纪与 19 世纪之交的那不勒斯蜡像"康娜的丑闻"塑造了一个只有美丽的脸部和胸部可见，身体其他部分全部被掩埋在土壤中的女性形象。她的身上爬满了"蠕虫"，甚至还有只老鼠在啃食着她的胸部。这个作品以直截了当的视觉冲击为人们演绎了那著名的诗句：

当你经过的时候，请你记住我，
你现在鲜活的生命，也是我曾拥有过的，
我现在的腐烂凋敝，将是你的必经之路，
请为永恒的死亡做好准备，然后跟我走吧。

那些从瘟疫肆虐的恐怖时期幸存下来的人们对腐尸的熟悉程度，可能是在我们如今临床医学高度发展、习惯性回避或粉饰死亡过程的社会背景下很难想象的。不过，已经出现了不少小群体开始反对我们在文化上对死亡的隐晦，并且对我们非但没有以一种更为自然开放的态度去接受死亡和腐烂，反倒总是试图用大量的防腐措施去掩饰它而大为不满。于是，"绿色葬礼"的概念开始流行起来。这类葬礼的承办者很介意化学防腐剂的使用，并且非可降解材料制成的棺木也会令他们感到非常沮丧。他们推荐使用柳条甚至硬纸板材质的棺材，同时建议在更自然的或者林地等具有可持续发展特性的地方选择墓地，而不是一定要固执地选择对环境友好度偏低的火葬及教堂墓地。在此种风潮的带动下，爱德华·蒙克的名言——"以我腐烂的肉身，滋养花朵的生长，我在花香中寻得永恒"——便更加凸显出其具有现实意义的一面：如果我们天赐的命运就是不断地遁入生与死的轮回，又或者换个角度来说是不断地获得"重生"，那为什么还要花费巨大的精力去刻意粉饰死亡？

佛教徒显然对无常有更深刻的理解，他们明白一切物质都处于变化之中。所以我们会变得残缺，我们会支离破碎，纵使如此我们仍要顺应变化的发生，而不是总企图通过化学或者物理的手段去控制甚至扭转这个过程。不过有一点可以肯定的是，即使不谈宗教信仰，我们在死后也会获得某种意义上的重生——那是注定要降临在我们每个人身上的命运。

最终，我们都将享有生命轮回的完满。

第 十一 章

安息堂：修女也疯狂

几乎在每个人的人生中都曾经历过或者即将体验到被抛弃的感受。只有修女能够免受此番折磨，因为耶稣基督永远不会抛弃修女。

——珍妮·麦卡锡《爱、欲望与伪装：关于性、谎言与浪漫的赤裸真相》

我在早上 5 点 15 分醒来，但却不是自然醒的。我需要手机的闹钟功能叫醒我。然而自相矛盾的是，我又觉得手机的存在破坏了我到这里来的目的。我所追寻的，不过就是隐居的孤独感和不被琐碎事务打扰的清净。因此，我真心很想让手机保持关机的状态。

　　此处默默记下重点：买一个旅行用的闹钟。

　　虽然闹钟已经响过了，但我一点也不想起床。昨晚我在这个小房间睡下，并没觉得盖着的被单有什么特别之处。但此时此刻，被窝里充满着我的身体在一夜酣睡间产生的热量，将我与外面寒冷的空气隔离开，以至于我觉得自己睡的简直就是全世界最棒的床了。冰冷的空气肆无忌惮地侵袭着我露在外面的脸，令我不由更深地往被子里蜷缩起来。但是，下一秒我便想起在床的上方安装着壁挂式的电暖器。于是我以可以媲美光速的敏捷身手将胳膊从被窝里伸出来，毒蛇扑猎物般地去拉动电暖器的开关。紧接着，在不到一秒钟的时间里，我的胳膊又重新缩回到温暖的被子下面。很快房间便在轻柔的"呼呼"声中一点点被温热的空气所充满，我又重新将头埋进了枕头里。

　　我大概又躺了15分钟，任自己沉浸在一种半梦半醒的舒服状态里，直到听到唱歌的声音越来越响，才终于睁开了眼睛。歌声提示我夜祷开始了，于是我知道已经5点半了。修女们用温柔、甜美的声音唱出的赞美诗实在是太难以抗拒了，就像史酷比① 会追随着食物发出的香味那样，我循着歌声走到了修道院，并且从一个只供客人使用的入口走了进去。从这个入口可以到达一个小小的阳台，在那里能够俯瞰整个教堂的内部情况：全天候向人们开放的右侧大门，一排排的座位以及从上面看过去正呈星罗棋布状散落在教堂各处的教众头顶。阳光透过窗户投射进来，照耀着祭坛上盛着圣餐（圣洁的"圣饼"）的圣体匣发出金色的光芒。在圣坛前我只看到了一名修女，正安静地跪着祈祷圣体降福——她几乎呈完全静止的状态，就像经过了防腐处理后被固定在了那里。她的样子令我不禁想到了在过去几年里变得流行起来的"生活化"防腐处理"muerto parado"。这种新型的防腐处理又可以被称为"立枯"，就是由一名极具创造性的葬礼承办人，

---

① 美国热门卡通剧的主角，是一只会说话的大丹狗。——编者注

将死者固定成各种栩栩如生的姿态。有的死者会选择一些可以直接出席自己葬礼的姿势，也有人想将生命凝固在做着最爱之事的那一刻。有一位 83 岁的新奥尔良社会名流死后还戴着有粉色羽毛装饰的女用围巾和香槟色眼镜，另有一名波多黎各男人骑着他最爱的摩托车安息，还有个女人保持着一手举着啤酒、另一手夹着香烟的潇洒姿态。

　　不过在教堂里，没有酒和香烟，也没有生或者死。这是一个祈祷"永恒的圣体降福"的女修道院，换句话说就是，需要保证圣坛前每天 24 小时都有人以跪姿不间断地进行祷告。有时候是一些教会成员，有时候则是修女们。在教堂前面有一张时间表，上面登记着教众和修女们祷告的时间，而其间空白的间隔则会有居民出于虔诚的信仰而自发填满。目之所及，我并没有看到唱歌的修女，因为她们是一个隐居的团体，想要尽可能保护自己的生活不暴露在大众的目光之下，即使在唱圣歌时也是待在主祭坛侧面不起眼的角落里。她们奉献的并不是欢快的福音歌曲和舞蹈——那是早上最先进行的部分——而是温柔的、优雅的、仿佛摇篮曲一般的和声，诱惑着我再次遁入梦乡。我情不自禁地闭上了眼睛，身体不自觉地深深陷入到座椅里面，但是我并没有真的睡着。我沐浴在这圣洁的歌声之中，让它们涤荡我、穿透我。我尝试着清空所有的杂念——这是我一段时间以来都在反复尝试去做的——而不单纯只是追随着歌声的旋律。在音调更为安宁的副歌部分，我听到了教堂外面的鸟叫声，它们在黎明时分的初啼完美地融入了修女们的歌声里。

　　我的全部身心都沉浸在了一片安宁之中。

　　每一个停尸房都应该专门有一个供亲友瞻仰遗容的地方，如果有条件的话，它们的设置还应该尽可能安静和私密。但是，不同于一些大公司拥有多个房间可供对多名死者的瞻仰同时进行，很多停尸房都太小或者太忙乱，以至于葬礼承办人不得不为此另找地方。而在他们过去的备选清单中，安息堂就是最理想的场所。我之所以要特别指出是"过去的"，是因为在目前我们"世俗"的社会里已经将"安息堂"更名为"瞻仰室"了，以为这样能听起来没有那么强的宗教倾向，并减少了潜在的冒犯和攻击性。但是与"安息堂"相比，"瞻仰室"这个名字听起来少点抚慰人心的力量。对于来见逝去的挚爱最后一面的亲友而言，充满抚慰的安宁感非常重要，而从我个人的角度来讲，这种感受也同样具有重大的意义。我早期在沃辛的殡仪馆——"J.埃尔伍德和他的儿子们"里工作的时候，就常常在安息堂里满足地补觉打瞌睡。后来，那些想要和"恐怖三人组"尽量拉开距离、躲躲藏藏的时光，以及流产后在圣马丁医院狭小的安息堂里度过的那些午餐时间，更令安息堂成了我最宝贵的避难所。我并不是一个宗教人士，又或者说我并不是一个有着传统宗教观念的人，并且我对所有形式的信仰，或者没有任何宗教信仰都秉持完全开放的态度。但是，萦绕在宗教场所里的那种透出神圣感的孤独和宁静——无论是在宏大如伊斯坦布尔的圣索菲亚大教堂，还是在布拉格近旁精致非凡的赛德莱克藏骨教堂——都能给我带来莫大的慰藉。我甚至因此一度心生疑问：我想要在工作中与死者为伴的心愿，是否出自我对安静、沉寂以及某种程度的神圣感的贪恋与渴望？

我曾在一次采访中被问道："如果没有成为一名解剖病理学技术员的话，你觉得你可能会从事什么工作？"冲动之下，我把心里的大实话告诉了她："我会去当修女。"我至今还能清楚地回忆起当时采访我的专题作者惊讶得差点掉了电话："这么多年来我还真是第一次听说呀！"

当然了，我完全不具备成为修女的潜力——我喜欢鸡尾酒，贪恋丝绸质地的睡衣，并且对口红的迷恋简直到了难以自拔的地步。在我彻底失去平衡的日子里，我曾尝试通过参加短期修行来找回部分内在的安定，也正是那段经历帮我准确无误地确认了这一点。于是，我感觉自己就和那些选择在死后"奉献宗教"的人一样，存在于一种既不属于尘世又算不上圣洁的边缘状态。

大多数停尸房的瞻仰室中都设有舒适的沙发，有时候还会配有几把椅子；地上铺着柔软的地毯，灯光柔和，有些地方还有鲜花装饰。不过，房间里几乎找不到一件为死者安排的家具，因为他们会在进入瞻仰室之前就被提前准备好，通常是在冷藏室——那个被称为"过渡区"或者"黄灯区"的地方——具体采取哪种说法可以根据说话者所在的立场而定。只有在做好充分的准备后，我们才会送死者踏上短暂的旅途，来到如回到生命源头般舒适的瞻仰室。

死者经过的两个空间之间存在着强烈的对比。冷藏室明晃晃的荧光灯无论对死者还是对活人而言，都显得过于咄咄逼人（想象一下当你到了公共浴室后暴露在强光底下的那种感受：可怕……太可怕了……）。但是，我们 APT 却非常依赖于不留死角的强光，因为唯有让死者暴露出其最糟糕的一面，我们才有可能通过精细到每一处细节的工作，让赶来见最后一面的遗属在内心深处感受到一份安定。我们不是尸体防腐员，因此在修复遗体的时候所能采用的技术实际上相当有限。我们不使用香料，而是通过侵略性最小的方法将其缺陷隐藏起来。比如说，如果死者的嘴巴像电影《惊声尖叫》中的鬼面那样张开着的话，我们绝不会以缝合的方式试图将其闭合上。相反，我们会在死者脑后再垫上一个枕头，让其下巴抵靠在胸前，让嘴巴在来自胸部的支撑力的作用下逐渐闭合上。如果这个方法也不管用的话，我们还有下巴颈圈可以使用，那是一种薄薄的白色塑料装置，形状像两个圆边三角以钝角的角度连接起来，将其抵在胸前能够同时向上支撑住下巴，而且由于它的颜色和不透明度的缘故，几乎完全不会被看出来。我们在将死者送去瞻仰室之前还要先用镊子往其鼻孔里塞一些棉花团，以防万一有液体溢出。不过这通常派不上什么用场，因为如果死者还存在"换气"的潜在可能性的话，我们无论如何都不会让其亲友承受这番景象的。在处理眼睛没有闭合的情况时，棉花仍会派上用场，便利且实用：在手动合上死者眼皮之前，我们先把极小片的棉花絮放到眼球上——绝对不是像我在遗体修复过程中用的大棉球——通过其带来的摩擦阻力来防止浆液性的（光滑的）内眼睑膜沿着眼球向后滑去。我知道，我当然知道，这个方法听起来让人非常不舒服，但是在瞻仰仪式结束后还可以把棉花再取出来，并不会对遗体造成任何的损伤。不仅如此，死者的眼睛依然能用于角膜移植，玻璃体也仍具备用于化验的采集价值。与我们的做法不同的是，尸体防腐员会用一种叫作"眼球盖"的小装置。那是一个半球形的塑料盖，放在眼球上能通过其表面的小"钉"勾住上眼皮，保证死者双目紧闭。这种方式的缺点在于一旦使用，就再也不能取出来了。我们能做的确实不多，并且所做的一切都不具有永久性或者侵犯性。我们最基本的原则就是让死者在经历过防腐处理后进入尽可能自然的"安息"状态，而这，大概也是我们 APT 为之奋斗的全部了。

为什么我们要让家属来瞻仰遗容？尤其是在我们并没有足够

的时间、空间以及设施的情况下？有些时候答案非常简单：在
着手尸检之前我们需要对死者的身份进行确认——这也是另一
个我们会尽量减少其面部改动的原因，我们要确保死者处于前来
指认身份的人最熟悉的状态。而在另外一些情况下，则是死者的
家人、朋友或者搭档们需要最后再来见见他们的挚爱——他们只
有在亲眼看到死者后才能真正接受失去的现实——然后才能继续
办理接下来与举行葬礼相关的各种手续。所以，我们不可能建议
他们一直等待，直到死者走完全部尸检流程被移交到葬礼承办人
处——如果没有尸检前的一番亲自确认，根本就不可能再有后面
的葬礼。我们有时候不得不帮助家属们克服否认死亡的心理，尤
其是在面对突然降临的厄运时。

在昆汀·塔伦蒂诺 1994 年拍摄的电影《低俗小说》中，主
要人物文森特和朱尔斯帮助黑帮老大马沙勒斯·沃利斯找回了行
李箱。当箱子上的密码锁被打开时，从我们观众的角度只能看
到一束金光照亮了文森特的脸，然而他究竟看到了什么，则永远
不得而知。电影上映后引发了关于箱子里内容物的各种猜测：金
条？一套核反应装置？猫王的金西服套装或者其他什么东西？而
接受度最高的一种说法则认为里面装着的是马沙勒斯出卖给撒

旦 ① 并一直想要回来的灵魂——这一猜测的根据是箱子的密码是"666"，而《圣经》中的段落也始终贯穿于职业杀手朱尔斯发音清晰、语调虔诚的台词之中。

一天早上，当我打开圣马丁停尸房的冷柜时，电影中文森特的剧情真实地在我身上再现了：冷柜中的运尸袋沐浴在一片温柔的银光之中。这是非常不同寻常的情况，因为暂存尸体的冷柜和我们熟悉的家用冰箱并不一样：它们不需要照明系统以便于取出储存位置相对靠后的食物。它们的内部总是黑乎乎的。一瞬间，我愣住了，面对着银光纳闷地眨着眼睛：那是刚刚离开肉体的灵魂吗？还是守护天使降临了？不会是我出现幻觉了吧？不过，很快我的眼睛就适应了眼前的光亮，并且辨认出那是从一个白色的运尸袋中发出来的。在好奇心的驱使下，我打开了那个运尸袋，看到里面有一把打开的手电筒，由于少了运尸袋的遮罩，此刻的光亮更加强烈了。很显然，有人特意将一个打开的手电筒放进了运尸袋中，让它整夜在死者身旁发出光亮。

"那是什么东西啊？"忽然间，一个声音在我耳旁响起。原来是罗克西，一名年轻且精力旺盛的 APT，并且有着我在现实生活中见过的最令人羡慕的好身材，说话时她正在冷藏室里教新来的实习生凯西学习如何对死者进行测量和初步检查。她显然

---

① 撒旦是《圣经》中记载的堕天使，也称魔鬼。——编者注

也被光亮所吸引——不是精神上的光亮，而是实际出现在空间里的，于是一边转向凯西问道"你能把登记表拿过来吗"，一边向我走过来。

"是一把手电，不过我还不是很清楚为什么会出现在这里。"我这样回答着，同时绞尽脑汁寻找它出现的合理解释。在成为一名合格 APT 的前期学习过程中，很重要的一点就是对不同的宗教信仰以及丧葬习俗进行充分的了解，以便当家属们提出各种各样的要求时，能够抱以充分的尊重和理解。自从入行之后，我对不同的葬仪知道得越来越多，同时也开始对宗教产生兴趣，不断找出自己的漏洞并努力拓展知识面。这样做一方面是为了夯实职业发展的重要基石，另一方面也是每天工作日常的一部分。此时此刻，作为一名高级 APT，如果不能为其他同事解释这一罕见而不寻常的死亡习俗的话，或多或少在面子上有些过不去。因此，当我终于回想起一些相关信息的时候，我深深地松了一口气。

"凯西，登记表上有没有记录说他是拜火教①教徒？"对这束突然照亮了停尸房的光亮，我能想到的理由只有两个，而拜火教就是其中之一。

"上面什么也没写。"她看了一下后说道，"但是你为什么会想到拜火教？"

---

① 琐罗亚斯德教（Zoroastrianism），古代波斯帝国的国教，在中国史称袄（xiān）教、火袄教、拜火教，由琐罗亚斯德创立。——编者注

帕西人或者波斯人中的拜火教教徒在死后会举行算得上是全世界最有趣、也最复杂的丧葬仪式，著名的"寂静之塔"就是他们举办仪式的场所。在拜火教教徒的信仰中，腐烂的尸体会玷污大自然的元素（尤其是神圣的土地与火焰），因此按照他们在印度处理尸体的传统方法，需要将死者的肉身剥除——这一任务通常在"寂静之塔"上由秃鹫来完成。整个仪式大约耗时一年之久，死者肉身被啄食后剩下的骨骼经强烈的日照漂白后被祭师推进塔中央的藏骨井中。（在新石器时代，人们曾一度出于同样的考虑而发展出食人的丧葬习俗，似乎将死者消化掉要比将其掩埋于泥土中或者彻底焚烧掉更显敬意——一个"吃了就比吐出来好"的实例。）在现如今的英国，已经没有"寂静之塔"之类的建筑了，所以拜火教教徒选择火葬，并将骨灰埋葬于与他们的信仰紧密相连的地方：萨里郡的布鲁克伍德公墓。建于1852年的布鲁克伍德是目前英国境内最大的公墓，建立之初还有一班墓地火车专门负责从伦敦将尸体运往市郊安葬。在那个时代，伦敦城里挤满了无处安葬的死者，毫不夸张地说，市民们在街上走路的时候稍不留神就会被尸体绊倒。更令人难以置信的是，开通后的墓地火车还为棺木提供了头等、二等以及三等的不同席位。当然了，所有出售给"乘客"的都是单程车票。

在拜火教的丧葬传统中，火是重要的组成部分，并且不仅仅指通常的火葬形式，因此也有人称他们为"火神崇拜者"。根据一些历史资料记载，当一名教徒死亡后，需要保证在三天的时间内火焰燃烧不灭。我猜运尸袋中这个一直开着的手电筒就是某种形式上的"火焰替代品"，将它放在死者的身旁以完成三日的忌仪。我向两个女孩子解释了我的猜想，并补充道："拜火教教徒的服装也有两个显著的特征：正道之衫和圣腰带。"说着，我把运尸袋打开更多一点："你们看，正道之衫是用斜纹软绸制成的神圣衬衣，款式上有点像我们穿的白衬衫，是一种纯洁和生命更迭的象征。圣腰带则是这条系在腰上的细长绳，它由 72 股细线拧成，象征着拜火教圣书的 72 个章节。"在死者身上，这两个特征非常明显，因此亮光的谜团可以算是被解开了。

随后，我将运尸袋拉链重新拉上，里面的手电筒依旧散发着光亮。罗克西说："这听起来和锡克教①徒的 Kesh, Kangha, Kara, Kirpan and Kachera（长发、梳子、铁手镯、匕首以及短裤）有点相似，我说得对吧？"

"是的，基本上是一个意思的。"我表示赞同。她所说的是锡克教的五件圣物：铁手镯、不曾修剪的长发、匕首、短裤和木梳。"如果你能说得出来每个词分别指的是什么的话，我请你喝啤酒。"我在接着补充这句话的时候没忘了对凯西眨眨眼睛，然而，对此她只露出一脸困惑的表情。很显然，她对我们此刻在说

---

① 锡克教由印度教虔诚派发展而来，15 世纪末兴起于印度旁遮普地区。——编者注

的内容一无所知。但是，作为一名实习生，她已经启程，假以时日定会学到和我们一样多的东西。

　　这并不是我第一次遇到与光亮相关的死亡，不过它们的背景各不相同。在犹太人的传统中，葬礼举行之前是不允许将死者单独放置在某处的：要在死者的周围点上一圈蜡烛，而作为一种表示敬意的方式，还要保证始终有人陪护在死者身旁。这些守卫者或者说看护人在犹太人的语言里被称为"shomerim"，他们的行为方式和人们在祈祷圣体降福时颇为相似：一刻也不离开死者身畔，直到有人前来接替。这种传统听起来虔诚而美好，却与现代社会的节奏背道而驰。更为不幸的是，当一位犹太人过世后，也会和其他所有人一样被送到停尸房，并出于延缓尸体腐烂速度的目的而被推进冷柜之中。在完成运送尸体的任务之后，搬运工锁上冷柜便会离开。另外，也不允许死者的家属在紧闭且黑暗的冷藏室中徘徊逗留，因为室内同时还有其他死者的遗体以及很多私密的信息。夜灯的使用应该算是比较折中的办法，我在很多停尸房的瞻仰室内看到在进行犹太人的遗容瞻仰时，工作人员会在墙上的插座里插上小夜灯，而当仪式结束后死者被推回冷柜里时，小夜灯也会随之在冷藏室中亮起。

　　除此之外，根据犹太教义，死者的遗体必须保证所有器官和组织的完整，因此解剖其实也是在严格禁止范围内的。但是，如果出于法律上的需要而必须进行尸检，那么我们就仍需展开工作，并且尽最大的努力配合犹太人的信仰。在器官方面，这条教义遵守起来可谓轻而易举，就像我之前讲过的那样，我们的停尸房并不保留任何死者的器官。但是体液怎么办？一旦涉及液体的部分，尸检的难度就变得很大了。我曾经进行过犹太死者的尸检，全程都是在拉比①以及家属的注视下小心翼翼进行的，在取出内脏的时候，我几乎拼上了全部的注意力以求不要有血液迸溅出来。如果一不留神还是有血滴落在了死者身上或者托盘上，我就用一小块潮湿的纸巾或者棉花将其吸取回来，并且立即放回到体腔之中。这时绝对不能用海绵去擦拭，更不能用软管把血滴冲洗进下水道。病理学家也会尽量将破坏教义的可能性降到最低，这在我们看来简直是不可思议！他们居然真的能在进行解剖的同时不制造任何血污——怎么可能呢？

在为穆斯林死者准备的瞻仰室中，我们或是在地板上绘制罗盘，或是在墙壁上做出记号，这样就可以为死者指明麦加②的方向。有时候还会遇到有特殊信仰的死者，这时候我们就要破例让大量哀悼者同时进入瞻仰室中。他们有的会将带来的朗姆酒泼洒在地板上，有些人则会把瓶子里的酒一饮而尽，同时还会邀请我

---

① 拉比是犹太人中的一个特别阶层，是老师或智者们的象征，主要为有学问的学者，也是负责执行教规、律法并主持宗教仪式的人。——编者注

② 麦加是伊斯兰教的圣地。——编者注

们一起喝酒。这个时候，我们就必须也跟着喝一点——因为拒绝会被视为极端粗鲁的举动。和家属们一起在死者身旁痛饮的画面，也可以说非常"别致"了……

我们在停尸房中有一个抽屉，专门用来放置各种与宗教相关的文本，以便应对不同信仰的死者家属：犹太教、巴哈伊信仰①、印度教等。这也说明了为什么每当看到电视节目或者电影中将家属和死者见最后一面的场面以极端刻板并且毫无人情味的方式表现出来，而社会大众又显然对此深信不疑的时候，我们作为APT都会感到非常抓狂。你可以尝试想象一下下面的场景：死者的家属或者朋友被带到"停尸房"去看其挚爱最后一眼，然后他们发现自己站在一片无菌的白色或者不锈钢的冷柜门前，并被领到其中具体的某一个跟前。在那里，工作人员（无论具体是谁，通常都是停尸房的职工，不过有时候也会很不合时宜地由病理学家来完成）将门打开，在一阵沙沙声中把托盘拉出来，指着躺在上面的死者说："是他吗？我给你们1分钟的时间来辨认清楚"——或者其他类似这种的台词。

在英国我们当然不会这么进行指认。在前文中我也已经提到过，冷藏室是禁止外人进入的。相反，我们会在前期做大量烦琐的工作，以保证家属能够在一个相对舒适和熟悉的环境中去辨认死者。

---

① 巴哈伊信仰又称巴哈伊教，由巴哈欧拉创立于19世纪中叶的伊朗。——编者注

当年我在利物浦完成培训后，就被排进了一个足以称得上是噩梦般的夜间值班系统。一周里面有三天，我去任何地方都要随身带着呼叫器，哪怕是去健身房、浴室和洗手间也不例外。不过这样做是出于一个非常重要的目的：在突发事件中协助绝望的父母来见他们刚刚失去的儿子或女儿，或者帮助那些出于宗教信仰而需要在 24 小时之内下葬的死者。曾经有一天早上，我们得知在前一晚送来了一名年轻男子，由于他的死亡过于突然，因此他的父母想要见到儿子的迫切心情可想而知。然而，葬礼承办人却没有根据我们的值班系统使用呼叫器向当班的 APT 寻求帮助，自作主张安排了接下来的事情。

"这有什么难的？"几乎都能想象出他们在决定独自完成时有多底气十足，"我们在电视上看到过该怎么做！"

于是，男孩的父母就被直接带到了冷藏室中，看着承办人拉开了一扇白色的冷柜门。但是按照冷柜里的空间划分，每一扇门后都有好几层，于是那对可怜的夫妻不得不承受包括他们的儿子在内的四位死者的双脚同时出现在眼前的冲击。在一阵夸张的拖拉声（沙沙沙）和打开运尸袋拉链的声响（吱吱吱）后，他们终于见到了自己的儿子。

一个突然因脑膜炎而殒命的男孩。

一个只有 19 周岁的男孩。

我们准备相对舒适的瞻仰室并进行专门培训的目的，就是尽量减少家属在探视过程中受到的心理创伤，因此男孩的父母本不应该承受那番痛苦。而承办人之所以会做出那么轻率的举动，无疑都是受到了电视节目的误导。

虽然认识到那天我所目睹的并非"灵魂"，但我对这个问题的思考却没有停止过。我发现我开始不自主地回顾起过往的人生，并且对生与死的思考，在我作为 APT 的最后一年里越发被赋予了重要的意义。并不是说我真的有想去做修女的打算，也不是说我开始相信人有来生，而是我越发觉得应该去找寻人生真正的乐趣，踏上心底真正向往的旅程。从童年时代起，为了进入与死亡相关的领域我就一直在努力奋斗着，而迄今为止，我也确实交出了 8 年漂亮的工作履历，所以转行去做其他职业的念头光是想想都令我感到惶恐——但同时我也想到了佛教徒以及他们的信念：变化是万物永恒的特性。和每个人的生活一样，我走过的每一程中也都充满着高高低低的起伏。一路上我遇到了不少阻碍：出现了一些不好的人，令我对正在做着的事情失去了最初的热情；没有额外的时间去发展一些具有创造性的爱好，虽然我始终知道这对我而言非常重要；并且和刚刚来到伦敦时的心态相似的是，我再一次感到非常脆弱。我对自己产生了一系列的怀疑：我一天天都在忙什么？究竟什么才是我真正想要的？我是不是应该继续留在伦敦，还是说回老家才是更好的选择？我过去在停尸房工作的几年时间里，似乎任何状况都没有得到明显的改善，一点值得称道的改变都没有。丹妮丝从我们的公寓中搬走了，我又开始和陌生人住在一起。我也还是单身，依然没有知心的朋友。每一天，甚至在处理各式各样的案子，和不同性情的病理学家及葬礼承办人打交道的过程中，我也依然觉得异常孤独。

阿尔伯特·爱因斯坦有一句名言广为流传："判断一个人是否疯了的标准，就是看他会不会将一件事不断重复，还妄图得到不同的结果。"虽然他是否真的说过这句话很值得考证，但这句话却毫无疑问是句大实话。如果当下我不做出改变的话，那么日后可能会出现哪些变化？或许我会考虑将灵魂出卖给魔鬼，来换取即使在我最狂妄的梦里也不敢想象的巨大财富和智慧；又或者我可能会在赚到足够多的钱后去环游南美和东南亚？然而，这里面存在的最大问题是，我既不相信有魔鬼存在，也没有等自己慢慢赚足够英镑的耐心。

最终，我做出了我所能想到的最富戏剧性的决定。虽然我从小就想在停尸房里工作，虽然我为了这番事业投入了大量的时间，包括早期的各种志愿工作等，虽然工作给了我作为社会人的身份和角色定位，但是我依然相信是时候做出一点改变了。

我提出了辞职。

　　为了找寻安宁和平静，辞职后的我住进了修道院。我希望能有一段时间，彻底远离我的伤痛、伤害过我的男人，以及每天见面都会令我想到痛苦往事的人们。同时，我也希望能够从大多数的人身边逃离，再不受无数杂事——地铁站的高音喇叭，在我状态奇差只想赶紧走开的时候却聊天欲望高涨的小商贩，喝醉酒后认为半夜联系我没有任何不妥的前任们，甚至包括认为我已经失去理智的家人——干扰的隐居状态中思考人生旅途的下一步如何落脚。我当然没有失去理智，在做出每一个决定的时候，我的头脑都非常清醒。这么长时间以来，我还是第一次能够彻底地休息，踏踏实实地让大脑放松下来。如果有钱的话，我可能会经常去温泉浴场，用奢侈的按摩油做按摩、在浮箱中漂浮上个把小时、做瑜伽深度调整呼吸……用这类方式找回迷失的自我。但是我没钱，并且对那种形式的放松也没多大兴趣。我更需要独处的时间来聆听发自内心的声音。我花了几个星期的时间搜索信息，最后发现只要每天花 20 英镑就能和修女们住在一起的机会。所以，在我"失业"后的整整一个月里，我都租住在修道院内。

　　对于看过电影《神父特德》或《修女也疯狂》的观众而言，可能会因为电影的情节而有一个先入为主的印象，即在充满宗教气息的环境里生活是一件富有喜剧效果的事情。我不敢说每一个地方都是如此，但至少在我选择的修道院里是这样的。我在那里度过了一段非常尽兴的时光！

在修道院，我有自己的小房间，里面有一扇窗、几件简单的家具、令我充满感激的电暖气以及墙上的耶稣受难像。对此，我实在是不能更满意了。

修女们精心安排了日课和礼拜仪式的时间，保证了对上帝的崇敬之情持续不断地充满每一天。最先开始的是每天清晨 5 点半（黎明之前）的夜祷。随后的安排包括：

晨祷 7:00 a.m.

弥撒 7:30 a.m.

第三时 9:15 a.m.

第六时 12:10 p.m.

休息时间 15:15 p.m.

晚课 16:30 p.m.

晚祷 20:15 p.m.

同样的，餐食也是按照一张时间表上的安排供应：早上 8 点 15 分吃早餐，中午 12 点半吃午餐，晚餐则在晚上 6 点 15 分开始。不过，我依然享有充分的自由，可以在任意时间做我自己想做的事情。如果愿意的话，我当然可以按时出席祷告和课程，但若不参加也没有关系。我可以每顿饭都按时吃，也完全能根据心情只在想吃的时候去吃，还可以自己泡茶、煮咖啡，并且想吃多少饼干就吃多少。修道院里有个相当了不得的图书馆，我在那里消磨掉了大量的时间，甚至还找到了我最喜欢的作品——但丁《神曲》的炼狱篇——1903 年版的副本。我还在图书馆找到了一个小接待室，里面有壁炉和两把摇椅，我经常在那里写作：关于一本新书的构思、不时更新的博客和帖子、死前想要完成的心愿清单等。那里甚至还有一个和《神父特德》中的多伊尔夫人非常相像的年轻波兰姑娘，名叫伊丽莎白。每天晚上 9 点左右晚祷结束后，她都会到我房间来给我送一杯好立克或者阿华田①，因为她知道我就要准备睡觉了。我以前从没觉得喝热麦芽饮料对健康有什么好处，但是在修道院里，睡前喝上一杯的习惯却好像变得非常自然。内心的安宁感、温热的牛奶饮品以及环境里彻底而完全的寂静结合在一起，给我的灵魂带来了巨大的抚慰。

我曾经花了那么多年的时间来修复他人的身体，如今终于轮到我来重建自己的生活。这样说虽然听起来有些奇怪，但实际过程却非常治愈。

常驻修道院的康纳利神父在吃饭时间通常都会出现在餐桌旁，他来自苏格兰，戴着镜片极厚的眼镜，并且有抽鼻烟的习惯。他的苏格兰口音极重，想要听懂他在说什么是件相当有难度

① 　好立克是在超市常见的粉状饮料，可以冲成一杯热饮，阿华田是一种来自瑞士的饮料。——编者注

的事情，因此当我得知他曾在埃及住过长达 16 年之久时，感到极为惊讶。他在埃及从事考古挖掘的经历令我们之间很有共同语言，在此之前，我连想都没想过自己会在一所修道院里，和一名毛衣上落满了从鼻子中喷出来的鼻烟的苏格兰神职人员谈论人类骨架和遗骸的话题。他还说起了对往返于英国与埃及之间航线上空乘人员的爱慕之情，以及比起戴维·卡梅伦（英国前首相）来，他更佩服像西尔维奥·贝卢斯科尼（意大利前总理）那样的人，因为“至少他有独立的人格”。和他在一起的时候经常会出现各种令人忍俊不禁的情况，比如前一分钟他还在说着黄色笑话逗得大家哈哈大笑，下一秒钟他马上以极其严肃的口吻讨论起酷刑和殉难来。不过无论他怎么变，鼻子周围的鼻烟灰都是一成不变的。他真的是个非常戏剧化的人。

对我而言，住在修道院并且尝试着去体验所有的事情意味着我愿意尽我所能去服务于上帝——我的意思并不是说我就因此再次被各种繁杂的事物淹没了。在每天早上 9 点半之前，我会参与四项宗教服务——而这本是很多人周六刚刚起床的时间。弥撒在通常情况下都是基本而简单的，也是唯一会让我走进主教堂而不是只坐在阳台上的老地方观望的活动。但是到了星期天，会有三四位神父前来，令弥撒不再仅是每天的固定日程那么简单，仪式的时长也会相应延长。康纳利神父似乎是从稀薄的空气中抓取要讲的每个字眼，从来不提前做任何准备；来自意大利的基诺神父既年轻又温和，并且对于一名神父而言，他的长相未免有点过于英俊了；最年长的帕迪神父坐在祭坛旁的椅子上，整个过程中都不会移动位置。帕迪神父的模样看上去有点像长着灰白头发的小乌龟，完全打破了人类对于寿命的正常预期，他总给我一种对自己身在何处完全没有概念的感觉。

一天弥撒结束后的早餐时间，我们正在讨论加工橙子酱和真正的果酱之间的差别，一位修女过来礼貌地询问是否一切都好。由于那天是星期天，再加上还有神父的加入，所以就餐的人比平时多。当她走近几乎处于完全静止状态的帕迪神父并问候"你好，帕特里克①神父，你好吗"的时候，空气陷入了沉默，半晌之后才响起了一个很轻、但是有着浓重爱尔兰口音的简单回应："还活着。"

由于基诺神父抱怨过总是受到腰痛的折磨，因此在他结束祝酒词之后，管家伊丽莎白给了他一张按摩券。他对此存有一丝疑虑，用磕磕绊绊的英语问道："但是会不会……这个……弄死我啊？"随后，想到自己作为一名神父，他就又担心起会因此进入一家"错误类型"的按摩店。于是，康纳利神父很自然地向他解释道："如果那里窗户上没有亮着红灯，那你去就完全没问题，基诺。"

---

① 帕特里克的昵称是帕迪。——编者注

　　和我一起住在修道院的，还有一个名叫雷吉娜（Regina）的女人。虽然雷吉娜有"女王"的意思，但是她却没有半点女王该有的样子。若以最委婉的方式去形容，那么她与女王截然相反的模样或许可以总结为谦逊和善良。她身材矮而丰满，深色的头发，戴眼镜，总是穿着一件原本可能是制服的外套。我并不了解她原先是做什么的，只知道她从美国远道而来，并且对有名的修道院和教堂充满了拜访的兴趣。正是从她那里我才知道，在这个世界上存在着相当多的小团体，它们有着共同的名称，并且都过着游历不同修道院的生活。我猜想她可能是名见习修女。

　　"那你来这里是因为有什么计划要做的事情吗？"某天在图书馆，她问我。她从来没问过我为什么要来这里——没有一个人问过。感觉上就好像他们很清楚这是我自己的事情，因此无心刺探，只是在我需要的时候提供帮助。

　　"我并没有什么明确的计划。"我回答说，"我可能只是为了拥有一段消磨在思考、阅读和写作上的时间吧，就是为了得到一点平静和安宁罢了。"

　　"你做的都是很好的事情。"她说，"不过将时间花在虔诚地向上帝表达敬畏上，应该是你在这里能做的最好的事情。"

　　即使在后来已经离开修道院的日子里，我还是不时会思考她的话。"敬畏"在天主教的信仰中有非常明确的所指——领圣餐前的礼拜和祈祷——不过在我的观念里，它所引起的共鸣却存在于另一个层面上。究竟什么是我在这里，甚至在这个星球上所能做的最好的事情呢？是保持敬畏——哪怕只是对自我，对我的家人和朋友，对大自然，对活过的每一瞬间保持敬畏；哪怕只是早上闻到了新煮好的咖啡的香味，一边赖床一边听着雨滴敲打玻璃窗的声音，跑步之后内啡肽旺盛地分泌这类看似平常而微不足道的小事。只有当我们意识到驻留于世的每一个"此时此刻"是多么的稍纵即逝，才能深刻地体会到所有被视为理所当然而忽略掉的小事实际上有多么可贵。

我反复说我到修道院是为了"获得足够的思考时间"，事实上我也确实得到了。我意识到在我忙乱的生活里，一直缺少足够的时间对发生过的事情进行反思，并且我有点好奇，是不是大多数人也都面临着同样的问题？当我在给死者进行缝合或者清理停尸房水槽的排水口的时候，我以为那种放空自我的感觉已经足以使我进入类似"禅"的境界，我也曾以为花在慢跑上的时间也足够我好好清空杂乱的思绪。然而，我错了。我不过是在一遍遍重复中将每一天过成了相同的模样。我离旋涡的中心距离太近，缺乏足以对其进行冷静思考的距离。

我想起了我的第一位停尸房主管安德鲁。他非常严肃，并且除非有特别有意思的案子，否则很少亲自上手做尸检。当时的我还是一名需要从其他人身上汲取养分的实习生，因此对他怀有强烈的不满。如今好几年过去了，也只有到了这时，我才开始体会到那对我而言其实是一段相当了不起的经历，通过野蛮生长的方式，通过每天都要做很多尸检的工作量，我深深地投入到这一行当中。我在市政停尸房的 3 年时间里，无论学到的东西还是努力的程度，恐怕都是有些 APT 工作 10 年也无法企及的。

而在大都会医院里，那些我曾经很抵触与其共事的男人们，或许他们也和我一样对于和异性一起工作而感到不适，也是因此才有了那些让我觉得很不得体的行为？也许在那段时间里我的状态也有些过于敏感，因为毕竟刚刚做出了人生中一项重大的抉择，毫不犹豫地离开家乡来到了伦敦。在完成伦敦大爆炸期间的任务后，我在利物浦的医生诊断我患上了创伤后应激障碍（PTSD），虽然我起初只是去找他看流感和唇疱疹的："我怎么可能在终于实现了从小到大的梦想后出现这种问题呢？"对他的诊断，我用自己的想法做出了反驳，"尤其是还参与了这么重要的事件？"但是现在再想想，他可能是对的：在伦敦的那两个星期里，我一直处于睡眠被剥夺、一言一行均处于媒体监视之下的状态中，并且就身处我们所见过的最严重的恐怖袭击的旋涡中心。或许当事件结束后，我又回到了伦敦，再次与丹尼和克里斯成为同事的选择无意间给了所有负面感受一个尖叫着复苏的机会？

我想起了以前在圣马丁停尸房，我大多数时间都是在处理文书中度过的，很少能参与到尸检当中，因此我感到极为不满。在当时我还体会不到，正是这段从事管理、筹备葬礼和遗体瞻仰的经历，促使我开始积极地应聘其他职位。现在再回想我流产后的那段时间，没能从女同事那里得到支持已经不会再让我有受伤之感，更不会因此而变得脆弱。我甚至一度进行反思，或许她们的反应并没有任何针对我的私人意味？她们可能根本不知道事情的全部真相。

当我终于和过去的环境拉开足够远的距离，开始站在一个不同的角度去审视过去发生的种种时，我感到终于可以放下了。

通过对托马斯和蒂娜——两个过着快乐婚姻生活的殡葬从业人员——之间关系的观察，我受到了启发，决定去做一件还没人做过的事情：建立一个专为从事死亡相关职业的人们服务的交友网站。我妈妈帮我想出了网站的名称："生死相约"。我很清楚会有不少人认为这很可怕，也会有相当多的人觉得很滑稽，但是我正走在忠于自我的路上。我从各个方面获取灵感，并且相信会像人们说的那样，发生在这条路上的每一件事都"自有其出现的理由"。无论命运将把我带向何处，我都决定跟随它的指引。我还开了博客，专门记录我对死亡职业领域的看法和关于死亡的理论，努力推动与人体标本展示相关设想的落实，令其真正进入公众视线。我保持跟进最新的学术研究进展，逐渐在解剖陈列和性别化观看独特的联系（其实也就是在性和死亡之间的联系）中，找到了最适合自己职业发展的领域，并开始攻读相关的硕士学位。我又重新焕发出活力，不再像是一朵夜间默默绽放的月光花，虽然可能还没有找到属于我的太阳，但是已经和在修道院里

花了大量时间阅读的那本书中我最喜欢的句子所形容的状态非常
接近。在《炼狱》中，当但丁最终成功逃出阴间并结束这一篇的
时候，他写道：

> 如今我们逃离炼狱，并且再次沐浴星光。

无论是更名为安息堂还是仅仅按照设施用途来命名，与心爱
之人生离死别的瞻仰室总是令人心生畏惧和抵触，只有当其空闲
下来，或者有像我这样精疲力竭又心灰意冷的 APT 躲到其中小
憩的时候，情况才会稍微有所不同。教堂，无论是不是在使用
中，都是一个你不能满心咒怨并且搞得一团糟的地方。人类无论
是因意外事故身亡还是自然死亡，其遗体都理应得到与所有同类
同等的尊重与善待。如果我们能从这个角度看待问题，那么我
想，所有的人、事、物都会显出其神圣的一面。无论我有怎样的
宗教信仰，宗教本身都不是驱使我到修道院去的根本原因。我去
那里真正学到的，是"敬畏"和"沉思"的重要价值。正是在修
道院，我经历了自我在象征意义上的死亡与重生，并在这个过程
里深刻体会到我对"生命"实际所怀有的深重渴望。于是，我沐
浴到了最纯粹的星光。

结　语　折翼的天使

没有什么事情能比周一早上走进我在博物馆的办公室更让我感到惬意。背着包爬完一段楼梯，掏出熟悉且颇有分量的钥匙，打开门进入我在家之外的另一个家。开灯、拉开百叶窗后，我会带着一点满足感轻吁一口气，把外衣挂到衣架上，并开始打量周遭的一切。在这间办公室里与我做伴的，是两个塑料材质的头颅，学生们常用它们来练习心肺复苏技术。虽然两颗头颅都是没有躯干的断头，但是却并不妨碍它们呈现出在 CPR 假人脸上经常看到的那种带着满足感的喜悦神情：双眼微闭、嘴角似笑非笑地上翘，好像在掩饰着什么只有它们自己知道的秘密。实际上，所有的 CPR 假人挂着的都是同一副表情，因为它们都是以同一个人的脸为蓝本塑造的：L'Inconnue de la Seine——塞纳河的无名少女。在各种均没有得到过证实的说法中，她是一名不幸的溺亡者的观点最为大众所接受。在 19 世纪初，无名少女的尸体从著名的塞纳河中被捞上来后，便一直陈列在巴黎陈尸所。一位病理学家将她的遗容制成了面具，并且自 20 世纪初便作为室内墙面艺术的一种而广为流行，其形式和 20 世纪 70 年代经常用作墙面装饰的三只小飞鸭颇为相似。到了 1958 年，她的脸又被用来制作 CPR 练习用的模型"复苏安妮"，并作为一项传统沿用至今。

在我的办公室里，还有一具猫的骨架——那是一位同事送给我的礼物，一个巧克力的脊柱，以及满满一整架眼窝空洞、等着被编目的骷髅头。另外，还有不同风格、形状以及气味的各种人体标本围绕在我的身边，所以我一点都不寂寞——我当然不可能感到寂寞。没有人和我共享同一间办公室，也没有人总是想打听我的周末活动，因此也就没有任何必要向任何人承认我在追《女作家与谋杀案》这部剧。想给自己倒一杯新鲜咖啡的时候，我知道要去冰箱里把咖啡壶取出来，因为没有其他人一起喝，所以我总是把煮好的咖啡放进冰箱里；而当我想打开人造火壁炉的时候，只需要按照我想的去做就可以了，完全不用顾虑会有人向我抱怨说他们觉得太热了。在冰冷的停尸房里工作过长达 8 年的时间，令我对温暖的环境有着强烈的依赖，而终于有了完全受我控制的恒温器，简直让我欣喜若狂。

虽然办公室的墙被漆成了奇怪的三文鱼粉色，壁橱内塞得满满当当的东西我也一样都不敢去碰——沉积了近 20 年的灰尘足以引起一场严重的哮喘发作，但这间办公室依然是我小小的天堂。我觉得伊夫林·沃在他的作品《受爱戴的》里借由火化宠物的主角丹尼斯之口将这种感受准确地表达了出来："在极为有限的空间里，他感受到了无限的快乐。"与死人打交道的职业令我在普通人看来是生活在边缘地带，但实际上，我身处其中不曾受过半点伤害：我有限的个人世界中，现在充满着咖啡的香味、20世纪四五十年代的音乐，身旁还静静安息着多达5000块的死者遗骸——无论是从字面意思来讲，还是从它们的实际状况来看。

巴斯病理学博物馆显然不同于停尸房，然而我在一线从事尸检工作的8年工作经历却将我指引至此。圣巴塞洛缪医院是欧洲历史最悠久的医院，自公元1123年起便一直在原址——伦敦史密斯菲尔德——经营至今。最初，这里是一家由僧人华西亚建立的修道院，在后来的岁月中规模不断扩展，拥有更宽敞的建筑、更多的床位，并同时包含医学院及研究机构等。

正是在这里，17世纪的威廉·哈维开展了他对血液循环系统极具开创性的研究；也是在这里，18世纪的波希瓦·帕特发展出重要的现代医学原理，包括揭示出环境中存在的致癌物质会诱发某些种类的癌症；还是在这里，19世纪末的贝德福·芬维克夫人建立起护士执业认证系统，大大促进了这一行业的规范化发展进程。也正是由于医院悠久的历史，每当有建筑工程开始施工的时候，工人们总能挖掘出大量深埋于地下的骨架，每一具都有着近千年的历史。

　　这里也是福尔摩斯系列的第一本中，夏洛克·福尔摩斯与华生初次相识的地方。甚至有传闻说，柯南·道尔正是坐在我现在的办公室里写完《血字的研究》的。（我相当怀疑当年这里的墙壁会不会也是三文鱼粉的，不过也没准是猩红色的？）如今，我当然会为成为如此杰出的机构中的一分子而深感欣慰。作为一个复古风、古典推理小说以及古玩的狂热爱好者，我想不出还有哪里会是比巴塞洛缪更完美的落脚之处。

　　2011 年 10 月 31 日是我到巴斯病理学博物馆工作的第一天，那天同时也是万圣节，因此倒也算是一个绝佳的入职日期，因为多数人在万圣节说起令人毛骨悚然的地方时，都会想到这个充满了人体标本和骨架的博物馆。万圣节起源于萨温节①，一个我们用来向逝者表达敬意的古凯尔特人节日。站在我个人的角度来讲，我并不认为病理学博物馆比教堂恐怖。实际上，维多利亚时代风格的病理学博物馆如教堂般，也是一个神圣的所在，并且也是一个避难所。被三层楼高的波特兰石环绕着的一排排人体标本，就像是教堂里坐满的虔诚信众，在伦敦阴晴不定的天气里，只由一层脆弱的玻璃橱窗保护着。6 盏巨大的镀铜吊灯香炉似的从横梁

---

① 　萨温节，又称夏末节。在古凯尔特人的信仰里，新的一年于 11 月 1 日开始。凯尔特人相信死亡之神 Sanhain 会在 10 月 31 日晚上和鬼魂一起重返人间，寻找替身。因此他们焚烧动物作为对死亡之神的献礼，并打扮自己让死亡之神认不出。这就是万圣节的由来。——编者注

上悬吊下来，正前方则是"布道坛"——也就是讲坛，这里曾迎来过大量受人尊敬的演讲者，为不计其数的游人们奉上了精彩的"讲道"。博物馆就是一座专门用来保护遗骨的大教堂，也是一个专注于传播知识——关于医学史、疾病的诊断和治疗等——的中心。

公元前 61—公元前 65 年，罗马诗人卢坎在关于罗马内战的史诗《法撒利尔》中用了相当多的篇幅，描写了亡灵巫师、女巫艾利克托种种令人恐惧的行为。据描述，她的模样既吓人又恶心，蓬头垢面又干瘦憔悴，皮肤宛如骨骼般苍白，但是头发却漆黑得好似深夜一般。她生活在荒弃的古墓中，和沉睡在其中的死者交谈；这个女人的气场之可怕，连狼和秃鹫都对她避之不及。但在召唤亡灵方面，她却有着第一流的天赋，所以政治家和军事家，包括和恺撒强大的军队作战的塞克斯图斯·庞培在内，依然都想方设法寻找她，希望将她的占卜才能为己所用。在其中一章中，卢坎讲述了艾利克托将一具死尸复活，并命令其道出未来机密的过程。死者的体腔在一场魔幻的尸体发掘仪式后被剖开，艾利克托将各种邪恶但又充满魔法的东西混合起来填入其中。于是：

已经凝结的血液瞬间开始回温，已经发黑的伤口渐渐恢复，静脉和四肢末端都重新有血液流动了起来。在血压的冲击下，胸腔里已经冷冰冰的器官颤抖着恢复了生机。随即血流继续注入身体已经遁入死亡深渊的各个部位，与死亡交织在一起。

我当然不会为了和死人交谈而专门去做挖掘死尸的事情，但是抛开我本身对自己的工作抱以的热情不谈，我在博物馆所做的一切倒是和艾利克托的占卜有几分相像。用比较抽象和隐晦的说法来形容的话，我的工作就是将死者重新召唤回人间，听他们讲述昨日的故事，又或者请他们帮忙破解关于未来的预言。

在巴斯度过的每一天，我的工作日程其实都和以前在停尸房时没有什么区别。在做 APT 的时候，我会以观察和触摸的方式来"阅读"死者通过肉体传递的信息，就好像在阅读盲文，然后根据读到的内容拼凑出死者在生命的最后时光里走过了怎样的一程。我会读到写在皮肤这张羊皮纸上的擦伤、疤痕、刺青以及医疗介入等内容，帮助病理学家梳理死者临终前的状态，并最终确认其死因。而在博物馆里，就像艾利克托将死者的亡魂诱哄回已经衰朽枯萎的躯壳一样，我也在努力重建每一个人的存在，将他们从医学上的起源召唤回来，并转而投入到历史、公共健康、文学以及艺术之间的阈限空间中。无论死者是只有 1 岁，还是已经100 多岁，每个人都有自己的生命故事。

在我成为博物馆唯一的职员之前，博物馆已经因年久失修而破败衰落，在长达多年的时间里，基本上只有医学生和大夫们会前来参观。因此在最初开始工作的时候，我的主要任务就是清点所有的 5000 多个解剖学标本，修复已经出现的损坏，并根据实际情况的需要进行清洁或调整。在几百年来留下的传统中，人体组织管理机构的管理范围都不包括人体标本和残骸，所以我需要将每一份标本都逐一检查，将罐子上标注的身份、时间等信息与我手中的目录仔细核对。如果有的标本历史已经超过 100 年，我就可以把它们搬到一楼，准备面向社会大众开放参观——这种展览在博物馆的历史上还是前所未有的。

那些年代久远的标本为我们打开了一扇通往陌生世界的大门，穿过这扇门，我们得以了解到许多已经消散在历史长河中的病理情况，这也是标本之所以珍贵而特别的又一个重要原因。比如发生于阴囊的"扫烟囱工人癌"，就像其俗称所显示的那样，是一类在从事扫烟囱一职的男性身上尤其高发的癌症。这段令人伤感的历史可以追溯到 18、19 世纪，当时年轻的男孩子常被迫赤裸着身体去清扫烟囱。由于阴囊的皮肤多褶皱的特点，煤灰很容易附着于皮肤间的缝隙中。最终，当男孩子们进入青春期后，他们的阴囊上就会出现疣状的溃疡，并且很容易被误诊为性传播疾病。工人们曾经尝试过用刀片或锋利的木片将疣"削掉"，但很显然他们的尝试是无效的，疣会持续不断地生长，并且扩展到更大面积的皮肤——原因很简单，那并不是疣，而是恶性肿瘤。最早发现打扫烟囱和阴囊癌高发之间存在联系的，是巴塞罗缪的外科医生珀斯瓦尔·帕特。他不仅是研究恶性疾病与职业特征之间关系的第一人，也是《劳动安全健康法》颁布的重要推动者。在我们的馆藏中，有三个阴囊癌标本，其中，连皮肤上的每一丝褶皱和每一根阴毛都完好地保存了下来。虽然每一个标本都只是从死者身体上分离出来的局部遗骸，但背后的故事却赋予其完整性：它们并不是孤立的元素，而是带来鲜活而生动故事的主角；每一次去"阅读"、分析肉体上留下的种种印记，都是在聆听一段动人的人类往事。对我而言，每阅读一个标本都仿佛在进行一场对过去的尸检。和在停尸房工作时一样，我看到了一段段往事的再现——只不过这些往事的主人不再来自地方验尸官，而是靠我自己从历史长河中寻觅它们的踪迹。

我们作为一个团队开始展开各种活动，博物馆的名声也随之越来越响亮。博物馆为建立起一个可供群众走近并参与病理学研究的开放空间，提供了宝贵的资源和绝好的机会，并逐步发展成为病理学研究的中心。忽然之间，我的每一天都变得丰富多样起来，并且陆续收到了各种各样的申请：一位著名的时尚设计师想在博物馆内进行一次拍摄，艺术家们想在博物馆优美的展示空间内举办展览，重金属乐队想在一众标本的"注视"下举办一场不插电演唱会，等等。博物馆，连同我一起，迎来了新生。

一天早上，我正小口啜饮着咖啡的时候，电话响了。我拿起电话："你好，病理学博物馆。"（我花了很久的时间才渐渐摆脱掉说"你好，停尸房"的习惯。）

电话那边是一位来自新闻部的女士，她的声音里有掩饰不住的兴奋："我的天啊！你知道谁要来博物馆参观吗？"她甚至都没给我一个猜测一番的机会就尖叫着揭晓了答案："布莱德利·库珀！"

我沉默了大约 1 分钟的时间，才冷静地回答道："嗯，知道了。"著名的好莱坞明星、万人迷布莱德利·库珀？我想表达的意思是，我也许能好好招待他，但是博物馆里还有一颗心脏需要更换容器，有个肾脏标本的液体已经泄漏到陈列架的第二层，而我刚刚又在橱柜里找到了一个子宫，现在急需在目录中确认它的来源。不过，即使有这么多事情要做，带着布莱德利参观一下我们的标本，然后一起喝杯咖啡，应该也还是一件很令人愉快的事情吧。于是，又一个工作日开始了。

致　谢

首先，我要向代理人罗宾·德鲁瑞致以十二万分的感谢，感谢他肯定了这块原石——无论是我，还是我的书——的价值并将其打磨出光彩，同时也要感谢戴安娜银行联合公司给予的大力支持。

另外，非常感谢利特尔·布朗公司欣赏我的故事并将它变成了现实：他们是"图书降生"的助产士，如果没有他们耐心指导我如何完成每一阶段的工作，告诉我何时需要"吸气"，并从精神层面帮我"擦汗"，那么我绝对不可能完成这本书的写作。尤其需要特别强调的是，我的编辑莱安诺·史密斯，用了所有她能找到的《骇人命案事件簿》中的动图来不断鼓励我。她实在非常了解我，知道这样做会带给我强烈的自我驱动力。感谢杰克·史密斯为这本书设计的完美封面，正是我希望达到的人们能据此建立第一印象的效果！

还要将特别的谢意以及全部的爱献给始终支持着我，并且有着惊人耐心的未婚夫：乔尼·布莱斯，他是我坚实的后盾。他可能已经对我不断反复的自我克制感到厌烦："我不能去看电影，我有一本书要写！"或者"我不能去参加烤肉野餐。我有一本书要写！"不过，如今这本书真的已经写出来了，我很确信他的感觉一定像个骄傲的新晋爸爸。他值得这份骄傲，没有他我不可能写完一本书。

我的家人对于我的疯狂早就已经习以为常，并且一直以来他们因我而承受了太多的压力。但是这一次，由于在写作一本书的同时还要兼顾其他的事情，我依然还是让他们担心得不行。感谢我的母亲，还有我的兄弟瑞恩总是在电话另一端耐心地听我把牢骚发完。而当我依然感到承受不住，直接跑去北部吃大量混合着肉汁的碳水化合物、喝大量精酿啤酒时，他还能充满理解地到车站接我回家。

对莱斯和玛格丽特·布莱斯的爱和善良，我的感激之情溢于言表。感谢你们在我迷失之时对我的收留以及支持。

如果没有我的良师益友、榜样以及教母凯西·朗总是在我状态不佳的时候带我到伦敦我喜欢的餐厅里，伴着一瓶普罗塞克让我把所有的怨念一吐为快的话，很难想象我可能会做出什么出格的举动。

还要无比感谢我的朋友们在这本书的写作过程中给予我的种

种帮助，甚至有些时候连他们自己都不清楚所做之事对我而言具有多么重大的意义：希瑟·洛厄、艾玛·托马斯、乔安娜·霍恩比、凯里·休斯、乔治娜·邦德、德比·南森、汉娜·歌德、海伦·弗勒德以及简·兰利。我希望没有遗漏任何一位，不然的话他们一定会杀了我，并且他们当中的很多人知道如何避免法律的制裁！

在专业方面，还要特别感谢克里斯汀·伯特和其他所有的APT们，是你们为我提供了程序方面的相关进展情况。也要感谢我的人类学老师、现英国"人体农场"计划的支持者安娜·威廉姆斯博士，感谢她总是乐于分享对尸体的思考和研究。还有我的摘除术老师托妮·伍德沃，感谢她关于眼球所做的全部分享。

从某种意义上讲，一本书就和人体一样，由许多不同的部分组成，我想要向陪伴、支持和鼓励我走过这段艰苦时光的每一位致以真诚的谢意。谢谢你们完整了这个整体的每一部分，赋予这本书以生命，生命！

参考书目

前　言　第一刀

Fisher, Pam, 'Houses for the dead: the provision of mortuar-ies in London, 1843–1889', The London Journal, 34 (2009), 1–15

第一章　信息：媒体最离谱

Dick, Philip K., 'How To Build A Universe That Doesn't Fall Apart Two Days Later' (1978)

Lynch, Thomas, The Undertaking: Life Studies from the Dismal Trade, W. W. Norton and Company (1997)

第二章　准备：悲伤邂逅

Churchill, Winston, on his 75th birthday in 1949

第三章　检查：以貌取人，以形取物

Neruda, Pablo, 'Ode To A Naked Beauty/Beautiful Nude' Gale,

Christopher P. and Mulley, Graham P, 'Pacemaker explosions in crematoria: problems and possible solutions', Journal of the Royal Society of Medicine (2002), 95(7): 353–355

Phillips, A.W., Patel, A.D. and Donell, S. T., 'Explosion of Fixion(R) humeral nail during cremation: Novel "com–plication" with a novel implant', Injury Extra Volume 37, Issue 10 (2006), 357–358

Roach, Mary, Stiff; W. W. Norton and Company (2003)

Richardson, Ruth, Death, Dissection and the Destitute, Routledge (1988)

Davies, Rodney, Buried Alive, Robert Hale (2000)

第四章 艰难的腐烂检查：低俗小说

Goll, Iwan, (1891–1950) 'Teenage Angst' : Placebo, Sony/ATV Music Publishing LLC, 1996. By Brian Molko, Stefan Olsdal and Robert Schultzberg

Quigley, Christine,The Corpse: A History, McFarland and Co., (1996)

第五章 渗透：玫瑰屋

Attar, Farid ud–Din, (c. 1145–c. 1221), The Conference of the Birds

Shillace, Brandy, Death's Summer Coat: What the History of Death and Dying Can Tell Us About Life and Living, Elliott and Thompson, (2015)

Nuland, Sherwin B., How We Die, Random House (1993) When masturbation can be fatal: The practice of auto–erotic asphyxia is often concealed by a coroner's ver–dict', Monique Roffey, The Independent (1993)

http://ind.pn/29w1bqB

Bronfen, Elizabeth, Over Her Dead Body, Manchester University Press (1992)

第六章 胸部：心之所在并非归途

Autumn, Emilie, The Asylum for Wayward Victorian Girls, The Asylum Emporium (2009)

Coronary Heart Disease Statistics: http://bitly/lVkqriW

第七章 腹部：腌泡玩偶

'In Bloom', Nirvana, Warner/Chappell Music, Inc., BMG Rights Management US, LLC, 1991. By Kurt Cobain

Ebenstein, Joanna, The Anatomical Venus, Distributed Art Publishers (2016)

第八章 头部：我失去了理智

'Break the Night with Colour' : Richard Ashcroft, Kobalt Music Publishing, 2006. By Richard Ashcroft

Collins, Kim A, 'Postmortem Vitreous Analyses', Medscape (2016)
http://bit.ly/2mb8jfT

Maning, Frederick Edward, Old New Zealand (1983)

第九章 碎片遗骸："Bitsa"

'Bitsa', BBC, 1992. By Peter Charlton

'Genitals Stolen in Morgue', Mervyn Naidoo, BBC, 7 June 2015

http://bit.ly/2mblLjQ

'Decomposition Rats Between Humans, Pigs May Vary Wildly',
Seth Augenstein, Forensic Magazine, 5 March 2016

http://bitly/21JnD2q

'Body parts left over from operations should be used to help train
police dogs', Martin Evans, The Telegraph, 3 February 2016

http://bitly/lNPLShV

第十章 修复: 国王呀, 齐兵马

Hawking, Stephen, A Brief History of Time, Bantam Press (1988)

Bones without Barriers: http://boneswithoutbarriers.org/ `What
You Need to Know About Skin Grafts and Donor Site Wounds, Pauline
Beldon, Wounds International

http://bitly/21Jd5jS

Chin, Gail, 'The Gender of Buddhist Truth: The Female Corpse
in a Group of Japanese Paintings', Japanese Journal of Religious
Studies, Vol 25, No 3/4 (1998), 277–317

http://bit.ly/2moYFCi

第十一章 安息堂: 修女也疯狂

McCarthy, Jenny, Love, Lust & Faking It: The Naked Truth About
Sex, Lies, and True Romance, HarperCollins Publishers (2010)